すべては森から

住まいとウェルビーイングの新・基準

落合俊也

ディヤブブラ　スケッチ＝ラキ セナナヤキ

目次

目次

はじめに

森林はヒトにとって特別な環境である。そこは人類の発祥の地であり、我々の遺伝子が気の遠くなるような時間をかけて適合してきた場所でもある。７００万年もの時間をかけて進化してきた人類は、たまたま石油や石炭という化石燃料を発見したことで、太陽リズムに寄り添う光合成のリズム（森のリズム）から逸脱した生活を送るようになった。太陽エネルギーがなくても石油の力で活動できるようになれば、もはや昼も夜もない。だから、森のリズムに従う必要もなくなってしまった。森のリズムに即した活動から離れた途端、経済は無秩序に拡大し、人口の爆発的増加が起こり、地球環境はその破壊のスピードを早める。自然から逸脱することは、すなわち私たちの体や精神に不安定な環境を強いることにもなるのだ。

　このことに気付いた一握りの人たちによって、ようやく自然（森林）の重要さを再認識する動きが各方面で起こってきたが、時計は回り始めてしまった。熱帯雨林の減少にも歯止めが効かなくなっている。頭で分かってはいても、現状の都合のいい方向に流されていくのが私たち人間の世界なのである。今ここで、私たちは遺伝子に組み込まれた意識下の本能を再起動させなければ、同一地球生命体の仲間と今後共存するどころか攻撃される存在となってしまうだろう。多くの犠牲者を生み出している新型ウイルスも、本来は私たちを脅かす存在ではなかったはずなのだ。

　人類の遺伝子を成熟させた森林環境は、生物にとって最も貴重な生命活動の本拠地であると同時に、ほとんど

の文化の発生源でもあった。科学や芸術も、ヒトにはつくり出すことのできない自然そのものの効力や造形を利用して勃興してきたはずなのに、発展・多様化するにつれて、かえってそれぞれが森から離れてしまった。住まいすらも、生物学的な観点をすっかり失ってしまったように見える。結果、ここまで人工的環境と社会システムをつくり込んでしまった私たちにとって、現在の価値観に基づいた発展を持続させつつ自然を守るという作業はかなり困難を伴うだろう。それでも、これからの科学技術の方向性と人類の行動規範は、全力で自然と共に生きることを目指し続けるべきだと思うのだ。

この本は、そのゴール（ＳＤＧｓ：持続可能な開発のための２０３０国連アジェンダ）に至る指針を脇目に見ながらも、現行の試みの中に新しいウェルビーイングへの道筋を見つけるためのドキュメント旅行記のようなものである。国内外を問わず、森と独自の深い関係を築いた活動や人物を紹介することで、読者の皆さんには森と健康と建築を繋げる想を自由にふくらませていただくことを意図している。

各々のテーマは医学、芸術、建築、林業など多岐にわたっていて、互いに脈絡がないように見える。しかし、そのすべてのテーマの中心には森がある。したがって一見関連がないように見える各々のテーマは、森を連結点としてお互いに繋がっている。本書が、より総合的な視野を育て、新しいインスピレーションを生み出し、次世代の価値を創造するきっかけになることに期待をしている。

落合俊也

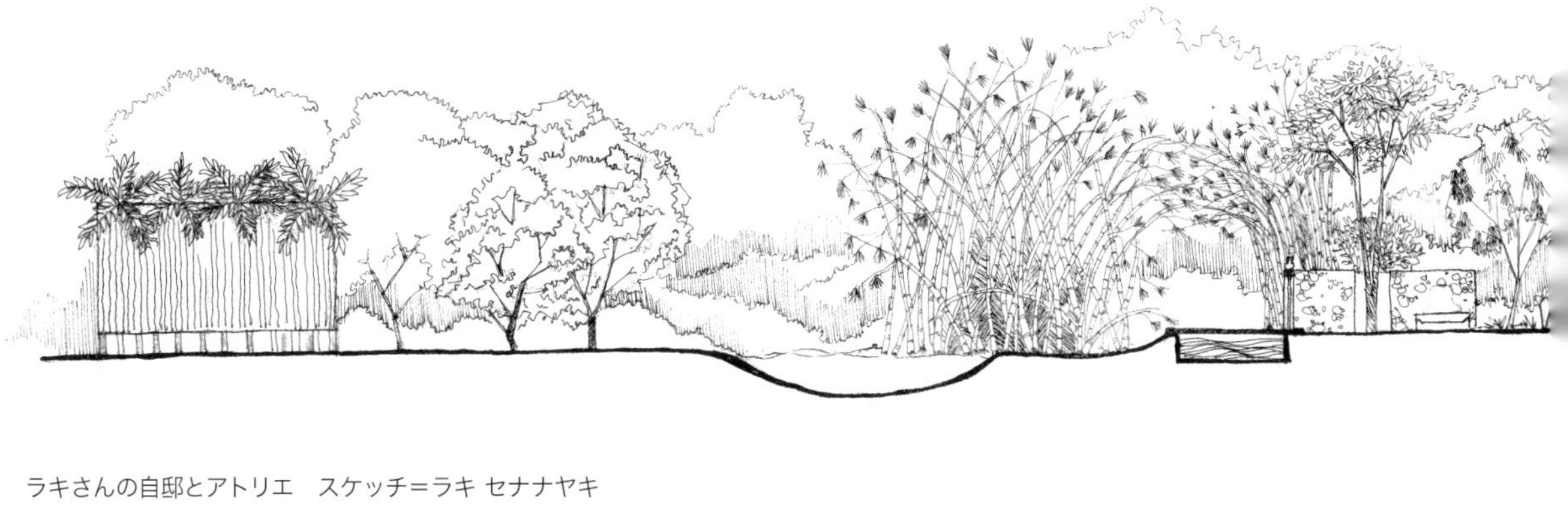

ラキさんの自邸とアトリエ　スケッチ＝ラキ セナナヤキ

序章　森林と人を結ぶ数式

森林に溢れる環境リズムと、人体内に溢れるさまざまな生命リズムが一致しているのは偶然ではない。森と人類は共生進化の関係にあるからだ。さらにいうと、人が美しいと感じる物をつくる卓越した技能と自然の間にも共通の性質がある。だから卓越した職人の手仕事は、それを使う人の健康に寄与するという思いがけない結論を数学的に導くことができる。

試論／森林共生住宅のすすめ

天竜の森に朝陽が差し込む。森林は環境リズムと生命リズムに溢れている。木は伐採されたとき、第一の生命を終えるが、それまでに受けた１／ｆの環境変動の記録を体内に年輪として残す

人の健康寿命を延ばす共生デザインの方程式 $P \propto f^n$ (n=−1)

人は森に行くと気持ちがいいと感じます。そして、心地よさに加えてさまざまな良い反応を引き起こすと言われています。森林医学という新しい学問が明らかにしてくれたこのような現象は、環境そのものが人体に生理学的に良い効果を与えてくれることを示しています。森林環境がもつ、そのような力の正体は一体何なのでしょう？

　実は、私たちが心地いいと感じる事象の裏には共通の性質があることが分かっています。そして、その性質は驚くことに数式で説明することができます。その数式に従うと、私たちの体の中で刻まれているさまざまな生体リズムと、森林がもつ複雑な環境事象のリズムが一致していることが分かります。もし、森林環境そのものが人を健康にするならば、その法則を住居に写し取ることで、人を健康に導く究極の住居ができるのではないか。これが今、私の探求しているテーマなのです。

自然由来のリズム同士がもつ共通性質

私たちの身の回りには、規則正しく動いているものと不規則に動いているものがあります。規則正しい動きは本来メカニカルなもので、電気的エネルギーを利用すると、ほとんどが規則的な動きをベースに機能します。それに対して自然の動きは不規則にみえます。ところが、この不規則なリズムにも「ただの不規則」と「調和のとれた不規則」の2パターンがあるのです。実は、自然現象の変動リズムは後者で、単なる不規則なリズムではなく、ある調和的規則が背後にあるのです。そして、その調和性は数学的に記述が可能です。数学的に記述できるというのですから、もはやそれは不規則とは言えません。そこに見出された背後の数式は $P \propto f^n$ (n=−1)と記述されます。これは、いわゆる1／f特性といわれる特別なゆらぎのことを示します。

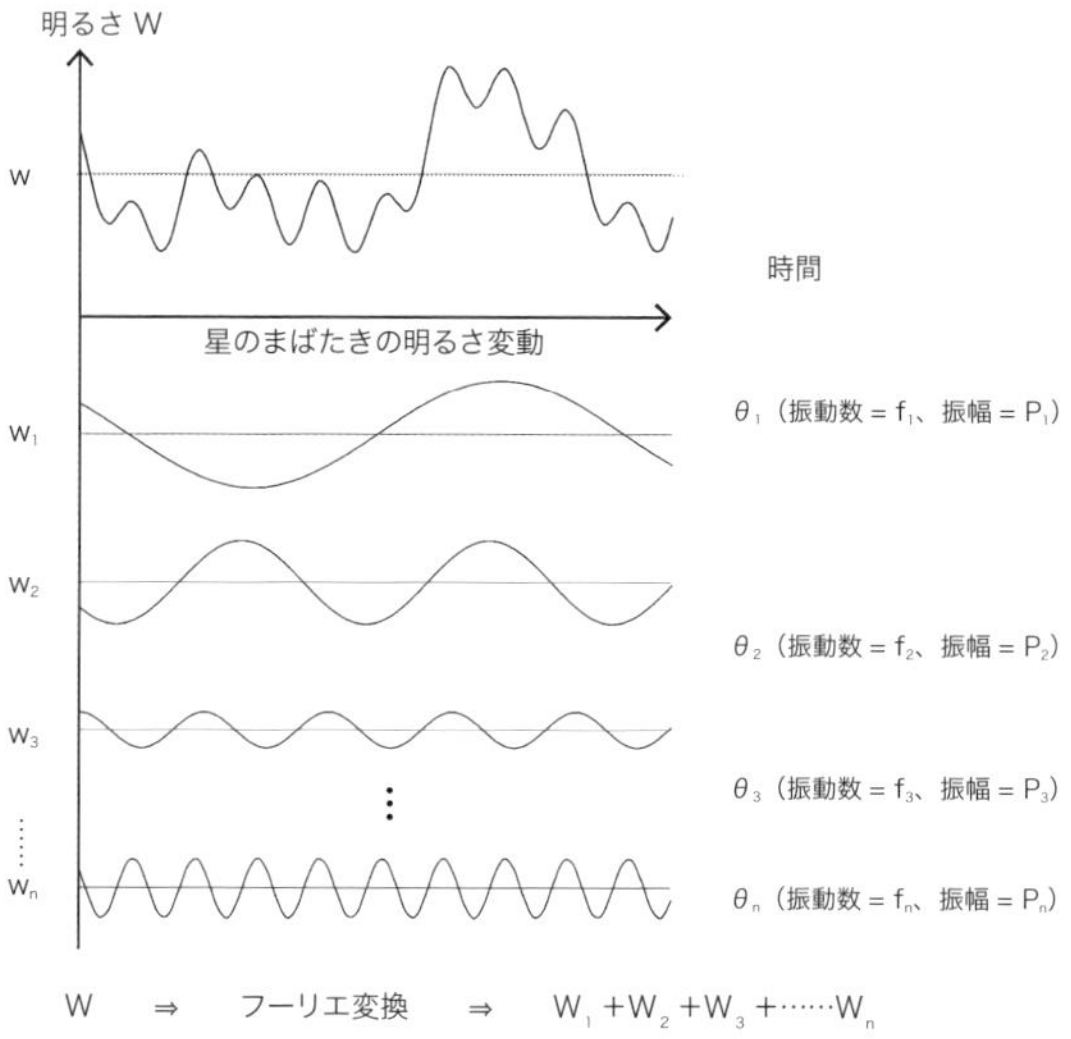

それでは、自然界の1／f特性の具体的意味を、簡単な数学で説明してみましょう。ここでは、星のまばたき現象を例にとって説明します。星のまばたきとは、簡単に言うと星の明るさの変動ですが、この変動はもちろん機械的な規則正しいリズムではありません。そこで、明るさの時間的変化を測定して右記のグラフをつくったとします（右上図W）。横軸が時間で縦軸が明るさの度合とします。

　一般的に、メカニカルな規則的リズムは振幅や波長が一定ですから数学的に扱いが楽です。我々の身の回りの電気製品や工業製品、すなわち人工物の世界は、この規則的な波で制御されています。私たちの家に供給されている電気も1秒間に50回規則的に振動する交

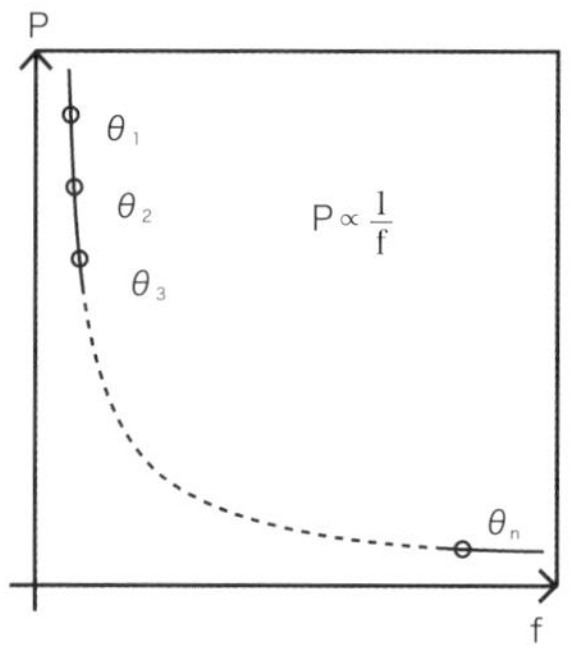

上記のように複雑なリズムを単純なリズムの波に分解することをフーリエ変換という。フーリエ変換で抽出された多くの正弦波のf（振動数）とP（振幅）をよみとってf−Pグラフを描いたとき、Pがfに反比例している場合、元の波は1／f特性をもつという

流波です。これは発電所のコイルの回転数に由来していて、もちろん自然のリズムとは無関係なものです。

一方で、どんなに複雑で不規則に見えるリズムでも、数学的に単純な規則的リズムの和で表わすことができます。複雑なリズムから、単純リズムを分離して取り出す方法をフーリエ変換といいます。この方法で星のまばたきのグラフも多くの正弦波に分解することができます（右頁上図W^n）。$W^1+W^2+W^3+\cdots+W^n$＝「星のまばたきのグラフ波形」になります（右頁上図）。どんなに複雑に見える波形も単純波形の重ね合わせで出来ているのです。

ここで抽出された単純正弦波それぞれの振動数と振幅を読み取り、縦軸に振幅P、横軸に振動数fを取ってグラフをつくった時、Pとfが反比例の関係、すなわち$P \propto 1/f$の関係になっている時、このリズムは1／f特性をもつといいます（右頁下図）。自然が生み出すリズムや生命のリズムにはこのような特性があります。一見不規則で複雑なリズムの中に、実は美しい規則性が隠れているのです。

「人＝自然」を証明する
—人体のリズムと環境リズム—

ヒトの体の中はさまざまなリズムで溢れています。心臓を始めとして、あらゆる臓器も固有のリズムをもって機能しています。瞳も鼓膜も細かく振動しています。そして、現在では私たちの身体の殆んどすべての細胞の染色体の中に、時計遺伝子が組み込まれ、それらが体内リズムを刻んでいることが分かっています。親時計は脳の中枢（視床下部）にあり、全身の細胞をコントロールしています。親時計はオーケストラの指揮者のような存在であり、子時計は個々の楽器に相当します。それぞれの楽器は一見違うリズムやメロディーをつくり出し、体内の例えばホルモン周期、血圧変動、心拍変動その他をコントロールする役割を果たしています。その結果、体は非常に複雑なプロセスを含有しながら恒常性（ホメオスターシス）という壮大なシンフォニーをつくり上げているわけです。これらの現象は物理学で言う同期作用とも相まって、とても複雑かつ精巧です。実は、地球上のほぼすべての生物は生体リズムを刻む時計を体内にもっていて、その時計が機能することで生命を維持できているのです。ですからこの時計が狂ったら生体にとっては大変な危機です。しかし、現代人はそのことを意識せず、体内が本来もつべきリズムを無視したことで起こる体の不調を、人工的な化学物質（薬）の力で誤魔化そうとする傾向があります。

ところで生物の体内リズムはいったい何を根拠につくられたのでしょう。人や動物、鳥や昆虫、あるいは植物や細菌の体内時計のリズムは違いがあるのでしょうか。実は、現在ではこれらは皆同じリズムであるとされ、それはサーカディアンリズムに由来していることが分かっています。日本語では概日リズムとも呼ばれ、太陽の動きをもとに形成された地球の自転周期の24時間と公転周期365日に一致しています。ですからサーカディアンリズムは時計やカレンダーと同じ周期ともいうことができます。

ホモサピエンス（ヒト）誕生から20万年といわれますが、その間ずっと地球上では昼夜の同じリズムが繰

アトリエ月舞台＊／設計＝落合俊也

り返されてきました。ですから一日のリズムや一年の季節のリズムがヒトの遺伝子の中に組み込まれていても不思議はありません。ヒトと同じように、地球上の生物がすべて同じサーカディアンリズムを基にした体内時計をもっているのは、そのように進化した生物だけが生き延びることができたからです。サーカディアンリズムと体内時計が一致していない生物は、進化の過程で絶滅してしまったと考えられるのです。

さて、この生物共通の体内時計が司るさまざまな生体リズムも、そのすべてが前述の1／f特性でゆらいでいます。もし人間のもつ体内リズムが機械のように規則的なものだったらどうなるでしょう。人体は機械ではつくれない程複雑で高度な機能をもっています。一方で機械は歯車のリズムが一つでも狂ったら、すべての機能は止まってしまいます。遊びの無い規則正しいリズムは、実はすごく脆弱なシステムしかつくることができません。外部からのさまざまな刺激や信号、身体内部の反動や変化を受けながら、個々のリズムやタイミングを調整し体の恒常性を保つには、優れたレジリエンス機構が必要なのです。私たちの身体のリズムは1／f特性をもつことで臨機応変にお互いを調整しあうことができます。ですから1／f特性のゆらぎは生命体の本質ともいえます。複雑な関係性の中で調和を取る者同士がもつ約束手形のようなものです。

最近では医療機械の分野でも、この1／f特性を利用する考えが増えてきました。たとえば心拍変動性のゆらぎを測定することで、ストレスを始めとする自律神経バランスの診断に役立つ情報が得られます。心拍のリズムのゆらぎが1／f特性をもっているかどうかが異常を見極める重要な指標になるのです。

一方で、自然の織りなす物理現象のリズムもサーカディアンリズムをベースにしており、1／f特性でゆらいでいます。なぜなら、自然界の物理現象も太陽エネルギーの供給サイクルが元になっているからです。明暗のリズムや気温や湿度の変化リズムも太陽の動きと連動することは明らかです。体のリズムと同じように、すべての環境変動は互いに関連しあいながら、位相差はあったとしてもサーカディアンリズムに一致する大きな共通変動リズムを当然もつはずです。要するに、自然現象のもつリズムと生体のもつリズムは同じサーカディアンリズムを基準にし、さらに同じ1／f特性の法則に則って、互いを調整しあっている。ということは、生物の体内リズムと自然のつくり出す物理現象のリズムは性質も周期も同じということになります。このことは、まさに人間が自然と同調して一体のものであることを物語っています。

「手仕事の価値」VS「工業製品の価値」であることの証明
—アートは健康に寄与す—

生命体と自然現象にも共通な特徴である1／f特性

月舞台に使用されている木は、天竜杉の葉枯らし天然乾燥材である。これらはすべて冬の新月前1週間以内に伐採されたもの。樹木は伐採される前までに、自らが体験してきた自然環境の変動リズムを、体の中に年輪として刻み込む。木の人生の歴史の刻印である。我々が木材に触れ癒されるのは、この木が受けてきた自然環境の変動特性が、我々の生命リズムの1／f特性と一致しているからである。だから木は、人と木のリズムの同期関係を結ぶように、その姿が見えるように使わないと勿体ない。ここで使用されているすべての構造材は、最終仕上げに熟練した職人の手仕事が加わっている。その証拠にすべての軸組材に3分の面取りがされ、面取りの交差部は緩やかなカーブを描いて一点で交わるように細工してある。このような表現は、おそらく何処にもなかった手法であろう。手間も相当にかかっている。しかし、現代の機械製材による工業的直線を消して、ヒトの手作業による1／f特性のゆらぎを付加するためには必要な仕事であった。

梁組の交差部にある肘木のカーブにもいろいろ意味がある。接合断面積を増加させたり手仕事による1／f特性のゆらぎを加えたりする以外に、木口の空気浄化作用や精油成分の揮発効果を意図したものである。杉という日本原産の樹木のもつさまざまな力が、徐々に明らかにされてきた。その力を十分に発揮させるには、このような肘木の形状が木口面積を最大にする。在来軸組み工法は本来木口がほとんど隠れてしまう構造である。一方で、伝統構法の手法は木口が表われる形を工夫する余地があるのが魅力的だ。＊

の変動リズムは、視覚的パターンにも置き換えることができます。そのことを説明するためにはフラクタルなパターンという概念を知っておく必要があります。このフラクタルパターンの特徴を一言で言い表わすならば「一部分の形が、全体の形と相似をなしている」ということです。入れ子の相似形と言われています。

実は自然界はフラクタルなパターンや構造で満ち溢れています。フラクタル構造の分かりやすい例としては地形の輪郭、樹木の形態、内臓壁の構造などがよく挙げられます。例えば、木の年輪幅は自然由来の造形ですから当然1／f特性をもつはずです。そのことの具体的意味を確認しておくと、年輪幅を正確に測ってグラフ化した時、その波形から1／f特性が検出できるということです。さらには細かく年輪構造を見ていくと繊維構造が見えてきますが、この配列にも1／f特性が表われます。さらにミクロにみると細胞が見えてきますが、この配置間隔や寸法も1／f特性をもっています。これがフラクタルな構造パターンであり、当然人の視覚の解像度を超えたミクロの世界にまで及ぶ造形です。工業製品はこれに比べてずっと単純な構造だと言えます。そして、人は目で認識しきれない自然の造形の超高密度情報を、体の五感のすべてを駆使して感じ取ることができるのです。

したがって、木という素材を隠さないで見えるようにして使うだけで、私たちは1／f特性のゆらぎをもつ自然由来の環境情報を意識下に認識することができます。このように1／f特性のゆらぎは、音のように動きのある情報だけでなく、固定化した模様や構造にも表わすことができるのです。

以上により、自然素材と工業製品との違いはフラクタルパターンという自然由来の感覚情報を有しているかどうかという点で、明確に区別することができると言えます。

次に職人の手仕事について考えてみましょう。ビニルクロスの壁は人工物ですからフラクタルな構造を有していません。だから1／f特性をもたないのは明らかです。それでは漆喰の壁を、熟練の職人と素人が塗って比較した場合どのような違いができるでしょうか。

一目する違いは、職人の塗る漆喰壁は鏡のように平滑であり、素人の塗る壁は平滑ではない。ある意味ではゆらいで見えるかもしれません。しかし、素人の塗った壁を分析してみるとそこに見られるのは雑な歪みであり1／f特性のゆらぎはありません。ただの不規則パターンなので人に心地よさを与えませんし、同じものを再現することもできません（工業生産の建材よりはましですが）。

一方で、熟練した職人の生み出す平滑な面は微細に分析すると1／f特性の度数が格段に高く検出されるそうです。1／f特性のリズムが表れる割合を1／f度数と言いますが、これが高いほど自然に同調した心地よさを与えることを示しています。

ヒトが万物の霊長たるゆえんは、突き詰めた手仕事が自然のもつ特性に近づくからだと言うことができます。熟練職人の卓越した技能がつくり出す造形に、自然のもつ造形と同じリズムが転写される。ということは、優れた手仕事は自然と同じように人を健康にする力を秘めているということになります。

人から手仕事を奪ってオートメーション化している現代のシステムは、人と同調するシステムではなさそうです。時間や物質を数値化して評価することで、すべてを金銭に換算している現代社会は次々と人を自然の営みから遠ざけます。

日本の伝統的な建築構法は、残念ながら現代の経済システムの中ではその価値が確定できていません。しかし、伝統構法が住む人の健康を向上させるということになれば、状況は変わってくるのではないでしょうか。本稿の考えに基づいて伝統構法の再定義を試みるなら「自然素材を用いて熟練した職人の手による建築方法」という単純な定義になります。そのような考え方が1／f特性のフラクタルな構造に溢れた環境を生み出すことにつながり、建築そのものを私たちの生命に調和させることができるのではないでしょうか。

ところで現代の建築生産現場の電動工具による仕事でも手仕事のつくり出す1／f特性のゆらぎの再現はできるのでしょうか？　たとえ製材所で機械製材された材木でも、最終仕上げを職人が手で行うことで1／f特性を復活させることはできると思います。手鉋仕上げのように、最後に職人のひと手間の仕上げを加えることが大切なのでしょう。

このことに関連してもうひとつ。高温乾燥のように不自然なエネルギーを加えると、自然素材の1／f特性が消滅することが予想されています。なぜなら、滑らかな自然の曲線に明らかに歪みが生じるからです。自然界と一体の生物は、自然から逸脱した人工的環境変動によって大きなダメージを受けます。高温乾燥材の1／f特性の度数を是非計測してみたいものです。

森の力を建築に応用する
―森林医学とは―

ここで森林医学について簡単に触れておきます。森林医学という分野は森林浴から発展したものです。森林浴という概念は、世界有数の森林国である日本が発祥ですが、30年程前に生まれた比較的新しい概念です。森林医学が解明した森林環境が及ぼす人への効果として、ストレスホルモンの減少、血圧の正常化、免疫細胞の増加と活性化等が報告されています。これらの効果の発生メカニズムはまだ解明途中ですが、そのような変化が起こることの生理学的なデータが集められ、論文化され日本から世界に発信されています。

森林環境に身を置くことで本来あるべき身体の状態に戻し、自己治癒力を発揮させるという森林医学の目指す方向は注目すべきものです。今後はさらに、糖尿病やアルツハイマー、不眠症、鬱病などの具体的な疾病の予防にも利用できるのではないかと期待されています。

森の中にはさまざまな動物、昆虫、ダニ、バクテリア、細菌、そして樹木、植物に至るまで無数の生命体が溢れ、そのすべてが自らの体内時計でリズムを刻み、共通の1／f特性のゆらぎをもって生命活動を行っています。それと共に、森林の中は美しい緑、光の散乱、葉のざわめき、ゆれ動く木々、頬に触れる風のリズム等さまざまな自然の物理現象にも溢れています。これらの自然物理現象も、やはりサーカディアンリズムをベースにしながら1／f特性をもっています。つまり、生物と自然現象の両者は本来深い関係性で結ばれた同調関係にあり、かつ完全に統合されているのです。

日本人は太古より、森の中に神秘や霊的なものを感じ取り、八百万《やおよろず》の神の存在を神道に結び付けました。無数の生物リズムと複雑な自然の物理現象のリズムが意識下に自分たちの生体リズムと一致する、その共鳴同調現象の知覚反応が、八百万の神の存在を人々に知覚させたのではないか、と私は考えています。

私たちが森林環境を深く理解するためには、生物学的観点だけでなく、このような物理現象からのアプローチも必要です。それは共鳴や共振、あるいは同期、同調という身の回りに普通に起こる物理現象のことですが、簡単にいうと「同じ性質の波動は繋がって共有される」という性質です。生命リズムと自然現象のリズムの共通性はシンクロシティ（同期）あるいは共鳴共振作用を生み出します。この時、エネルギーの交換あるいは補充が行われますが、このような同期するエネルギーの交換は生体に全くストレスを与えずに行われると考えられています。このような物理学の波動現象の生物への影響の解明はまだ難しいらしく、人体への電磁波の影響すら明らかにされていません。物理学と医学が環境を扱う建築学と協働することが、今後より必要となってくるでしょう。

それにしても、森林医学が明らかにしてくれているエビデンスデータは、環境のつくり出す自然のリズムと、その環境内の生命体のもっているリズムが同調することで、良い影響を生み出す可能性を示してくれたという点で画期的な成果です。そして、この学問は経済やエネルギー効率にばかり向いていたパッシブな建築の意味を変える新しい視座をもっている、といっても過言ではありません。

森林環境を写し取るための5つの設計技術

1．空間素材がフラクタルな構造を有していること

前章までの話から、現代住居が自然と全く異質でフラクタルな構造をもたないシェルターでつくられていることの危うさが想像できると思います。自然素材と手仕事の力は、1／f特性のゆらぎをつくり出すためにも不可欠です。この法則を理解することで視覚的にフラクタルなパターンを認識させ、森林の中の自然な視覚環境に近い空間を提供する方法を手にすることができます。ヒトがどんなに知恵を絞って便利な人工物質や人工環境を生み出しても、人間自体が自然の一部である以上、それらと同調できないことは厳然たる事実です。生命と自然のリズムを有するべき我々の居住空間が、1／f特性に欠けている工業的空間となってしまったことは、近代化における致命的ミスだったように思われます。この点において、工業化されていなかった時代の物づくりの体制を、今一度見直してみる必要がありそうです。

2．空間内部が外部の自然環境変動を反映していること

建築素材を利用して手仕事の建物をつくるだけでは、条件を満たすには十分ではありません。シェルターのつくり方だけでなく、その空間内容も1／f特性のゆらぎをもつ必要があります。シェルターの空間内容とは何かというと熱、音、光、空気や水分、直接には知覚されていないさまざまな工業的電磁波の類のことです。これらすべての環境変動が、自然のもつサーカディアンリズムと1／f特性を示さないと、建物は自然のリズムとは一体にはなれず、内部の生命体すなわち住

月舞台から玄関方向を見る＊

人は拠り所を失います。住居内が隅々までサーカディアンリズムと1／f特性を有することが、森林と同じ原理の空間をつくるための重要な要件となります。

そう考えると、現代住宅は住人にとって相当に理想からかけ離れた環境になっていることが分かります。太陽運行がつくり出す強力な自然環境のリズムを無視し、人工的設備で内部環境がコントロールされています。つまり、空間はストレスのかかる不快な工業リズムで溢れかえっているのです。エアコン使用を前提とし、断熱気密と機械換気で効率を高め、自然のリズムを無視する設備を前提とする反自然の建築が、いつの間にか受け入れられて広がってしまいました。

もし建築が自然とヒトの一体性をサポートできるとしたら、私たちはまず頭ではなく体が自然と同調することの重要性を学び直さねばなりません。自然環境とマッチした身体感覚を思い出し、その身体感覚を優先しながら環境の厳しい要素を和らげて快適域に近づける技術。それこそが自然と共生する人間のための建築技術の在り方の原点であり、人が自然から学ぶべきことでしょう。パッシブ設計の本意はこの点にあるべきだと思います。ポストウイルス社会に向けて、住環境のさらなる変革が不可欠になってきました。省エネと熱環境の向上に邁進し、断熱気密性能とエアコンなどの効率的機械に偏ってしまった住宅計画の方向性は、早くも見直しを迫られそうです。

3．体の時計機能を矯正する西面開口効果

現在のパッシブハウスは太陽熱、太陽光利用のエコハウスもしくはエネルギー消費の少ない省エネの家といったイメージで考えられています。しかし、この考えもそろそろ修正が必要ではないでしょうか。私は生物に最も必要な「サーカディアンリズムに体内時計を合わせる機構」をもつことが、住居には不可欠の要件であると思っています。人工物に支配され自然のリズムを忘れがちな都市活動では、ストレスを受けた体を本来の体内リズムに戻す場所が住居であってほしいからです。

ヒトが体内リズムを整えるのに一番重要なのは実は朝日の力です。朝日を浴びることで体内時計をリセットさせることができます。この仕組みを知らずに朝日を浴びずに不規則な生活を続けると、さまざまな体の不調を引き起こす原因となります。すべての生物は体内時計とサーカディアンリズムを同期させて生活していますが、人間だけが独自のペースで生活することができるため、結果としていろいろな不定愁訴が起こります。体内時計の仕組みと、その重要性を理解すれば、毎朝規則正しく起きて朝日を浴びる生活リズムが肝心だということは理解できるはずですが、今の家のつくり方にそのような配慮はほとんどみられません。この点はライフスタイルと健康というウェルビーイングの観点からも強調されるべき住宅建築のポイントだと思

います。

ところで、サーカディアンリズムに夕日の力は作用しないのでしょうか。実は、夜行性動物の体内リズムの調整には、朝日ではなく夕日が関わっているといわれています（人の場合は朝の光で活力を得て交感神経優位の活動モードになります）。ですから、おそらくは夕日の力で人は落ち着き、副交感神経を優位にして休息モードに入るのではないかと考えられています。古代より人類は夕日を見ながらゆったりと過ごしてきたので、体内の機能もそれによってさまざまなスイッチの切り替えが起こるはずです。

ですから、西の方角からの夕日利用という観点もウェルビーイングの可能性を広げる設計のアイデアだと思います。日本では一般的に西面開口部は嫌われますが、夏の西日対策さえしておけば冬の温かい日射はかえって貴重な熱源となります。さらに言うと、不可欠な朝のブルーライトを取り入れるにあたって、朝日の青い光に満たされているのは、むしろ西の空なのです。だから、朝のブルーライトを受けるには西の方角は最適といえます。太陽を人体の健康維持のために利用するという考えに立つと、西面開口部も決してタブーとはいえないようです。

４．地球大地とのコンタクト

日本人の祖先は竪穴式住居で暮らしていました。地上に敵は多かったでしょうが、木の上を寝床にしないで土の上を選びました。猿とは違った選択をしたわけです。それはやはり大地のほうが心地よく安心できたからでしょう。ちなみに、高床式住居はもともと穀物貯蔵のための倉庫で、住むための建物ではありませんでした。

土を少し掘って屋根をかぶせ、そこに火を焚いてみんなで寄り添う。これが日本人の住居の基本形でした。竪穴式住居から古民家の形式にみられるように土間床を中心として住環境を組み立てることで、地球体温をそのまま利用することができます。実はこれが外気温の変動の最大値や最小値の振れ幅を少なくしてくれる方法なのです。地球の表面体温は太陽との熱収支の関係で季節、季節に因らず年間平均約15度と安定しています。この地球の体温を建物の基本体温と考え、大きな熱容量として利用することが、エクセルギーの観点から見ても住居内熱環境の整え方として良い効率を生み出すと考えています。そうすることで自然の複雑な関係性が生み出した１／ｆ特性のゆらぎの環境変化を住居内に穏やかに取り入れやすくなるというメリットもあります。

古代より母なる大地が与えてくれる胎児感覚は、ヒトに真の休息と深い眠りを与えてきました。大地の安定した力は大きな安心のリズムをもってヒトを包容してくれることで、大きなセラピー効果を同時に与えてくれるようです。ヒトにとって土の大地が何よりも大切だという身体感覚は決して失ってはならないものかもしれません。大地に足の裏が接することをアーシングといいますが、これについても健康への影響などの医学的なエビデンスが待たれるところです。

５．人工リズムを排除するライフスタイル

住居環境に関して一番手つかずに放置されているのが電界と電磁波あるいは人工照明や人工音の問題です。これらに関しては、放置され過ぎて手が付けられない状況です。まず一番簡単な解決法は、電気設備をなるべく減らすライフスタイルをとることでしょう。そして、できるだけ電気設備を装備しない住居を工夫する必要があります。暗くなったら強い光量を要する活動をやめて休息をとる。たったこれだけのことで現代住居の抱える問題はほぼ解決し、人々はかなり健康を取り戻すことができるのではないでしょうか。

森林環境が人の生命力を上げるとすると、それはすべての生物との生命リズムの共生、自然の物理現象と体内リズムの共生、同調原理が働いているからです。ところが現代の住居環境がそれとは全く違うリズムをもっているため、体のリズムがくずれてしまうのです。そう考えると照明や画面の光、とくにＬＥＤのブルーライトの多用も見直すことが必要です。

一方で、サーカディアンリズムと体内時計を一致させることの重要性を知れば知るほど、反対に太陽光以外のものが体内リズムに影響することはないのかという疑問も生まれます。実際、地球は光以外にも太陽風（太陽からの電磁波）の影響を受けています。これには太陽活動の周期からくる5年、10年のリズム等があるそうです。太陽の光のリズムをすべての生物がもっているように、電磁波のリズムに対応する能力もすべての生物は有しているのでしょう。そうなると電磁波による人工的環境もおそらくは何らかの影響を及ぼしているに違いありません。

そして、電磁波よりじつは電界の問題が大きいということも話題として取り上げられるようになってきま

月舞台から居間・食堂・台所を見下ろす。台所の床は土台現わしの土間床構造とし、大きな熱容量を確保し、パッシブ効果を高めている。真空断熱材VIPボードを使用した開放型高断熱高気密住宅

資料

●建物名―アトリエ 月舞台
所在―東京都八王子市
●設計―杉坂建築事務所(落合俊也、徐祐晃)
●施工―杉坂建築事務所
現場監督／平塚真吾、庄司豪幸
大工棟梁／ヤマダ建築工房（山田勲、小泉賢二）
技術アドバイス／岩越松男
左官／目時克康
竣工―2007年10月
構造規模―地階付平屋建
●面積
敷地面積―174.23m²
建築面積―66.88m²
延床面積―133.76m²
（地階／66.88m²　1階／133.76m²）
建蔽率―38.38%(40%)
容積率―76.77%(80%)
地域地区―第一種低層住居専用地域、第一種高度地域
●主な外部仕上げ
屋根―ガルバリウム鋼板一文字葺き
壁―ガルバリウム鋼板サイディング
建具―キマド・ドルフィンウィンドウ

●主な内部仕上げ
天井―天竜杉ストリップ端材柿渋塗り仕上げ
壁―木造部／漆喰塗り
RC部／ガイナ断熱塗料鏝塗り仕上げ
床―木造部／天竜杉厚40㎜
RC部／炭入りモルタル鏝塗り仕上げ
木部はすべて、天竜枯らし天然乾燥月齢伐採（4章「月齢伐採と榊原正三の一味」参照）の杉材を使用
●設備
暖房―蓄熱土間床暖房（結露防止ペリメータゾーン切り替え）
給湯―エコキュート
●主な設備機器
台所―Le pur（ルプ）
建築金物―ラフターロック、等
家具―大工造り
●工費
建築―3,500万円
設備―400万円
外構―100万円
総計―4,000万円

地階の寝室から北側の採風窓を見る。上階西面大開口部からの光がスリット階段を通して差し込む森林環境のアナロジー。下部構造のRC部は断熱せずに地盤の温度を反映させ、さらには無尽蔵の熱容量として利用する。夏の結露対策のため、躯体外周部にだけ熱が加えられるように工夫している。地盤温度を15℃とすると、冬は7℃、夏は3℃くらいの熱を与える

矩計詳細図　1/70

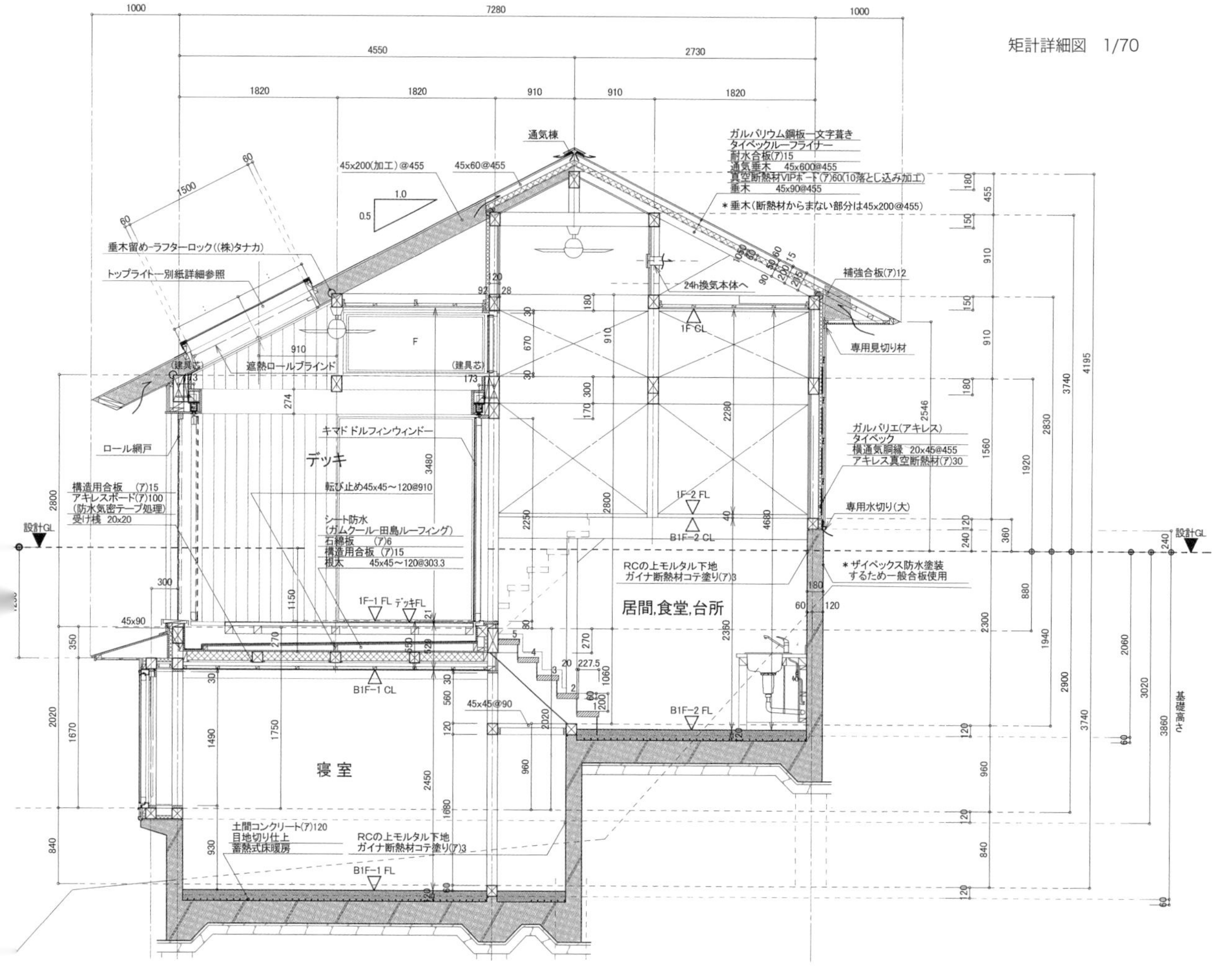

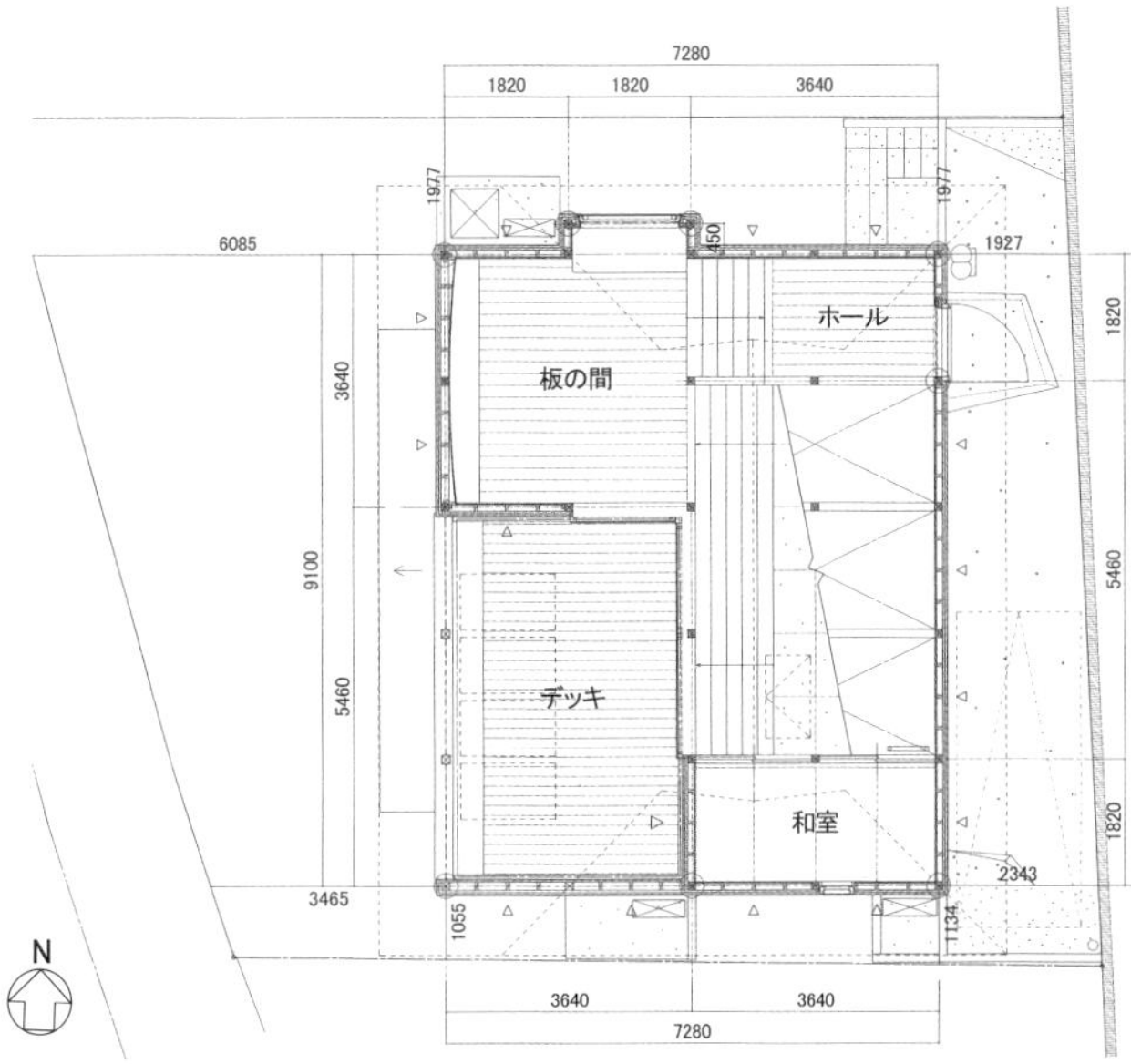

地階平面図　1/200

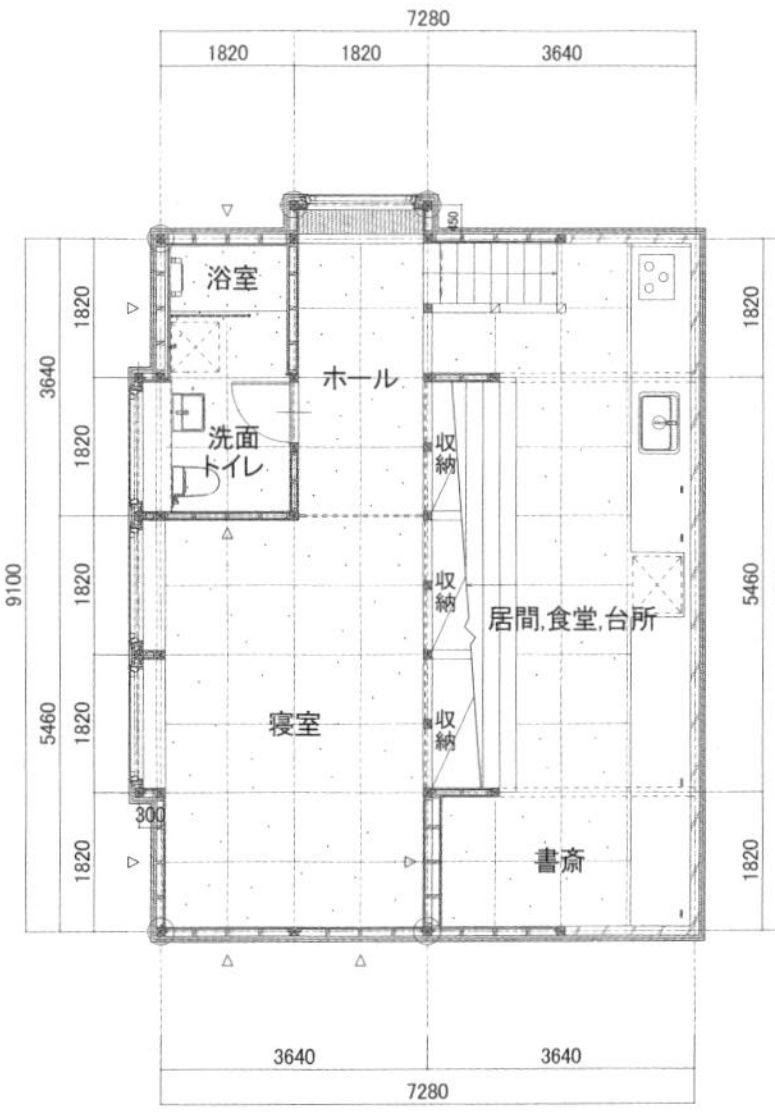

1階平面図

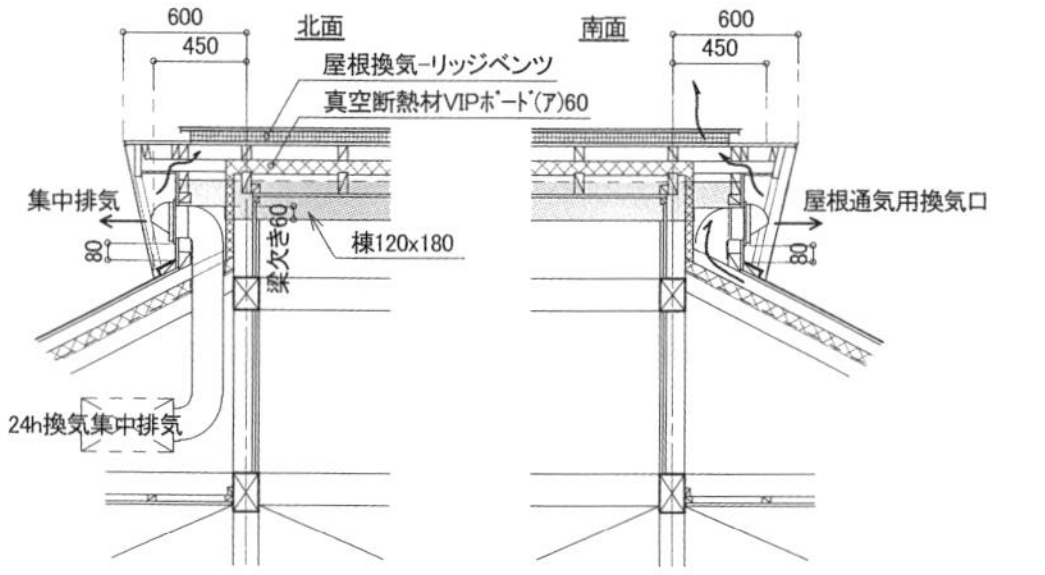

換気棟　南北断面図　1/70

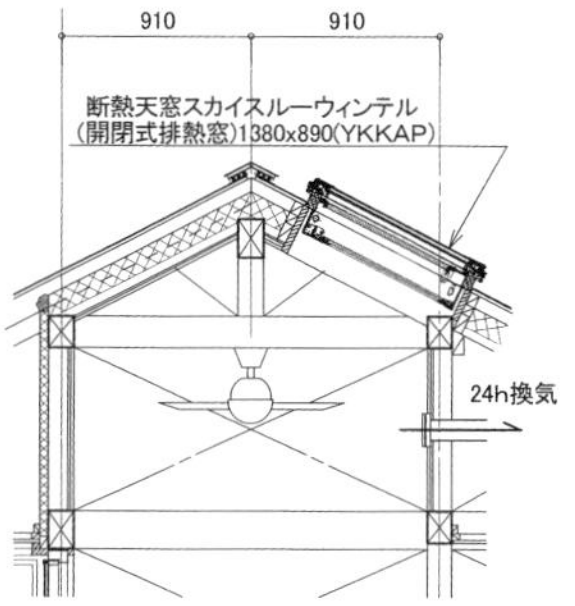

換気棟　東西断面図　1/70

リビングから天井を見上げる＊

通風廃熱原理

通風もパッシブの原理のひとつである。伝統民家の越屋根の原理に倣い、最頂部に熱溜まりをつくり開閉トップライトから排熱する。トップライトが閉まっていても、機械排気で集中的に排熱換気ができる構造になっている。土間床付近の安定した地盤の輻射放熱あるいは、吸熱効果を利用することで、住居領域、すなわち床面から住人の高さ程度の活動領域までに安定した体感温度領域を担保する。そして建物の高さを利用して穏やかな温度勾配をつくり出すことで、自然の重力換気と採風を促す。床から高さ５ｍを超える最頂部の熱溜まりに、排熱窓や排気設備を集中させている。

した。何故なら、かつて人類は現在のこれほど大きな電界の恒常的暴露を体験したことはなかったからです。ドイツのバウビオロギーでは人工的な電磁波や電界を大きな問題として対策を講じており、今後の展開に注目したいところです。

　私たちの体は自然のリズムの宝庫です。本来もっているリズムとその繋がりに配慮した環境を与えてくれる家が、私たちの健康を担保してくれる理想の家の姿です。環境リズムがヒトの健康にどれだけの影響を与えるのか。森林環境と身体の繋がりを体験することをきっかけにして、新しい住居のつくり方がきっと見えてくるに違いありません。

20頁写真3点＊

　大きく開いて外部環境を取り入れるだけでは、夏は暑く冬は寒い建物になる。外部環境の変動は、明暗のリズムも気温のリズムもサーカディアンリズムに一致し、1／f特性のゆらぎをもっている。これは人間の体内リズムに全く一致するリズムである。この外部環境リズムをそのまま室内に反映させながら、かつ暑さ寒さのピークだけを和らげてくれる方法として、地球そのものがもつ安定した大きな熱容量の力を利用するのが理に適っている。しかし、地面から少し掘り下げて土間面をつくる場合は、夏の結露や湿度の対策が不可欠である。日本住居の原型である竪穴式住居にも、床面には常設の熱源があった。民家の囲炉裏にもその名残が見られるが、少し熱を加えることで湿気を消失させる工夫が日本の多湿気候では必要なのである。湿気の問題は除湿機や通風で解決しようと考えがちであるが、少しだけ熱を加えて躯体温度を上げることで安定した解決を図ることができる。

月のリズムを楽しむ豊かさ

月は大きな満ち潮引き潮現象を起こすことから考えても相当大きい力を地球に与えている。それは万有引力の周期的リズムである。太陽光線に比べて目に見えない分、分かりづらい力の作用でもある。しかし、実際にはサンゴの産卵、チーズの発酵のリズム、その他多くの生物が月のリズムの影響を受けており、その力を無視することはできない。樹木のように全身に重力の応力を内在する生物は、月の影響による重力の変動リズムを生体時計に刻んでいるに違いない。新月伐採の有効性に関する生物学的解明は難しいようだが、サーカディアンリズムの支配する生物社会という世界観から見れば、月の重力リズムの影響があっても不思議はない。

アトリエ月舞台

この建物は、東京八王子・野猿峠の突端の崖地に建設された。西向き斜面なので、夏の日射制限のためのバッファーゾーンをとることで、大きな眺望を同時に確保している。このバッファーゾーンを有効に利用するために、建具を４周に自由に移動できるようにした。そのことで、この場所を内部にしたり外部にしたり、全開放したりして季節や時間に応じて四季を通じて生活のいろいろなシーンで活用できる舞台のような場所になる。夕方の西空の景観は本当に素晴らしい。夕焼けの山並みと、そのあとに静かに浮かぶ三日月。この建物を「月舞台」と命名した所以である。

全体の構成は、崖地をくり抜いた洞窟穴の下部構造と、清らかに力強く生命エネルギー溢れる木の上部構造で対比している。本来人の住居は地球大地の安定感と暖かさ、そして光と風の移り変わる清々しく生命力溢れる森、太陽と地球の産物である樹木との共生環境、つまりは森と洞窟のアナロジーであるべきだと思う。それらの要素を住居に写し取るための技術が木の建築術であり、パッシブ設計の技術だと思うのである。

木の建築術で一番大切な要素は、生きた木とそれを育んだ森へのこだわりだと思う。だから、伐採のタイミング、乾燥や加工の仕方、その木を取り巻くさまざまな世界観をとりこんで、その木材の価値を高める必要がある。そのようなこだわりのない、ただの材料としての木と住人の間に、一体どんな共生関係が生まれるというのだろうか。

一方、パッシブ設計で大切なのは、太陽と地球体温の調和利用である。太陽熱ばかりで追いかけるパッシブでなく、それを受け入れて穏やかに安定させるには地球大地の大きな蓄熱容量を利用することも必要であろう。床下空間をつくらない土間床工法は、在来軸組工法で構造的問題となっている床下の腐れや、シロアリの問題も同時に解決してくれる。木に優しい建築は住人にも優しい。だから、住人の都合より木の都合で住居を考えてみたらどうだろう。このことで、結局は住人が一番得するのだから。

試論／森林共生住宅のすすめ

写真＝青野浩治

8頁〜9頁写真＝内山文寿

＊印写真＝落合俊也

1章　森林ウェルビーイングの先駆者たち

現代医学に懐疑的な目を向ける人が増えている。古典医学は、自然（森林）に共生することが最も健康への近道であるという教えに基づいている。そして、5000年の歴史がその効果と安全を実証し、保障している。これからの医療は、この偉大な知恵の体系の延長上に築かれるべきだろう。

Barberyn Beach Ayurveda Resort
アーユルヴェーダの試み Part 1

スリランカの最南端に広がる熱帯雨林の中に建つ
バーベリンビーチ・アーユルヴェーダリゾート＊

【インタビュー】

環境と健康、そして幸福

ギーサ カランダワラ
（バーベリンビーチ・アーユルヴェーダリゾート ディレクター）

アーユルヴェーダ
—現代医学を包括する上位医学—

スリランカの首都スリジャヤワルダナプラコッテ(旧コロンボ)から車で2時間半ほど南に行くと、ウェリガマという小さな漁村がある。そこには約15年前にオープンしたバーベリンビーチ・アーユルヴェーダリゾートという本格的なアーユルヴェーダ施設がある。インド・スリランカ発祥の古典医学であるアーユルヴェーダは、日本ではオイルを使った癒しのマッサージ程度としてしか知られていない。しかし、本当のアーユルヴェーダは単なるオイルマッサージの域を超えた幸福への知恵の集大成である。その奥の深い教義は、人の健康、建築、環境の領域にまたがり人々を幸福に導くといわれている。

我々は、病気を治すために病院へ行く。病院は患者の病気を治そうとする。しかし、病院はその患者を幸福にしようという視点まではもちあわせていない。本来健康は幸福を得るための必要条件であり、人生の最終目的はあくまで幸福になることである。もしも現代の病院が役割の原点に立ち返って、人を幸福に導くところまで見据えたサービスを展開すれば、医療システムは根本的に変わるだろう。そう考えると、初めからそのような視点でアーユルヴェーダ施設をつくった古代人は先進的である。人間にとっての自然、健康、幸福は本来一体のものだという考えがあれば、それは当然なのかもしれない。

アーユルヴェーダ(Ayurveda)はサンスクリット語のアユス (aayus/生命) とヴェーダ(veda/知識、真理)が合成された言葉で、インド・スリランカに伝わる伝統医学のことである。古い医学というと現代医学より劣るものと考えられがちだが、伝統医学は巷にある民間療法や代替医療の類とは一線を画する。数千年の長い歴史をもっているということは、それだけの経験が蓄積されているということだ。一方で、２００年足らずの歴史の現代医学の大枠が正しいという保証を得るには、さらに多くの時間が必要であろう。

さて、アーユルヴェーダはユナニ医学、中国医学と並んで世界の三大古典医学に数えられているが、このなかでも最も歴史は古く、中国医学にも大きな影響を与えている。一般に伝統医学は自然の力を重視し、人体を自然の一部と考えることが原則である。そして、自然の事象と人体の事象を同一視して法則化している。だから生命観と病理感が一体であり、さらには心の奥の精神領域にも働きかけて自然治癒力を引き出すと考えられている。自然との関係性と、幸福への満足感まで含めた広い視野を有している点で、アーユルヴェーダのアプローチは現代の高度な科学技術を追求した医療システムとは根本的に異なる。いくら高度な医療技術を駆使しても、現代人は真の健康と幸福を手に入れることはできていないように思える。その点で、アーユルヴェーダは現代医学を包括する上位医学といえるのかもしれない。

現在、我々の健康状態や建築の置かれる都市環境を考えると、そこにはさまざまな問題が噴出している。これらの問題を解決するために、古代から積み重ねられてきたアーユルヴェーダの知恵を借りてみるのも一案だと思う。バーベリンは、そのことを私たちに教えてくれる最高の場所である。なぜならここは、現代人が受け入れやすい洒落たリゾートの顔つきをもちながらも、我々が失ってしまった自然(宇宙)と一体化することの奥深い幸福感に導いてくれる稀有な施設だからである。この施設は一体どのようなコンセプトに基づいてつくり上げてきたものなのだろう。ディレクターのギーサ カランダワラ (Geetha karandawala) さんに話を聞いた。

＊

——バーベリンビーチ・アーユルヴェーダリゾートをつくるきっかけは何だったのでしょう?

ギーサ カランダワラ(以下GK)　宇宙は5つの要素パンチャ マハブータ (panca mahabhuta) がうまくバランスすることで成り立っています。それぞれその要素は、図1(29頁)に示す次の5つを指します。

1 akasha (空)
2 vayu (風)
3 theja (火)

熱帯雨林の中に建つバーベリンビーチ・アーユルヴェーダリゾートの客室棟を見る

4 jala （水）
5 prutivi （地）

これらと全く同じ要素が人間の中にもあります。人間は自然の一部なのですから当然のことです。ですから、人間が自然の中のこれらの要素に近づくと、同調しあって宇宙の大きなエネルギーから恩恵を受けます。私たちは、ゲストがこのパンチャ マハブータを感じ、これらの要素が完全に自分とバランスして同調する方法を体得するための施設をつくろうと思いました。ここはそのための場所であり、私たちの提供する環境も診察も施術も、そのために計画されているものです。

落合 今、あなたが言った宇宙のパンチャ マハブータの話は、私たち現代人が聞くと少し神がかった迷信じみたものに感じてしまいます。しかし、それを非科学的な迷信と思わず、私たちが失ってしまった本質であると謙虚に考えてみるべきだと思うのです。バーベリンに滞在すると確かにそういう気分になってくるからです。「自然と共生し調和（同調）することが健康と幸福に繋がる道である」という大原則を、私たちは今一度理解し、納得する必要があります。ところが現代の都市環境では、そのこと自体の理解が難しいのです。皆、健康になるために一生懸命サプリを飲んでみたり、ジムでエクササイズをしますが、都市的アクティビティーや医療に頼っていても、本当の健康と幸福感を得ることはできない気がします。

自然と調和（同調）するということを、どう理解して実践したらよいのか。そのことに関しては現代人より古代人のほうが得意なはずです。古代人は現代科学の知識はない一方で、自然と調和するという知恵と感覚は発達していたはずですから。彼らがもちあわせ、一方で我々は失ってしまったものとは一体何か？ これを教えてくれるのが、アーユルヴェーダという古代から積み重ねられた伝統の知恵だと私は理解しました。

——この地を選択した理由は何でしょう?

GK 私たちがバーベリンビーチの土地に出会ったとき、そこはすべての自然の要素が完璧なバランスで実現している場所であることが分かりました。一方の側は熱帯雨林の緑の植生であり、もう一方の側は起伏のある豊かな地形で、平らな場所はほとんどなかった。そしてそれは海に向かって開いている形の整った土地でした。海に向って開いた眺望は、人が巨大な青い空と夜に星でいっぱいの空を見て、宇宙そのものを感じることができることを意味していました。そして、この海はスリランカの最南端にいることをあなたに教えてくれます。そこはあなたと世界の端（南極）との間にはもう何もないという特別な場所なのです。私たちが初めてこの土地を訪れたとき、太陽の神々しい太陽のエネルギー、空と海の見事な景色、青々とした熱帯の森、鳥や虫たちのさえずりを一身に感じることができました。この土地が私たちを待ってくれていたと思いました。

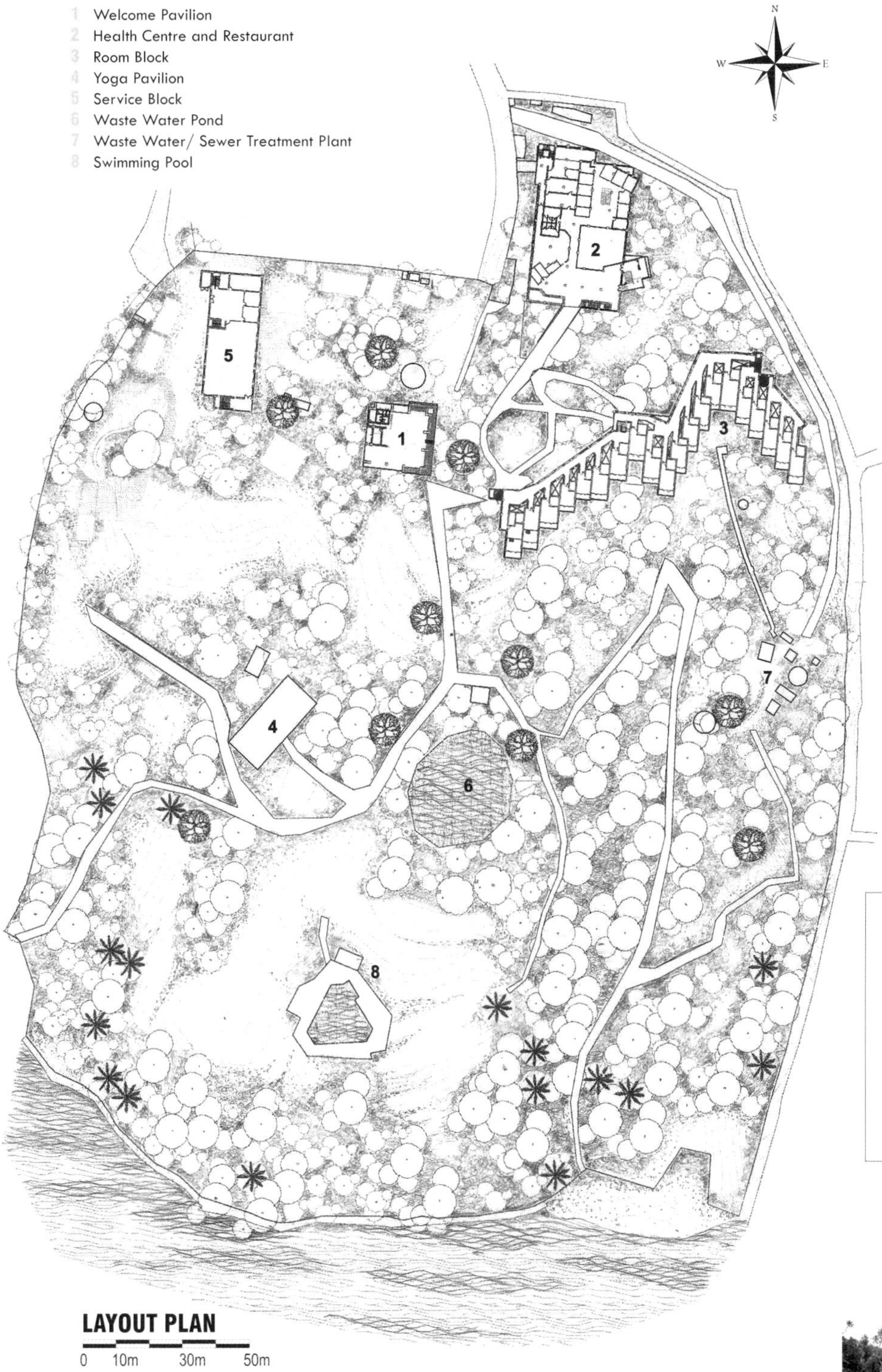

バーベリンビーチ・アーユルヴェーダリゾート　全体平面図
（図面提供＝バーベリンビーチ・アーユルヴェーダリゾート）

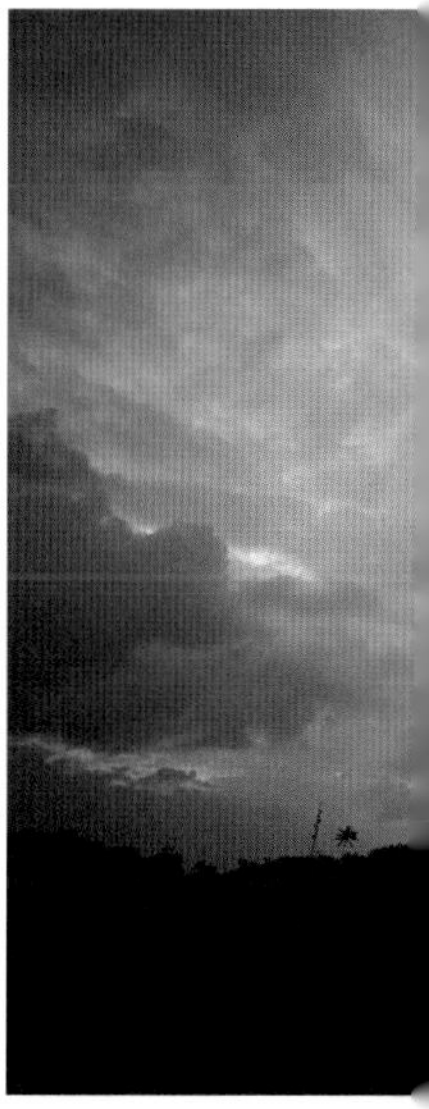

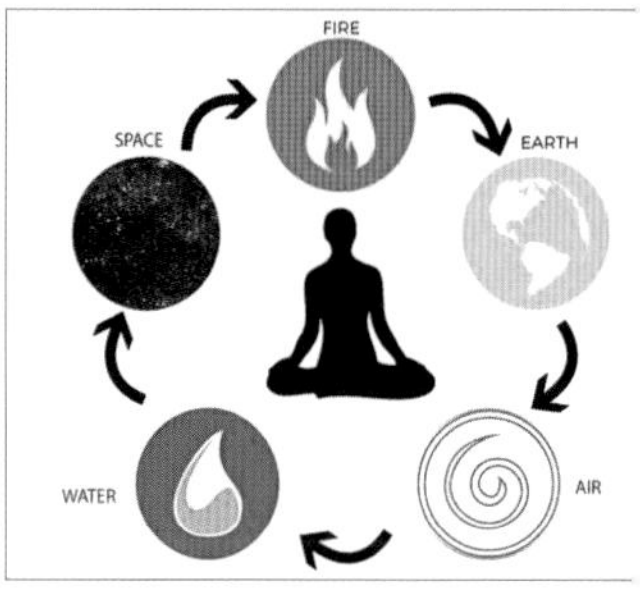

図1　panca mahabhuta（五大元素）

右頁右写真／水平線から昇る朝陽＊
右頁左写真／神秘的な色に染まる空＊
左写真／バーベリンビーチ・アーユルヴェーダリゾート建設前と同様に、手つかずのまま熱帯雨林が海に向かって広がっている

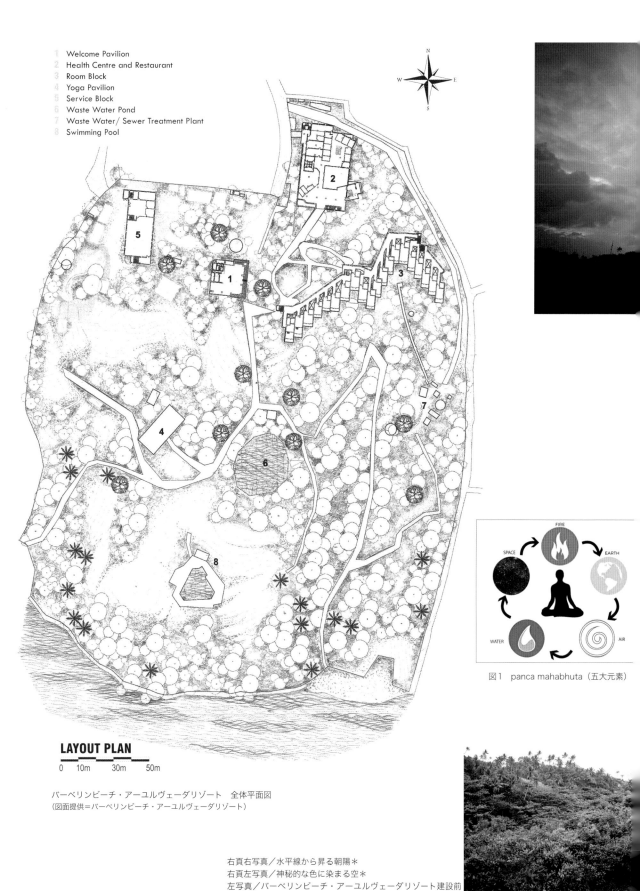

バーベリンビーチ・アーユルヴェーダリゾート。樹木が育ち建物と調和している

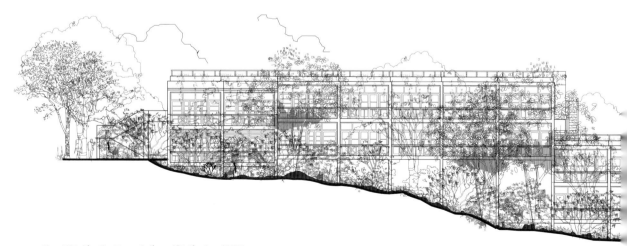

バーベリンビーチ・アーユルヴェーダリゾート　立面図
（図面提供＝バーベリンビーチ・アーユルヴェーダリゾート）

落合　私も最初にここを訪れた時、空と海の青さ、そして森の緑の鮮やかさに感銘を受けました。これがまさに人にとって不可欠な光なのだろうと思いました。それほどの幸福感を伴う体験でした。太陽の光と樹木の関係性が実感できましたし、そこから生命が生まれ海に広がっていくことも実感できました。バルコニーからこの光景を眺めていると、一日ずっとここにいてもいいとさえ思えます。

雲による光の変化が、かすかな温度変化を生み、それに連動して風が流れ、木々がざわめき、そのわずかな温度変化に反応して鳥や虫たちの声が変化する。五感がすべて自然と調和して、体が大きな自然と同調する。何とも言えない安心感というか充足感を覚えました。まさにパンチャ　マハブータの概念が理解できる場所ですよね。

――建物に関してのデザインの方針はありましたか?

GK　私たちは地形をそのままにして、平らに造成して建物をつくることのないデザインを望んでいました。さらにビーチから離れてしまうにもかかわらず、緑麗しい渓谷の中にリゾートを配置する決定がなされました。これにより自然が居住空間の中にも入りこんでいるような森林共生のデザインが可能になりました。私たちは宿泊者が森の上を歩いているような感覚になることを希望しました。

さらにまた、このリゾート内の施設が完全に車椅子でアクセス可能であることを望みました。それ故にデッキ通路および傾斜路を使って、ゲストが自分の部屋からどこにでも行き来できるようになっています。

建築の屋根の形が景観を壊さないように、自然と一体化させることが建築家の重要なテーマとなりました。その結果、屋根のないデザインになり、その代わりに屋上庭園や森の中の通路をもつ建物になり、森の中の鳥と共存して滞在することができるようになりました。

建築は、ジェフリー　バワの弟子であるターナー　ウィクラマシング(Turner Wickramasinghe)氏によるものです。

落合　建物は建設から約15年を経てすっかり緑の中に埋没した感じになりました。森林の中にいるように錯覚します。野生の孔雀(ピーコック)もあちこちで見かけます。スリランカの国鳥ですが王者の風格ですね。大小さまざまな野鳥がさえずりを欠かしません。野生の猿も沢山いますが、人との棲み分けが上手にできていて危険は全く感じません。自然の大きな力が調和的に働いて平和を保っているのだと思います。建物は複雑な形に雁行していますが、効率や機能だけでなく、自然に共生するという大きな原則を優先しているのだと思いました。

――施設の中心としてのパビリオンがとても印象的ですね。

GK　設計では最初から中央のエントランスにパビリオンをもつことになっていました、そしてそれは、現在のバーベリンビーチの建物のある左サイドのフェーズ1と、現在建設中のバーベリンウェーブのある右サイドのフェーズ2の間に位置し、二つを分けています。

敷地内に暮らすピーコック＊

熱帯雨林の中を縫うように設けられた施設内の通路。この通路を歩くことでも自然と同調することができるように考えられている

敷地内の通路。傾斜地の中を車椅子でも移動できるようスロープが各施設を繋いでいる

分棟された施設を繋ぐ通路

施設の各所に設けられている開放的なラウンジ

バーベリンビーチ・アーユルヴェーダリゾート　断面図
（図面提供＝バーベリンビーチ・アーユルヴェーダリゾート）

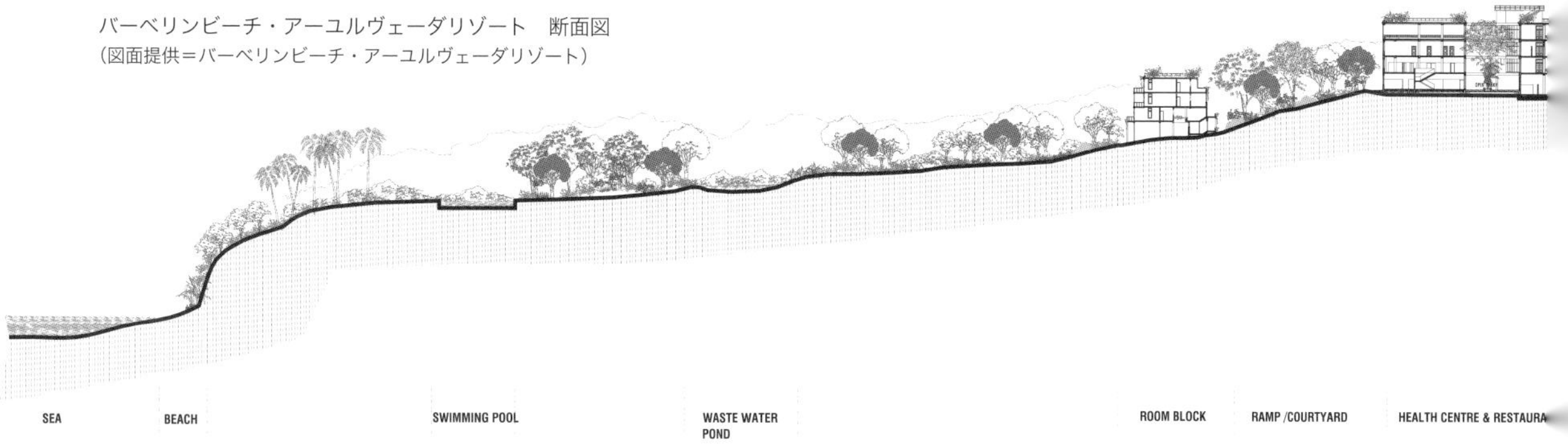

疲れた旅行者が最初にたどり着いて、この場所の沈黙と静けさを感じるパビリオンを想像しました。私たちはそれが神殿のようであるべきだと考えました。私たちはそれが癒しの場所にやってきたという感覚をもたせる建物であるべきだと考えました。15年経って、私たちはエントランスのパビリオンがまさにこの役割を果たしていることを確信しています。

落合　初めてここを訪れたのはおよそ10年前です。それから毎年訪れていますが、最も記憶に残っているのが、最初にゲートを入ってこのパビリオンを見たときのことです。真夜中に到着したので全体像は把握できませんでしたが、まさに巨大なファラオの神殿に来たようにオープンでかつ静寂を保ったなかで、温かいホスピタリティーのウェルカムドリンクで迎えられたのを覚えています。いわゆるホテルフロント部分がオープンに独立していて、そこから各施設やビーチへのアプローチが延びていくのです。

――アーユルヴェーダ診療施設について教えてください。

GK　アーユルヴェーダは生命の科学です。宇宙の法則ともいえるこの古代の知恵は、深い瞑想を通して賢者によって到達され、アクセスできるようになりました。彼らは鋭い第六の感覚というべきものを発達させた霊的な人間でした。そして今日のアーユルヴェーダ医師もその霊的な要素をもっています。高い霊性をもっている医師は素晴らしい医者になります。彼らが患者を診察するとき、彼らは本能的に必要とされる治療法が分かってしまう。

バーベリンビーチのアーユルヴェーダの施設はこのような理解のもとに建設されました。とても落ち着いた雰囲気がリゾート全体に広がるように、提供された風景は、静かな思索のための場所です。インテリアデザインに求めたのは、ゲストが内側の癒しを体験するのに必要な快適さを提供することでした。ゲストが気を散らすことなく自然の音に耳を傾けることができるようにテレビもラジオもありません。

――アーユルヴェーダの治療について教えてください。

GK　簡単に言えば、健康な人はバランスが取れています。そのバランスの体系は次のようなものです。薬膳やさまざまなトリートメントによってこれらのバランスを整えてゆきます。

①３つのエネルギーのバランス(tri-dosha)
②３つの消化・排泄のバランス(tri-mala)
③７つ体の組織のバランス(sapta-dhatu)

アーユルヴェーダは現代医学の対症療法とは違います。今の医学では注意を払われない不均衡なドーシャ(dosha)に十分な注意を払い、そのバランスを整えます。そうすることで体は本来の調子を取り戻します。

例えば体のどこかが痛いとき、アーユルヴェーダではまず、おそらく痛みはヴァータ ドーシャ（Vata dosha）のバランスを崩していることが原因と考えます。それゆえ、ヴァータ ドーシャの治療を確実に行う

Barberyn Beach Ayurveda Resort

Address: Barberyn Beach Ayurveda Resort Weligama, Sri Lanka
Telephone: +94 41 22 52994-5
Fax: +94 41-22 52993
Email: beachresort@barberyn.lk or barberynresorts@outlook.com

右頁写真／夜の帳が降り、明りの灯された幻想的な施設内の通路＊
上写真／神殿を思わせる堂々としたエントランスパビリオン＊
左写真／エントランスパビリオンの照明はラキ セナナヤキ（3章「熱帯雨林の環境リアリティー」参照）さんの作品＊

図3　Tri-mala　（３つの消化・排泄のバランス）

1. Sweda (汗)

2. Mutra (尿)

3. Purisha (便)

図2　Tri-dosha　（３つのエネルギーのバランス）

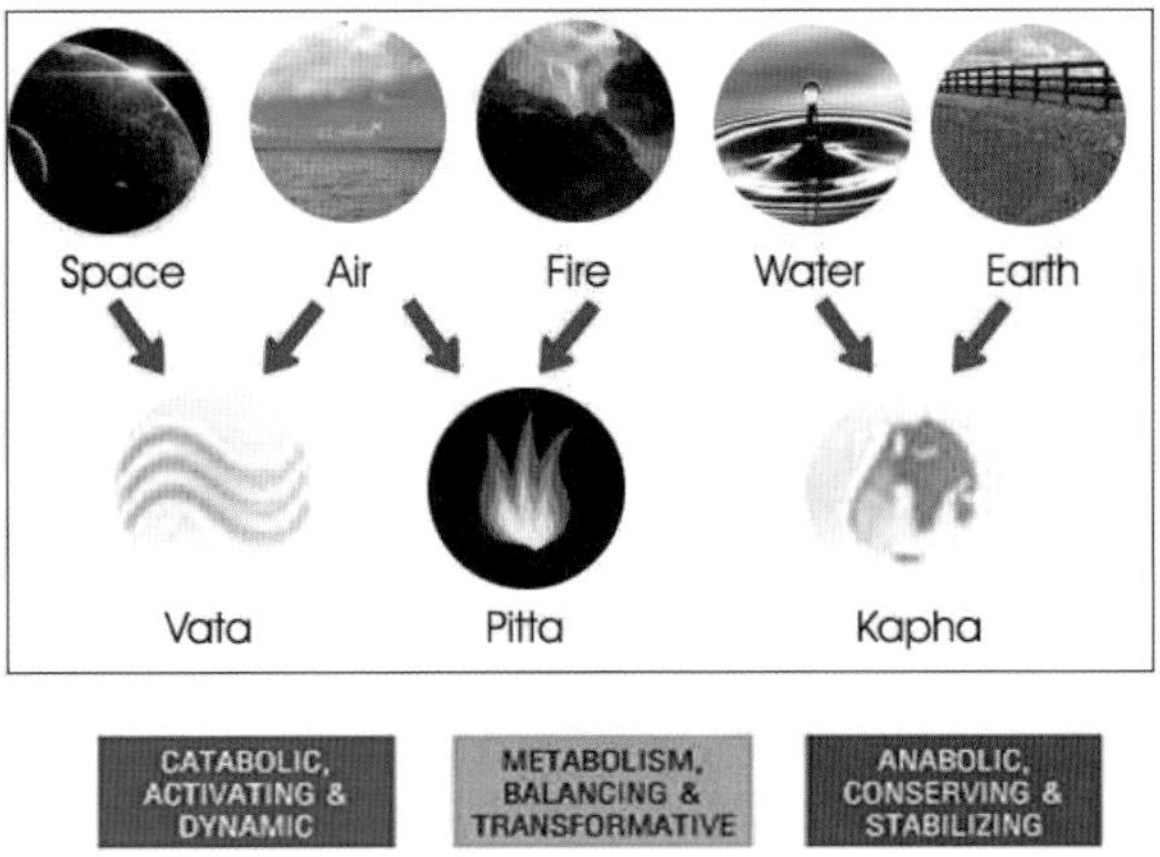

図4　Sapta-dhatu　（７つの体の組織のバランス）

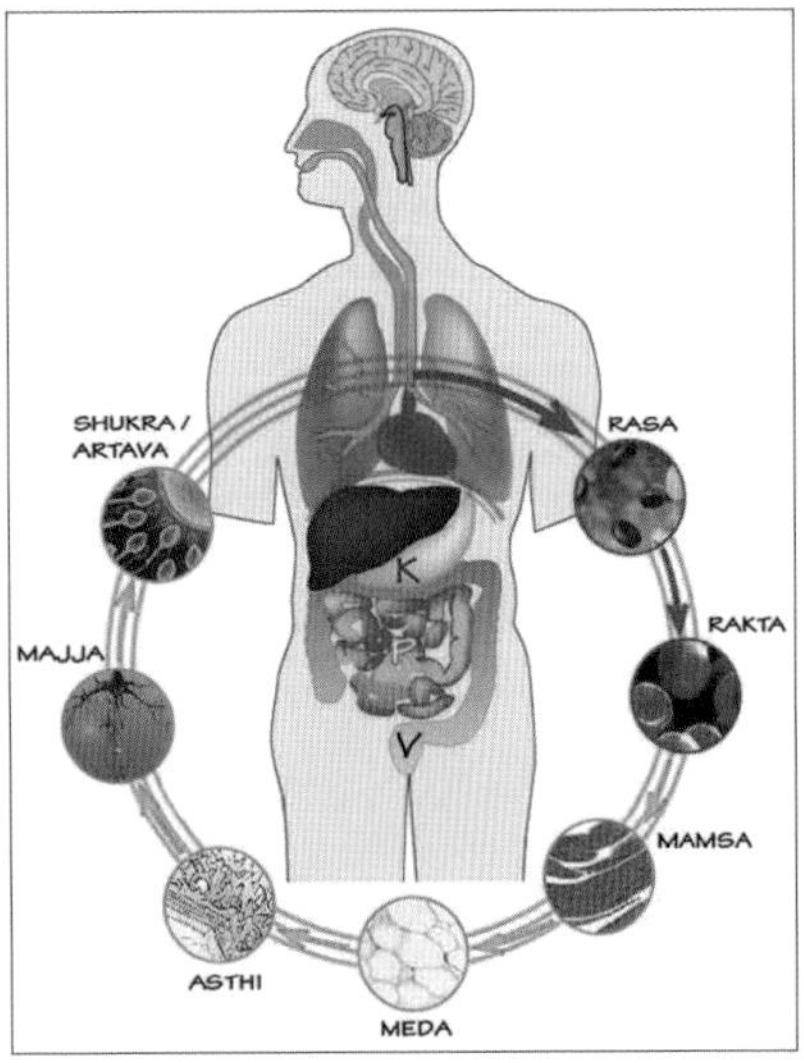

Dhatu	Relation
Rasa Dhatu	Body fluids
Rakta Dhatu	Blood
Mamsa Dhatu	Muscular tissue
Meda Dhatu	Adipose tissue
Asthi Dhatu	Bony tissue
Majja Dhatu	Bone marrow and nervous tissue
Shukra Dhatu	Generative tissue (including semen and ovum constituents)

アーユルヴェーダ簡易解説

アーユルヴェーダの理論を一つに体系化して述べるのは大変難しい。バーベリンのアーユルヴェーダ医プシュパ医師（Dr. Pushpa）による４つのキーワードによる超簡易解説をここに記す。

宇宙も人も同じ五大元素、パンチャ マハブータ（図１　panca mahabhuta、29 頁) から構成されている。このパンチャ マハブータからなる３つのドーシャ（図２　Tri-dosha）をヴァータ、ピッタ、カパというが、このバランスが取れていることをアーユルヴェーダでは重視する。その為には食物の消化や老廃物の生成・排出が順調であること、すなわちアグニ (消化の力) が正常に働くことが重要である。そうすればオージャス (活力素) が生み出され、それと共にトリ マラ（図３　Tri-mala）が生成される。そして、サプタ ダートゥ (図４　Sapta-dhatu) が良い状態に整う。

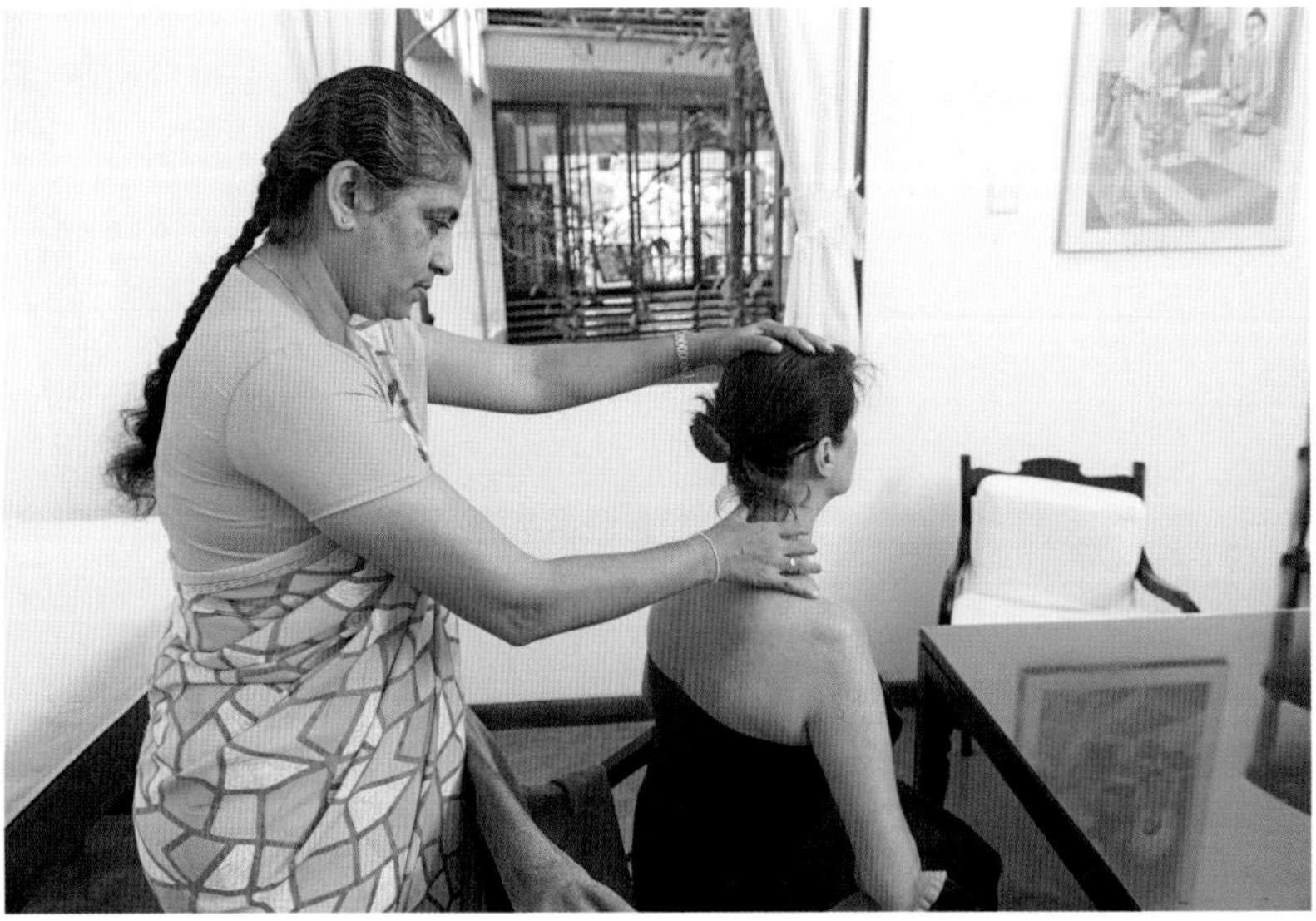

手を使い、五感で患者の状態を確認する施術の様子＊

ことで、痛みは根本的に解消されます（右頁図参照）。

落合　しかし、この痛みはドーシャバランスからくるものではなく、もっと質の悪い病気かもしれませんよね。そのような場合は現代医学が力を発揮すればいい。現代医学では血液検査と尿検査で大抵の病気の診断はついてしまいます。

しかし、こういった検査で異常が見られないのに不調を訴える人も多い。そんな場合はアーユルヴェーダ医による顔色、舌の色、尿の色やにおい、大便の色やにおい、脈拍の様子に関して最大に注意を払った大局的な診断のほうが適切なのではないかと思います。薬も医療器具もない時代では、深刻な病気になったらどうしようもなかったでしょう。病気になる前の未病状態のときに病気に進まないように先手を打ったり、自己免疫力を高めるようにドーシャバランスを整えたりすることは、もっと積極的に行われていいのではないかと思います。病院による現代的治療よりもずっと効果があるのではないでしょうか。

アーユルヴェーダと現代医学はこのように結びつけばいいですね。そうなれば、現代医学の発展でアーユルヴェーダもその存在意義を増し、現代医学もアーユルヴェーダによってその質を高めることができるのだと思います。

GK　病気を診断するために、現代医学の医師もアーユルヴェーダの医師もお互いの基本的な概念に精通していれば理想ですね。スリランカではアーユルヴェーダの教育は1972年以降に国立大学でも始まりました。現代医学を教える大学は8校。それに対してアーユルヴェーダの大学は4校あります。スリランカには現代医学の医師は約2万人存在し、それに対してアーユルヴェーダ医は1万5千人と言われています。

――アーユルヴェーダ医師の具体的な診断技術の例を教えてください。

GK　アーユルヴェーダの主要な診断技術に脈拍検出がありますが、それを例に紹介してみましょう。医師は最初の3本の指で脈拍を検出します。各指は特定のドーシャバランスを検出します。

アーユルヴェーダ医師は脈拍検査中には、次の4つの特徴の検出に注意を払います。脈診だけでこれだけの違いを感知し、総合的な診断ができるのです。

①Gati（速さ）
②Yati（リズム）
③Akriti（脈拍の構造・量）
④Samhanana（パルスの性質）

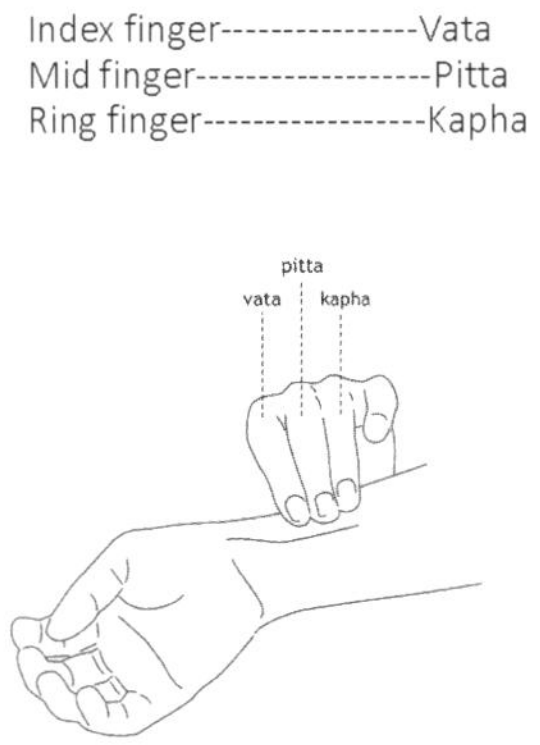

脈診

天然に由来する約2,000〜2,500種の動植鉱物からなる薬物（生薬）が症状に合わせて処方される

上写真／診察室はさわやかな風が流れ、静かな外の緑の光が差し込む簡素で清々しい空間。そこには患者のバイタルを図るための電子機器やパソコンの類も一切ない。脈を診るための時間計測も腕時計を使って数え歌のような声を出して測定される。心と体のバランスを見る全体医療は、医師と患者の深い観察とコミュニケーションを通じて行われる。そこには時代遅れで原始的な医療とは全く次元の違う安息の時間が流れる
中・下写真／現代の我々が受けている電子機器だらけの診察とは全く違う。カルテも処方箋もすべて手作業のパーソナルメイド＊
左頁写真／プシュパ医師は、患者をゆったりとした時間のなかで、確かな技術と五感を駆使して診療する

ひとつの疾病はひとつの原因からくるのではない。その意味でバランスを整えることで広く症状が改善する

治療可能な疾病（主なもの）
ニキビ
貧血症や虚弱体質
関節炎
腰痛
腎臓結石
神経系統の病気
初期の頸部脊椎症
初期の甲状腺腫
初期の肝疾患
初期の前立腺肥大
耳鼻咽喉の病気
五十肩、有痛性肩拘縮症
胆嚢石
胃潰瘍やその他の胃腸不良
胃炎
婦人科系統の疾患
脱毛
片麻痺
痔核（痔疾）
高血圧症
高コレステロール
消化不良
黄疸
精神ストレス
偏頭痛
肩こり
ニコチン依存、乱用（喫煙）
肥満（太りすぎ）
麻痺
乾癬
リウマチ痛やその他の関節痛
坐骨神経痛
副鼻腔炎
アレルギー肌、その他の皮膚病
不眠症
耳鳴り
尿路感染症
泌尿器系の病気

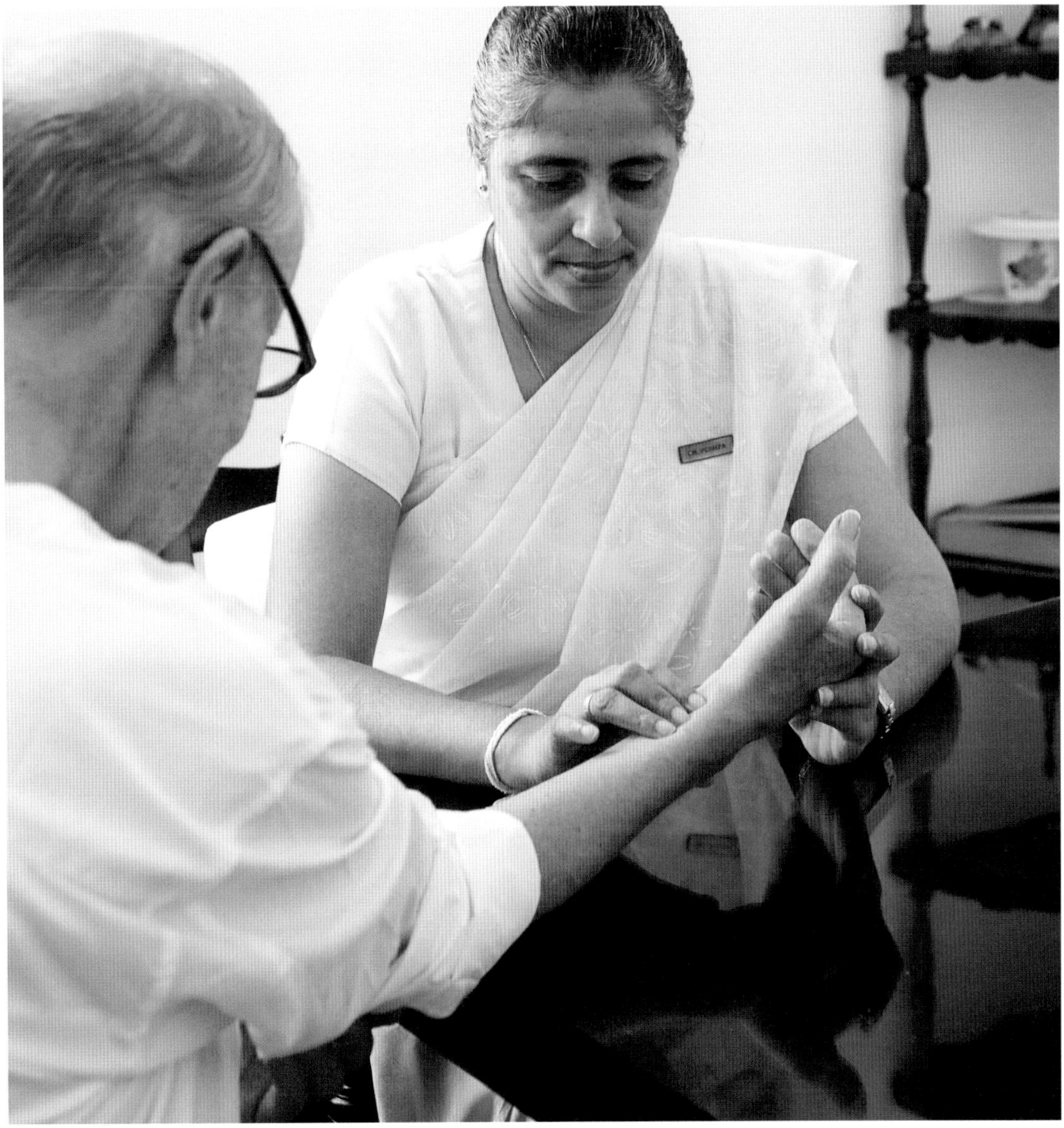

体の部分に表れている色、例えば舌の色や目の色、顔の色なども重要な情報であることは言うまでもありません。

落合　アーユルヴェーダ医師の診察を受けた時、それは神聖なる人とのコミュニケーションのように感じました。アーユルヴェーダ医師が手で私の脈をとり、祈りのような呪文を唱えながら脈のバランスや配置や強弱を感じ取ってゆくのです。人の手と手を介した文字通りの手当てによる診療が行われます。こういった診療を過去の原始的診療と考えるのは現代人のおごり、もしくは無知だと思うのです。

自然と一体になる健康と幸福を手に入れるための診療法は、そういうものなのだろうと納得します。このやり方にこそ自然と人の繋がりを感じます。それはそのドクターのもつ英知と人格を通して、自然と繋がりをもった感覚だと思うのです。その意味でドクターは、自然の英知を兼ね備えた人格者である必要があるのだと思います。ドクターのいる診察室は簡素ながらもさわやかな風が通り、窓からは麗しい緑の落ち着いた光景が見えます。

現代の診療室は医療器具だらけで、そこには自然の要素は全くありません。現代の病院のドクターは患者を診ないでパソコンを見ています。数値を見て症状と病名を当てはめて決められた処方薬を出す。すべてがシステム化されたオートメーションで、そこには自然の繋がりどころか人の心の繋がりもありません。

聞き手／落合俊也

Barberyn Beach Ayurveda Resort
アーユルヴェーダの試み Part 2

バーベリンビーチ・アーユルヴェーダリゾートのトリートメントセンター待合室から水のアトリウムを見る。ゆらぐ空間の仕組み＊

アーユルヴェーダ的建築と環境

アーユルヴェーダ的建築と環境の考えかた

アーユルヴェーダの考えは建築にも応用されている。建物のつくり方を直接定めているというよりは、自然に寄り添う生活の視点から教示を与えている。それは、心身の状態はその人の周りの自然環境の、あらゆる要素（以下、自然総体と呼ぶ）の影響を受けているから、ドーシャ（「アーユルヴェーダの試み Part1」参照）による体質の違いを考慮しながら、住環境を決めるべきだという考えである。実はこの考えは、ほとんどの古代医学に共通するものである。自分の体質を理解し把握することと、その体質にあった住環境を選択することが、その人を健康に導く最良の方法なのである。実にシンプルで理にかなった原理なのだが、このような考えは現代医学にはほとんど残っていないだろう。

一方で、インドにはヴァーストゥ・シャストラという中国風水のもとになった教えがあるのだが、たとえば、このなかでは住宅は開口を東向きにして、南は塞ぐように勧めている。それは太陽光に関する注意喚起と思われる。朝日を浴びて一日をはじめることが人間にとって一番大切なこと。したがって朝日をしっかり浴びることができるように、家は東に開口をもたなければならない。それに加えて、日中の強い太陽の光を浴びすぎないための知恵でもあるのだ。環境と健康に関してさまざまな懐疑論が沸き起こっている現代社会において、このような古代からの教えをどう評価すべきかを今一度考えてみる必要があるだろう。

現代人がサーカディアン・リズムの大切さを忘れてしまったのは、石油文明を謳歌してきたせいである。近年の科学技術の発展で、体内リズムや環境リズムの複雑系を分析できるようになると、生物体内時計と環境リズムとの一体性が明らかにされ、朝日の力で体内時計をリセットする人体の機構も発見された。時計遺伝学は最近のノーベル賞を受賞したことからも分かるように、現在最も注目される研究テーマの一つにもなっている。我々は、古代人にとって当たり前であった生物のもつリズムの基本法則の重大さに、ようやく気付き始めたところなのだ。

人が本来の健康を維持するためには、自然総体の中から自分に一番合うと思われる環境を見つけ出し、その中に自分を調和させる衣食住の生活パターンを組み立てればよい。アーユルヴェーダの重要な教えであったドーシャの類型で分かるように、人はそれぞれ体質が違うから、万人を健康にする自然環境がある訳ではない。一人ひとりのドーシャ体質をもとに、それにマッチする自然環境のパターンを明らかにして体とのマッチングを図り、適切なライフスタイルを組み立てるという考えは現代でも十分に魅力的であろう。

一方で建築とその場所の自然、そして住む人との相互の関係を見てみよう。住むために建築をつくる時、

The ruins of Ritigala forest monastery complex：リティガラにある森の修道院の遺跡群にある樹齢1400年と言われている大木のもつ圧倒的なエネルギーは、周りの環境を明らかに支配している

上写真／Kaludiya Pokuna monastery complexの岩場では修行僧が瞑想する。ジェフリー バワが好んでよく来ていた場所でもある。自然の岩(石)のもつ力を感じることは現代人には難しいのかもしれない

左写真／Kaludiya Pokunaの水辺の夕景

古代遺跡を取り巻く森と水と岩。それぞれの自然総体を見ると、それらが大きな力を住む人に与えるであろうことは容易に想像がつく。本来環境の力は人の力よりずっと強い。人はまず自分の体質を知り、それに適合した環境を選び、その自然に合わせて生活することで健康を得ることができる

その場所の自然は切り取られ、失われてしまう運命にある。だから建築は切り取られた自然を復元するようにつくられていなければならない。建築はこのように人をその場所の自然と結び付けるコーディネーターの役割をもつべきである。自然から人を分断することなく、その場所を構成している自然総体のリズムを、住人が享受できるようにつくられるのが理想である。

ところが実際はどうだろう。現代の外部環境は、すでに手が加わった人工的な都市になっていて、そこにあった本来の自然など想像もできなくなっている。復元しようにも痕跡すら残っていないケースがほとんどであろう。これでは、本来自分の身体を矯正してくれるはずの自然総体に気付き、利用することはできない。都市環境問題で最も深刻な問題点の本質はここにある。自然総体と切り離された外部環境が前提となってしまうと、もはや我々の住む環境が外と繋がりをもつ必要はなく、そのため完全に外界を遮断するような建築のつくり方が一般化してしまったのである。

自分の体質を見極め、自分の体質に合った自然環境を選択し、その環境に同調するような生活を送るように意識する。そのことで健康のポテンシャルを維持向上させることができるというアーユルヴェーダ的環境価値観は、これからの未来都市再構築のための正しい指針にもなり得るし、健康に関する指標としても新しさをもっている。さらにまた、一見時代遅れの考えに見えていた古代の風水学と組み合わせることで、私たちの住む都市から失われた自然の文脈を解き明かすのに役立つ智慧の書として、再び生まれ変わる可能性があると言えよう。

肉体と環境の一致
—ローカリティーの法則1—

人間は周りの環境をどのようなプロセスで認識するのだろう。それは、我々の五感から入ってくる電気信号から脳が類推するのである。脳自体は物を見ることができないし音も聞こえない。暗い頭蓋骨の中に納まって、五つの感覚器から入力される電気信号から周辺環境を解析している。この時、五感から入ってくる電気信号が互いに脈絡のないバラバラなものだったらどうだろう。脳は混乱し、疲弊するに違いない。それに反して五感から入力される信号が互いに関連をもち、かつ調和がとれていれば脳は安定した状態で機能することができる。

ところが、人工環境下ではこのような調和をもった五感信号は不完全なものになる。例えば、我々の部屋の環境を考えた時、空調による皮膚感覚、室内音、照明そして空気質に至るまで相互に脈絡がない。これが脳にとってはつらい状況である。ところが、自然環境すなわち森林の中では、生物の生態系を含め完璧にすべてが関係づけられた調和関係にある。これは私たちにとって最も無理がなく居心地のよい状態であり、さらにこの理想の自然総体が周囲の他の生命体と周りの環境を共有して外側に広がっていくとしたら。これこそが本来すべての生物がもっている遺伝子にとって幸せな自然総体環境である。その繋がりで地球全体までカバーすれば、ガイア仮説*のもと、地球がこの先一つの生命体として健全な進化を遂げることにも繋がるだろう。

さらに深く人間の脳の立場を考えてみよう。脳が正

＊ガイア仮説／地球の環境が生命にとって好ましい状態に持続されているのは、地球上の多数の生命がその住環境を好ましく保持できるように共進化してきた結果、大気圏、水圏、地圏などの無生物システムを包含する地球生命体とも呼べるものになっているためであるという説である

左写真３点／我々の周囲の自然は我々自身の一部でもある。したがって自分のために自然の一部をいただく際には、最大の敬意を払う必要がある。木の皮を取る前にもお祈りをし（上）、採取し（中）、傷つけた後は特別の粘土で手当てをし（下）、最後にはお礼の祈りをささげるのが、我々と共生する樹木に対する礼儀
上写真／すべて体に取り入れるものは、身近な自然総体から人の手を通して採取、選別される

左頁写真３点／ Institute of Ayurveda and Alternative Medicine (IAAM) はバーベリンのアーユルヴェーダ研究機関で、アーユルヴェーダについての幅広い研究や、Ruhuna大学や英国キュー王立植物園と共に膨大な薬草のデータベース化を進めている。全４カ所のバーベリンの施設で使われる薬や施術で使うオイルのほとんどは、ここでつくられて各バーベリンに配給されている。患者が毎日飲むシロップのような薬は、それぞれのバーベリン施設に併設された薬局で、毎朝丁寧につくられている

しく入力信号を解析して処理するためには十分な酸素と血流が必要である。身体のあらゆる部位にも共通することだが、脳に酸素をゆき渡らせるためには深い呼吸が必要である。自然のもつ調和した信号を正しく処理し、体の恒常性を楽に効率的に維持するためには大気のエネルギー、すなわち深い呼吸が生み出す酸素に満たされた血液の循環が不可欠となる。

このように周囲の環境と人体内部の関係性を分析していくと、ヨガという自律訓練法は理にかなった人間の知恵の集積であることが分かる。森林のような自然総体の下で私たちの五感が刺激され、脳が本来の機能を取り戻すような場所で行うヨガは、大きな効果を生むに違いない。アーユルヴェーダの教えのなかに、ヨガが組み込まれている理由もここにあるのだろう。

実は、体質に調和した外部環境を意識するという点では食も同じ原理である。医食同源という考え自体は比較的最近のものらしいが、アーユルヴェーダやその他の古典医学でも皆共通に同じ考えを積み上げてきた。簡単にいうと、体に取り込むものが自分の居る場所の自然総体の一部であれば、それが一番自己修復に優れているものだという考え方である。体がその場所の自然総体と調和がとれていれば、その場所に産出する自然の産物が一番必要なものであり、それを一番おいしいと感じるはずなのである。要は入手困難な食べ物より、身近な食べ物がいいということだ。本来薬は食の中にある。私たちの体にとって必要な薬の成分が共生進化の関係にある森の植物の中から発見される理由もここにあるのだろう。

調和した自然の総体と身近にある食べ物と適切な呼

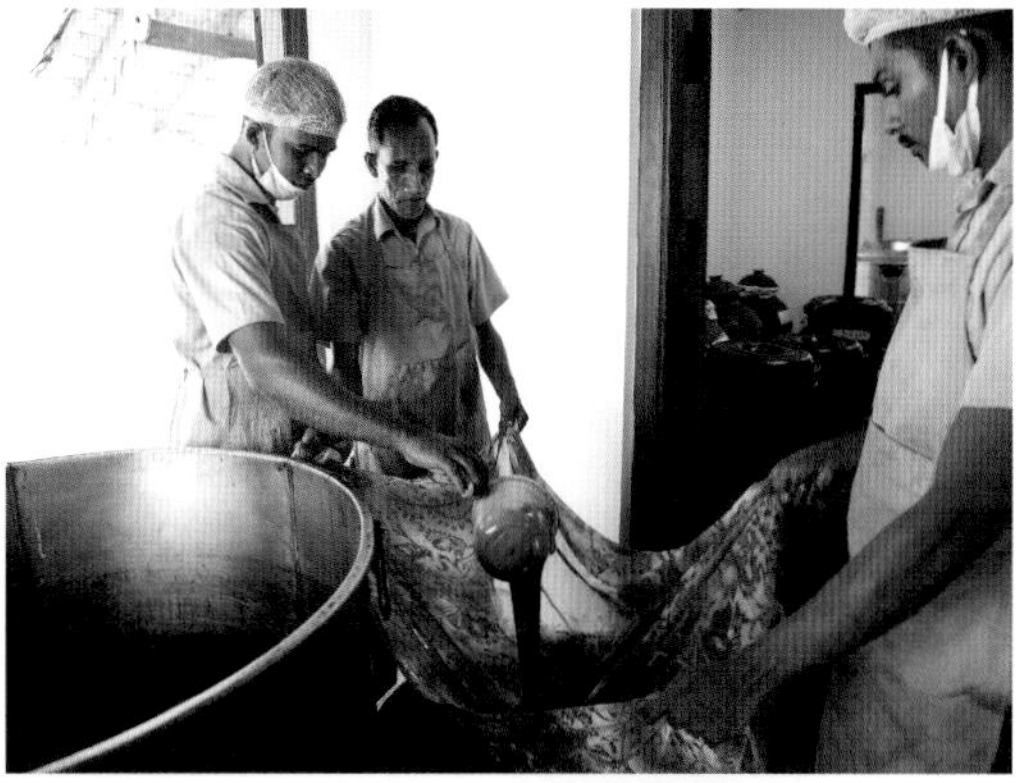

右上・右中・左上・左中写真／抽出、計量、包装、処方とすべて施設内の人の手で行われる。そこには手仕事ならではの合理性と信頼性が見て取れる。手仕事が前近代的であるという考えは古い。機械化、マニュアル化、システム化などの現代的作業は責任と信頼、愛情とプライドの欠如から、徐々に信頼されないシステムになりつつある
右下写真／ヨガにより自然と一体化する
左下写真／野外のヨガパビリオンでは日の出と日没の時間に合わせてヨガのワークショップが行われる。海のリズム、森のリズムを、呼吸だけでなく身体のもつさまざまなリズムと同調させるための自律訓練法

左頁写真５点／レストラン
メインビルの３階にあるバーベリンレストラン。ここでもローカルな素材だけを使い、手づくりの新鮮な食事がサーブされる。周辺環境とオープンに繋がって、自然の一部を体に取り入れている感覚が生まれる。メニューも個々人のドーシャ体質に合わせて管理される。アーユルヴェーダ医が全ゲストの食事をチェックする

吸と運動（ヨガ）で本来はすべてが充足する。脳への信号が調和をもって適切に処理されれば身も心も幸福な状態に導かれる。

　現代社会において問題なのは、医療行為が突出して自然から乖離してしまったことであろう。これは人間の多様性を無視したところに、現代の医療システムがあるということで、古典医学の知恵と全く相入れない。どちらが正しいかは自明のことだろう。

自然環境と共にゆらぐ空間の仕組み
—ローカリティーの法則2—

　バーベリンビーチ・アーユルヴェーダリゾートの客室は、すぐ目の前の豊かな熱帯雨林と、その先にある大洋の眺望を十分に取り込めるようにつくられている。開口を大きくとり、各室でベランダを確保しながらもプライバシーを確保するために雁行した形態をとっている。だから客室からの眺望は、少しずつシークエンスがずれて均一感がない。

　さらに、客室とバルコニーの間の建具のもつ境界面としての機能が素晴らしい。それは外部自然環境との接点に微妙なゆらぎを与え、外部環境と内部環境をうまく同調させる役割りを果たしている。

　トリートメントセンター本館の建物にも同じことが感じられる。このメインビルにはレストラン、診察室、薬局、ライブラリーなど主要機能がすべて納まっているのだが、そこでも同じゆらぎの効果がしっかり見てとれる。

　この建物に入ってすぐの広いロビーには、いつ来ても、不思議な位に爽やかな風が流れている。建物がコの字型プランを形成しており、その中庭には水を湛えた外部アトリウムのような空間があるのだが、水辺の外部アトリウムとその外側との温度差で、いつでもさわやかな風の流れがつくられる仕組みになっている。そして、その空間に植えられた木々と水面によって、降り注ぐ光がゆらぐ空間をつくっている。水のアトリウムに面して取り囲まれたガラス窓は、さらに光や風のゆらぎを増幅して、この施設を使うすべての人たちに安らぎを与えている（50頁〜51頁写真参照）。

　上階のさわやかな風の抜ける小さな診察室で医師の診察を受けた後、患者はいろいろなトリートメントを受けるために、地上レベルの水庭の周囲を行き来しながら移動する。この時にいつも水面と木々の揺らめき、そして優しい緑の光のゆらぎを感じることができる。外庭の木々が風にざわつく音や、野生の鳥や動物の鳴き声などを聴きながら、その動線を楽しむ。五感からのすべての情報が調和し脳が喜んでいるのが分かる。自然の調和リズムをこれほどまでに感じさせてくれるコンクリート構造物（建築）を私は体験したことがない。平地に広がるようにつくられた古代病院とは異なる高層の形態をとりながらも、自然のリズムとゆらぎをも合わせもつこの建物は、自然の力を利用するアーユルヴェーダの医療施設にふさわしい雰囲気を醸し出している。

　境界窓の演出するゆらぎは意図されたものではないにせよ、結果として素晴らしい出来映えになっている。工業製品のきっちりしたサッシ開口を見慣れている我々にとってこの違いは本当に大きい。インテリア家具も大きなガラス建具もすべて地元の材料を利用した

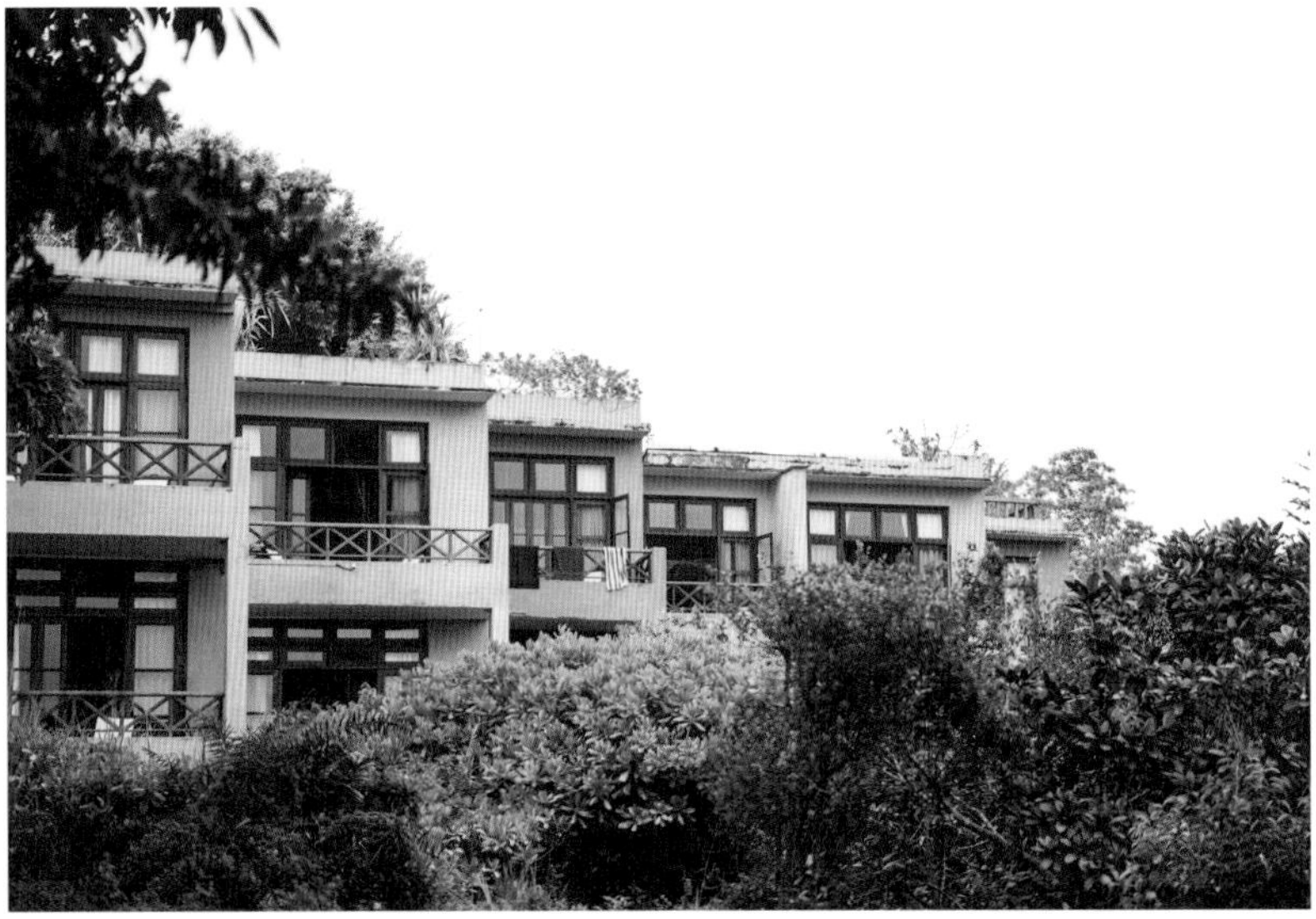

右写真／雁行配置されている客室。室内にはラジオもテレビもインターネットもない。自然との接点となる大きな開口部とバルコニーだけが、自然のスクリーンであり音源であり空調システムでもある。バーベリンの職人によって手づくりされたローカル材の建具は、建付けや気密性といった現代的価値観による基本性能を超越したところで、自然共生の境界としての高い性能を発揮している

左頁
上写真４点写真／客室外観・内部・バルコニー
下写真３点／働く人の手を介在させたホスピタリティー

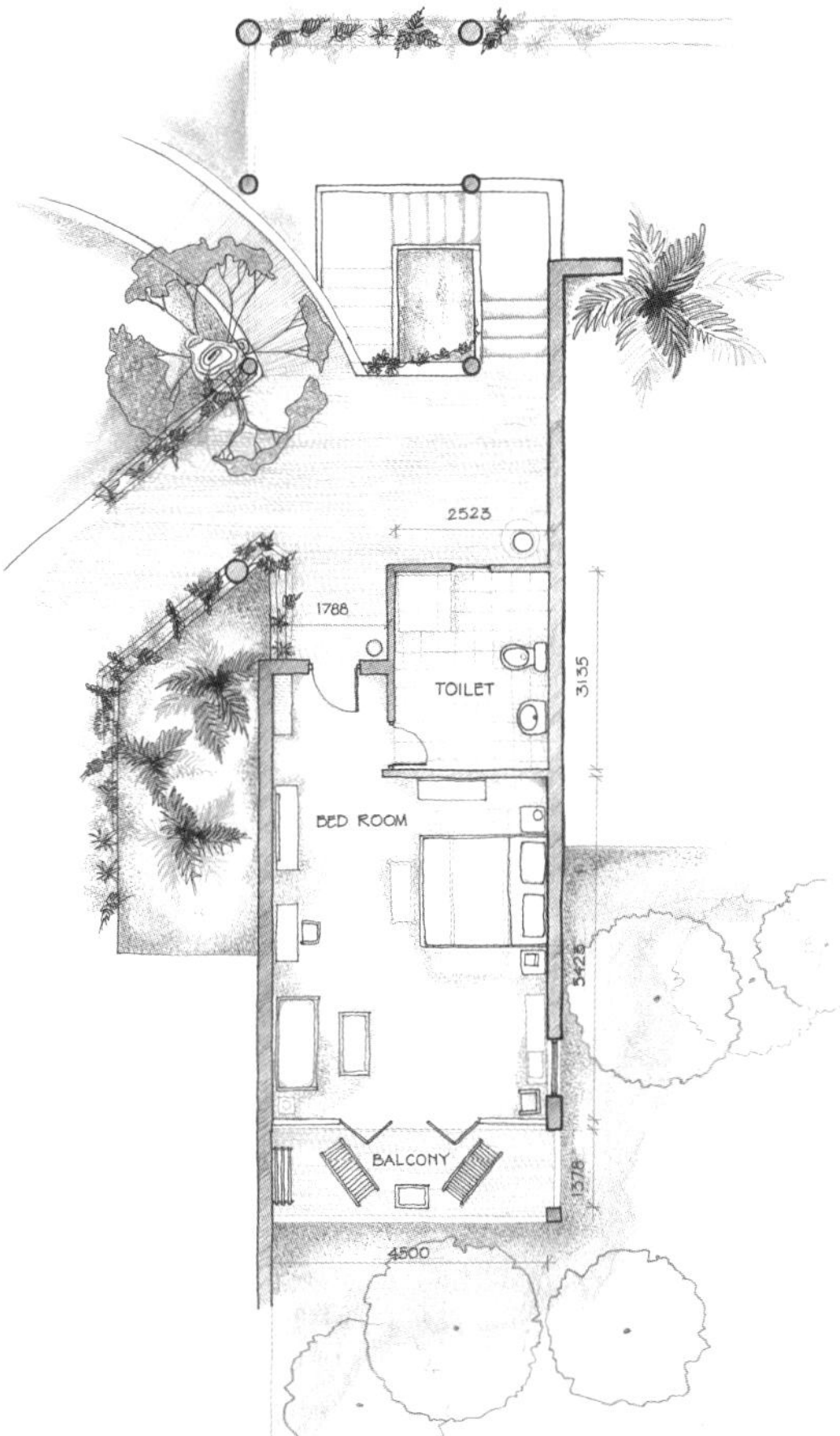

客室平面図

図面提供=バーベリンビーチ・アーユルヴェーダリゾート

トリートメントセンター本館
入口階平面図　1/400

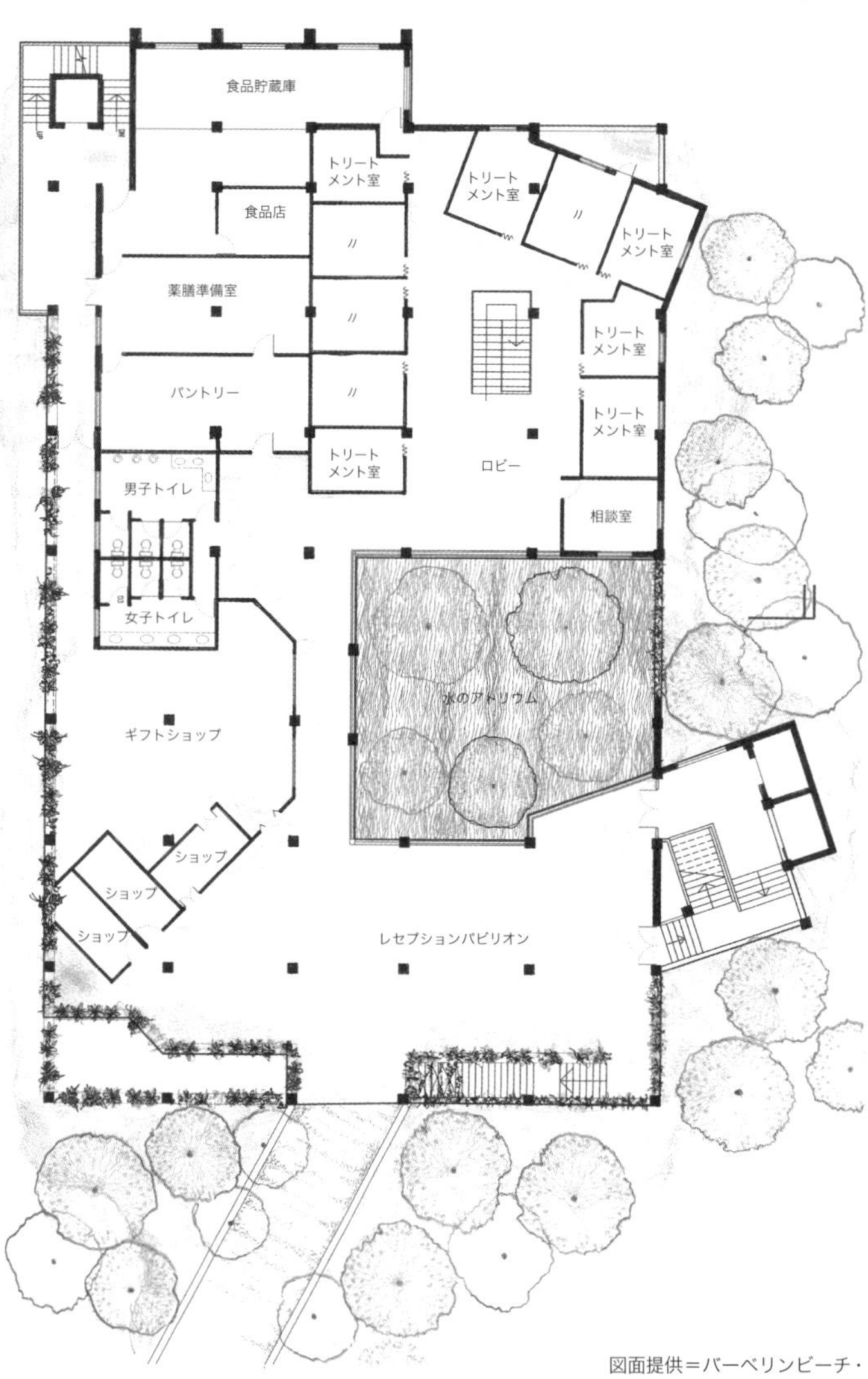

図面提供＝バーベリンビーチ・アーユルヴェーダリゾート

トリートメントセンター本館２階のライブラリー入口部分

上写真・左頁写真／客室同様にトリートメントセンター本館周りの外部アトリウムを囲む木製建具。外部の光や音と見事に同調したゆらぎ感を見せる。ガラスサッシは工業製品だと緊張感を与えるが、この建具は手づくりの木製窓でそれが全くない。安らぎのみを生み出している。ひょろ高い樹木が風に揺らされ、ゆらぎをもった緑の光が湖面から散乱し水面で反射する。水のアトリウムは相対的に温度が低いので、建物の外側から空気が流れ込み、風の流れをつくっている

手づくりのものだから、その場所の自然の総体と同調したゆらぎをもっている。このゆらぎは現代の精密施工体制から見ると未熟な歪みに過ぎないという言い方ができるかもしれない。しかし、高度な建設技術や施工体制に頼らないでも、人の手を利用し、十分な時間をかけることで、むしろ人を惹きつける建築生産ができることを示している。つまり、この建物は、建築技術をローカル材の利用と手づくりの原点に戻すことによる快適性と持続性の可能性を教えてくれているのである。このゆらぎを最大限生かした演出は、建築のつくり方としてむしろ新しいというべきだろう。周囲の自然総体との調和が何よりも重要な要素であること、それが生物同士だけでなく建築という無生物に対しても同様であることが示されている事例だろう。

建築本体や内部エレメントに自然のぬくもりやリズムをもたせる以外に、そこに働く人の手を介在させたホスピタリティーもローカリティーの原則を成立させる要素になる。たとえば、ベッドシーツに並べられる花びらの列にも温かいホスピタリティーを感じるが、それがその場所に自然に生えていた花であることが重要なのだ。バーベリンにある、あらゆるものが身近な自然から成り立っていることが、すなわち自然総体と自分との一体性の意識を生み出す仕掛けになっているともいえよう。

一方、日本ではインテリアの花は花屋から入手されるので、身近な自然との連携が途切れている。だから、花を飾ることがかえって何かよそ行きの印象を与えてしまうことがある。このようなインテリアでは少なくとも脳の充足を満たす効果は十分とはいえない。自然

の要素を取り入れるメリットは、身近な自然に囲まれることで心身のバランスをよい状態に保つことができる点にある、というのがローカリティの原則の主張である。このようにして、少しずつ身の周りの自然と自分が同調し一体化してゆくことで幸福感が増してゆくのである。この原則は、建築概念の原点を見直す意味で示唆に富んでいる。

スリランカ古代遺跡の教え
—衛生を司る神聖さのデザイン—

病院設備に限らず、衛生に関する工夫はいつの時代も重要なテーマである。現代でも衛生に関する設備的な手法や技術の進歩は著しい。都市化とはすなわち衛生環境の向上化であると共に、衛生は環境と健康に深い繋がりをもつ重要な概念である。現代の都市環境においての衛生の水系インフラはすべて地下に埋められ、目には触れないようになっている。そして、この汚ない物に蓋をしたことが、かえって環境破壊に拍車をかけている。

自然の浄化作用もサーカディアンリズムの一環なのだが、このリズムから離れて汚染物が機械的に処理されるようになると、衛生化のスピードは一気に上がる。科学と技術の力で衛生処理能力を手に入れた現代人は、すごい勢いで細菌や微生物を徹底的に駆除する方向に進んで、身体の細菌や微生物すら駆除しようとした時期があった。

しかし、微生物や細菌といえども、自然総体の一部を構成していて、人とは密接な共生関係を結んでいる。そして、この関係が人の健康にとって不可欠な要素であることも分かってきており、最近のノーベル賞の対象研究として話題になっているのは、周知のとおりである。

地球環境はそれぞれの場所に共存するすべての生態系を含む自然総体のお陰で成立している。衛生の名の下で生態系ネットワークの一部を駆逐してしまえば、生態系全体の生存が危うくなる。これまでの行き過ぎた衛生環境への取り組みは今後見直されていくべきだろう。

ところで、古代のアーユルヴェーダ病院施設は、衛生処理に関してどのように取り組んでいたのだろうか。それにはやはり自然の浄化能力に頼るしかなかったことが想像できる。そして当時、自然の力とは神の力を意味していたはずだから、衛生の技術も治療の効果も、すべては自然の力、すなわち神の力を借りることを前提に考えていたに違いない。かつ、自然の仕組みをよく理解し、上手に利用することで、そのほとんどすべてを調和の範疇に収める工夫をしていたと思われる。古代アーユルヴェーダ病院の水系インフラのデザインを見ると、地盤面の形状と浄化能力、地勢と地下水脈といった自然体系を総動員して、浄化処理能力の持続可能性が考えられていることが分かる。それが末端のトイレの装飾デザインにまで及んでいるのは驚きである。

私たちは莫大なエネルギーを使って、強力な衛生処理のシステムと設備を手に入れた。しかし今、私たちが経験している高機能なトイレは、果たして我々の身体や周囲の自然に無理を強いていないか。この方向性が正しい進化のための指針になり得るのかどうか。

上写真／水の力とその浄化能力は自然(神)の力として早くから利用されていた。この時代すでに尿と排泄物は別々に処理されていた。仏教寺院にはきちんとしたトイレがあり僧侶たちが使っていた。尿用の穴が小さいのは、中から匂いが来ないようにするためである。外科医療廃棄物を別処理することや死体処理の方法など、1500年も前に高度な衛生概念と技術がすでにあった

左上写真／スリランカでは古代から高度な浄水設備をもっていた。農業用として、また人々の日々の生活で使われていた。さまざまな時代の人工的な溜池やスイミングプールが各地に残っている。アーユルヴェーダや仏教的な衛生観念から、身体を洗い清潔にすることは、心身を浄化するためにも欠かせないことであった

左中写真／スリランカは、世界で最も古い病院システムをもつと言われる。仏教僧が修行を行っていた修道院の遺跡群のひとつに、病院施設の跡が残されている。リティガラの森に残された修道院群には、"Janathagara"と呼ばれる施設が残っており、スチームサウナとハーバルバスが治療のために使われていた。薬草をすりつぶす石が手前に置かれている。焚火で温めた大きな石を水の中に入れてスチームを出していた。どの時代の修道院の遺跡にも、その多くで入口の近くにスチームサウナとハーバルサウナの跡が残っている

左下写真／Polonnaruwaの古代病院跡。Monastery complexの中にあった病院。この時代になるとレンガが使われている。人型のハーバルバスタブは治療に使われていた

こういった古代からの水系デザインの歴史的な変遷やその意義を辿るかのように、バーベリンの施設からビーチへ導くメインアプローチのランドスケープは、古代の廃墟跡をモチーフにしている。そして、それらの構造物をくぐりぬける水の流れがデザインされており、この水が少しずつ曝気され自然の力で浄化されてゆくのである。ここでは古代の神聖な神の力の代わりに、ラキ セナナヤキ（3章「熱帯雨林の環境リアリティー」参照）というスリランカの偉大なアーティストのデザインの力を借りている。アートの力は古代の神聖なる神の力に通じていることを思い出させてくれる見事なデザインだと思う。いつの時代にも、優れたアートは自然とマッチしながら、より自然を引き立てる力をもっている。人が自然に手を加えるとしたら、このように優れたアートの要素を取り入れることを考慮すべきだろう。

おわりに

今回の特集はバーベリンビーチ・アーユルヴェーダリゾートという世界最高水準のアーユルヴェーダ施設を紹介することで、古代から未来を一気に貫通する視点からの健康と環境、そして建築との結びつきの重要性を明らかにしたいと思った。

現代の健康、環境、建築、そして食の在り方は一つの根底原理が見直されるだけで内容が一新される可能性がある。新しい原理を説明するための理論的根拠を、波動やエネルギーという言葉をもちだして説明しようとすると偏見をもつ人が多い。だから本稿ではなるべく波動という言葉は使わないで説明しようと心掛け

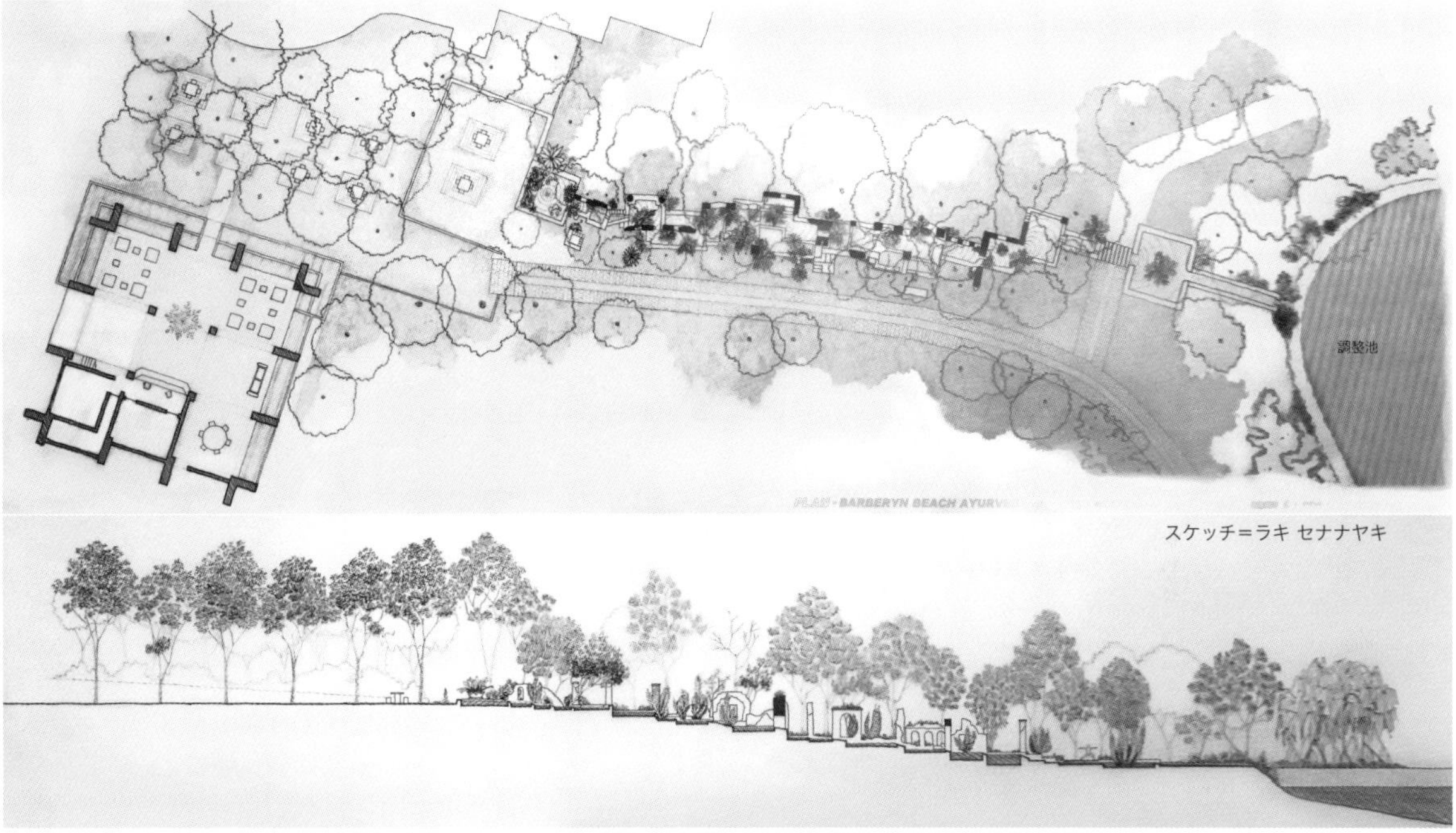

スケッチ＝ラキ セナナヤキ

バーベリンビーチ・アーユルヴェーダリゾート
平面図（上）・断面図（下）

バーベリンビーチ・アーユルヴェーダリゾートのレセプションパビリオンからビーチへのアプローチ通路

取材協力
Barberyn beach Ayurveda resort
Design Cues (Oshi &Upendra)
INFOM (Hiroko Ochiai)

右頁写真／アプローチ通路に沿うように古代の廃墟をデザインモチーフとしながら、地形のなだらかな段差を利用して中水が処理される。その流れは最終的には調整池に流れ込む。自然の力を利用した浄化システムでありながら美しいデザインを見せている。熱帯雨林の土壌分解能力の高さを上手に利用している
上写真／夕暮れ時に明りの灯った建物を丘の上から見下ろす。遠く水平線を望む

た。しかし、実際には物理学的および生物学的見地から、環境も健康もその本質はリズム、すなわち波動のなかにある。そして、その事実に基づくと物理学的にも生物学的にも、現在のさまざまな問題点や矛盾が理解しやすくなる。

身近にある自然の総体は、本来その場の生命体のリズムすべてと同調し、それが繋がって連続した全体系をつくっている。したがって、この自然総体から外れると調和が乱れ不調を起こすことになる。一旦この単純な事実が理解できれば、我々がこれからどう行動するべきか判断できるようになるはずだ。

衣食住すべてにわたり、自然の身近なものを主として構築してゆくことの努力が、周辺環境と調和のとれた快適さを享受することに繋がる。これが自然を構成するもの（人）として理想の状態であり、この状態を維持しながら生活することが、地球という生命体を構成するメンバーとしても正しいと言えるのではないか。そして各個人が身近な自然を利用することで、世界的な調和をもたらし、さまざまな問題を解決に導くことができるにちがいない。

なぜならば正しくシンプルな羅針盤は、正しい選択や判断を容易にするからである。アーユルヴェーダ5000年の智慧は、我々の身体の健康のみならず、地球そのものを健康に導く視点まで、人びとに教えてくれているのだ。

フィンランド
森のレイヤーの教え

コスケラ・ミュージアム・ロッジ周辺の森を散策する
フランツィラ・クリエイティブディレクターのアンナ
コルミエさん

生態系に建築のレイヤーを

美しい自然、美しい人と建築には切り離せない関係性がある。そう思えてならない場所がフィンランドにある。その場所を訪ねるのは二度目だが、そのような考えは今回で確信に変わった。

考えるまでもなく、それは当たり前のことなのだろう。美しい自然があれば、それを守り享受したいと思う。すると心穏やかで健康的な気持ちになれる。物を大切にする愛情が育まれ、無駄がなくなりゴミも少なくなる。緑も水もきれいになると、動物や植物たちも皆美しく健康になる。美しい環境はおいしい食べ物を生み出して、さらに人を健康に心穏やかにする。すべてが美しい環境に連動して見事に調和する。健康、美しさ、そして愛情は、本来このように簡単な原理で統合されているのだ。

その一方で、我々現代人は、美や健康を求めてテレビショッピングやネットサーフィンに躍起になっている。誘惑に駆られてサプリや化粧品や健康器具を買いあさる生活をしている。しかし、そんなことの対極の世界の中に美や健康の答えはあるに違いない。

植物や樹木は人と共生し、同じ生態系の中で同じ太陽の恵みを得、お互いに分かち合う関係を維持しながら暮らしている。一方的に人間からの利用に偏れば、植物や樹木と人との信頼関係が崩れてしまう。草木や昆虫、そして微生物たちも、一体となって調和した幸福とそれに伴う美しさに寄与しているのだ。そういうことを直感として感じさせてくれるこの場所は、一体だれに所有され運営されているのだろう。その裏にはきっと素晴らしいシナリオが隠れているに違いない。

コスケラのロッジ
―生態系の中の建築のレイヤー―

湖のほとりにあるコスケラ・ミュージアム・ロッジに辿り着くのはなかなか大変だ。しかし、ここに来ればどんなに忙しい人でも、その歩みをとめたくなるはずだ。この場所を所有しているのはフランツィラという北欧の有機ハーブ農業の先駆者だ。農園の11代目当主ビルピ ライパラ コルミエ（Virpi Raipala-Cormier）さんはハーブ学者でもある。カナダ人の夫、ジム コルミエ氏とフランツィラ・オーガニックハーブ・ファームを立ち上げたのは1981年のことである。

湖を取り囲むように、羊たちが放牧されている広大な敷地には、柿葺きならぬ小枝葺き屋根の頑丈そうな木の塊で出来た古民家や倉庫、風車、1906年につくられた15人用の2階建のスモークサウナなど、宝石のような輝きをもつ古建築が点在している。その建物たちは、その場所の自然に共生した生き物のように雄々しく、かつ神々しい。

建物に対して「雄々しい」とか「神々しい」といった生き物を表わす修飾語を使わなくなったのはいつの頃からだろう。太い木のもつ驚くべき耐候性と、経年変化の美しさは、まさに時間を吸収した至極の価値であり、建

右頁写真／2019年9月に訪れたときに見た200年ほど前の古い民家の移築風景。フォークリフト1台に2人のビルダーが手作業で解体・組み立て作業をしていた。一番左の建物がコスケラのメインロッジ
上写真／鐘撞櫓のあるロッジ。現在もゲストハウスとして使われている
中写真／湖のほとりに立つ木造の風車(左)。内部には木製の巨大なギアが使える状態で残っている。羊たちが放し飼いにされているおかげで雑草も自然に整えられ、人の食べ残しのほとんどのものは羊たちの飼料になる。アンナ コルミエさんが人懐こい羊とたわむれている(右)
下写真／広大な敷地内のあちこちに古い建物が点在している

築材料のエイジングに対する生命的イメージを我々に与えてくれる。

後でも詳しく述べるが、森という多様性に富む自然の中には、幾層にも重なり織り込められたレイヤーがあるという。多くの微生物のレイヤーが土壌の中にあり、植物のレイヤーや樹木のレイヤー、虫や動物、そして人間のレイヤーがある。それぞれのレイヤーは集合体としてのそれぞれの意思をもち、他のレイヤーと関係し影響を与え合っている。

そこに建築のレイヤーが必要ではないのか。何故なら、人間の建築はあまりにも他のレイヤーに大きな影響を及ぼすからである。私は人間を含めた自然のレイヤー構造の中に、建築も織り込まれなければならないと切に思う。

太陽の紫外線を吸収する森のフィルターは建築への過度なダメージを防ぐ。そして、木という素材のもつ適度な湿気も油分も、周りの環境と適切な相互作用をする。このような自然の環境に遺伝子的にマッチしている素材が、そこの環境において最も優れた素材といえるのではないだろうか。その場所で命を育んだ自然素材だけが美しくエイジングして、時間と共に美しさを増すことができる。塗装などによる人工皮膜や人工材料は、紫外線のみならず自然の環境変動に対応するＤＮＡをもっていない。だから、時が経つほど醜く変貌してしまうのだ。少なくとも我々の遺伝子はそれを美しいと認識しないはずだ。

美しい自然の中でこそ、建物は美しいエイジングを成すことができる。それは人工的な材料のエイジングプロセスとは、決定的に違うものだ。コスケラの建物のように１００年、２００年の時を経て初めて、建物としていかに適切であったか、いかに自然の摂理に従って年を取ったのかが分かるのである。

ハーバル・ウェルビーイング

フィンランドは、世界で最も北に位置し、最も清潔で人口の少ない農業地域の一つである。日本よりはっきりした四季があるフィンランドは、厳しい冬が長いため植物たちが十分な日射を得られる期間はたった4カ月しかない。この太陽照射期間の短さが、植物の成長のスピードと力強さに影響している。長く明るい夏の光と涼しい夜は、ほかの国で栽培されたハーブと比較して、より優れた芳香性と薬効を与えるそうだ。夏は７２０時間太陽が沈まない白夜と、冬はマイナス30度まで気温が下がる寒暖差のおかげで、植物や木々たちは自己を守るために強い生命力を蓄えるのだ。

このような冬の低温に対応するためにフィンランド人の体温は、冬眠するクマのように少し低くなるという報告がある。植物も動物も皆周囲の環境に適応するように進化するのである。その意味でも植物と人は環境を通して繋がっていると言える。

フランツィラは農場と共にウェルビーイングセンターを運営している。センターの目的は高品質の天然産物と包括的な健康教育を通じて、人々の身体的、精神的健康を促進することである。彼らの考える真のウェルビーイングを学ぼうと世界中から多くの人が訪れる。そこでは単に健康や美容のためのウェルビーイングではなく、有機農業と持続可能な開発の考え方に基づいた深い哲学がある。そして、自分の体を通して他人を知り、そ

ロッジ内に建つ古民家の内部。家具や織物、敷物、食器やランプ、生活用品なども古いまま残されている。この部屋にいるとタイムスリップして、時空の旅を経験することができる

上写真／メインロッジのダイニングキッチンスペース。サーブされる食事もすべてオーガニック。フレッシュな野菜や手づくりパン、チーズ、手摘みのベリーなど
右上写真／伝統的な２階家タイプの民家。下階は農機具や穀物倉庫に使われ２階が居住部として使われていた。屋根は小枝葺きで、その下の防水層に木の皮が敷き詰められている。この屋根で10年はもつらしい。防水層、断熱層からすべての仕上げ材に至るまですべて自然素材で、まさに生物的建築のレイヤーを形成している
右下写真／ラップランドに暮らすサーミ族の一時的住居、コタ。中で焚火をして人が集う
左写真／校倉詳細

の周りの自然を知る。身の回りの物はすべて関係しあい影響しあうことを学ぶ。

だから、自分を大切にすることと他人を大切にすることとは同じことであり、自然を大切にすることは自分を大切にすることに繋がる。そのような深い精神性を伴う思想は、まだ一部の人が抱く考えに過ぎない。しかし、いずれそういう思想が広がらなければ、世界は現在の危機的状況から逃れることはできないだろう。参加者たちはそのことを小さな植物の世界から学んでゆくのだ。

人間はどのみち自然に手を加えながら生きてゆかねばならない。それは小さな花畑でも農園でも、建築でも皆同じこと。私たち人間がかかわっていく限りは、自然のレイヤーに調和して組み込まれるものをつくるべきである。そうでないとお互いのレイヤーが分離してしまい、調和した自然体系を構成することが難しくなるのだ。

アアルトのサウナ「古くて新しい」という到達点

コスケラの小さな湖のほとりには2階建のスモークサウナがある。スモークサウナについては2章の「サウナの源泉を探る」で深く考察しているが、そこにはその場所の生活と建築の原点が閉じ込められている。フィンランドの現代建築家たちは、その歴史に今一度目を向け始めているようだ。それならば、フィンランドの建築の巨匠アルバ アアルトにとって、サウナ建築はどのようなものだったのか。

実は、アアルトの有名な「夏の家」の前に広がる美しい湖のほとりには、小さなスモークサウナがある。それはもちろんアアルト自身の設計による。アアルトが自分

で設計したサウナ小屋となれば、他のスモークサウナとは何か違いがあってもおかしくない。

　そう思っても一見しただけでは、このサウナ小屋には現代のフィンランドサウナに見られるモダンな表現は見当たらない。しかし、一つひとつの構造に目を凝らすと、地味ながらも自然に歩み寄った建築的挑戦があちこちに浮かび上がってきた。

　まず、このサウナ小屋が他と大きく違っているのは、ログを水平に保つように積み上げるのではなく、ログの

右写真／フランツィラ製品の数々。パッケージには使用されているハーブがプリントされている

下写真／「マリーゴールドの花の壮大な色と、その素晴らしい健康上の利点は、私の心に小さな太陽をもたらします。マリーゴールドの収穫は、私たちのハーブ農場で最もやりがいのある時間のひとつなのです。マリーゴールドの種子から、それが製品になるまでの旅は、緑の野原が少しずつオレンジ色の花に変わるというビジョンから始まる素晴らしい多感覚体験なのです。花の粘着性のある樹脂は、手に取ると指にくっつきます。私たちは乾燥させてそれらをつくる際に、日差しに移る香りに幸福を感じるのです」とビルピさんは語る（写真の花はパープル・コーンフラワー）

——森林のレイヤーの考えをもう少し説明してください。

森林には土壌のレイヤーの上に多くの植生があります。すべてのレイヤーで、最初に土壌、土壌微生物、非常に重要な菌類といった異なる生命体があります。それから小さな植物とコケがあり、それからベリーとブッシュのような大きな植物、そして樹木があります。動物は、これらすべてを必要としています。そして私たち人間も同じです。すべてのレイヤーは人間にもさまざまな影響を与えています。薬効のように直接的な分かりやすい効果もありますし、そうでないものもあります。すべてのレイヤーが折り重なって、さらに織り込まれて一体になっています。そしてレイヤーごとに生命と意思をもって繋がっている。私たち人間個人は、そのレイヤーの生命と意思を共有しているイメージです。

このような構造を理解するとき、美しい自然は人々を美しくすること、心と体が癒され、バランスがとれたときに美しさが輝きはじめるということが理解できるようになります。

——レイヤーというと皮膚を連想しますが、人の場合一番外側のレイヤーが外部のレイヤーと繋がっていますね。

フランツィラは、皮膚は人に幸福をもたらす重要な部分であると考えています。皮膚は体の一番外側のレイヤーですが、このレイヤーも単独で存在しているのではなく、その構造は森のレイヤーの考えと同じなのです。心と体のバランス状態は健康に向かって自然に働く生態系全体の状態と考えることができます。今日の忙しい生活スタイルと化学物質と汚染の増加は、多くの問題と不均衡を引き起こしています。とくに皮膚は、内部および外部の両面から高いストレスにさらされています。

手で摘み取った花を丁寧により分けて乾燥させる過程。手摘みということをとても重視している

汚染から定期的に肌を浄化し、有機植物油とハーブ抽出物で手入れすることで、肌と全身が健康と自然の美しさを回復し、それを維持するのを助けます。自分をいたわることで周囲の自然にも注意を払うことができるようになります。

——レイヤーを重ね合わせて共生することは、生命リズムと環境リズムの同調と言い換えることができると思います。レイヤーを共有することが調和を生むなら、ハーブや薬草も身近なものから採取するほうがよいのでしょうか。

純粋成分の抽出法や製品をつくる工程における環境との整合性、それに加えてさまざまな関係性の構築が必要と考えると簡単な話ではありません。日本でこの品質が保証できる環境と技術があるとすれば、私はそちらの方を心から勧めたいと思うでしょう。ハーブに対する知識や愛情、そこから生まれる信頼の高い品質、それだけでなく、トータルなウェルビーイングの向上に一緒に取り組む行動の総合性が、フランツィラのファンをつくり出しているのだと思います。

——この場所が100年後にどうなっていることを期待しますか？

私が生きている限りはここの世話をするつもり。息子たちも家族でそれを引き継いでいってくれるでしょう。さらに孫たちも。私は人々の健康への意識改革・植物への意識を正しい方向に導いていきたいと思う。そのために、私ができることは、孫たちに少しでも美しい花の香りを教えてあげること。マリーゴールドの素晴らしい花の香りを楽しんだり、花を摘んでハーブティーにして飲んだり、子供たちが自然に花を愛するように導きたい。彼らがそのように自然に接して自然を愛するようになれば、ここは100年後にはもっと良い場所になっていると思うのです。マリーゴールドの畑、緑の野原が少しずつオレンジ色の花に変わるという素晴らしい多感覚体験。さまざまな文化で何百年も記録されてきた、無限の花々の重要な役割と用途、私たちとの関係は無限に大きいものです。すべてが繋がって関係しあい影響を受けあいながら生きてゆく。愛をもって自分のカルマを実践するために。こういったことを自然に子供たちに伝えてより正しい未来に繋げていきたいと思います。

聞き手／落合俊也

――コスケラの建物群は、もともとここにあったものなのでしょうか？

40キロくらい離れたイカーリネンというところに、使われなくなって朽ちかけた民家が放置されていました。それを移築してきたものです。そこにはこのような２階建の同じ形式の古民家が沢山あるのですが、ほとんどが使われていないか、倉庫として利用されるだけになっていました。

――この場所でも感じますが、古い家には特別の何かが宿っていますね。これは人の体や心に何か影響を与えるのでしょうか？

フィンランドでもそうですが、現代住宅の家の中の空気の質が問題になっています。カビなどの悪い細菌、化学物質、電磁波の類で汚染されていて、肺にも悪いしアレルギーや免疫低下を引き起こします。新しい概念として微生物の影響を言う人がいますね。微生物からの影響もいいものと悪いものがあります。

実は土壌からもいい影響と悪い影響があるのです。土壌汚染だけでなく地下水位の悪影響や磁場のエネルギーの影響など、地盤にもいろいろ問題があります。私のおじいさんは毛糸で編んだ靴を履いていました。どのように地盤に接するかという問題は、今ではアーシングの問題として取り上げられますが、それ以外にも靴や家も地盤に接触してそこからの影響を受けているのです。こういった問題を周辺環境との関係性という大切な概念で意識しなければなりません。

最近では電磁波や電界に敏感な人も増えてきました。コスケラのメインロッジはそれに対応して電磁遮蔽をして、電気の回線を一カ所に集める工夫がしてあります。冬の厳しい寒さは大変ですが、暖房の方法も工夫しています。やはり電気ではなく薪ストーブの火が一番心地いいですね。温かさにも質があります。

――家をつくる材料である木にもこだわりがありますか？

木を材料に使う場合は、カビや細菌が発生しないタイミングで木を切ること。月の影響はすべての植物や木が大きく受けています。私のおじいさんは何をするにも月の示すタイミングで生活していました。農業も林業も月のリズムで、いつ何をするかを決めていました。それだけでなく、編み物や洗濯や料理の仕込みまで決められたタイミングで行っていました。自然との一体性が日常の行動に反映されていました。今と違ってそんなに急ぐことは何もなかったですから。それに比べて現代は随分せわしく、各人がエゴイスティックな活動で自然からかけ離れて行動するようになっています。

――周辺環境との関係で自分が生かされている。関係を壊すことは自分だけでなく相手も壊してしまうことになりますね。これは自然相手だけでなく人間同士の関係でも同じですね。

私たちは、ローカルな生態系の生物多様性を尊重する方法でハーブや花畑の世話をしています。そうすることで自然を還元し、それが何万もの昆虫や人間を含む他の動物に利益をもたらします。利己的でなく全体的なアプローチが一番大切なことと考えているのです。だからこそ、私たちは私たちの仕事を家族一族の中で完結させ、成長させてゆく必要があったのです。

最近私の息子ジュピターたちはミツバチの役割の研究をしています。私たちの多様な花のある畑のミツバチと、ほかの場所のミツバチとの違いを調査しています。まだ結果は出ていませんが、いろいろな種類の花を渡り歩くこんなに小さな虫たちが、私たちの食と健康と環境に大きく影響を及ぼしていることが分かっています。でも彼らの世界も絶滅の恐れに直面しているのが現状なのです。

――環境が人にさまざまな影響を与えることは理解できます。最近は、森林がもつ医学的効果が注目されています。森の力を最も有効に利用できる特異な人たちとしてフィンランドにはシャーマンという存在があると聞いています。あなたはシャーマンをどのように解釈していますか？

私たちの世界では、どうしても自分を中心に物を考えてしまいます。しかし、シャーマンはすべての生き物に対する思いやりと愛をもっています。だからこそ、かれらは「偉大な意識の神」からも助けを受けることができるのです。また、自然の精霊たちも味方になってくれる。愛が増すと直観も高まるのです。シャーマンは自然の中での人々の要求をよりよく理解することができます。すべてのものは繋がっていて影響を及ぼしあっていることを知っているからこそ、人々を適切な行動に導くことができるのです。

こんな話は現代的科学観から見ると奇妙に聞こえるかもしれません。でも人のレイヤーも大きな自然のレイヤーに織り込まれている以上、そうなるのは当たり前なのです。自然を深く理解することは、今の科学の認識法では難しいと思います。こういうことを理解する人はまだ少ないですが、だんだん増えてくるのではないかと思います。私たちもそのために努力しなければなりません。

上写真／ウェルビーイングセンターのリビングホール。この部屋だけはヨーロッパの伝統を思わせる重厚な調度品とデコレーションがなされている。息子のジュピターさんは、この部屋にいると先祖の方々と繋がったような独特の安心感があると語ってくれた
右上写真／ウェルビーイングセンターのダイニングルーム
右下写真／ワークショップにおいて、大勢の参加者を前にして話をするビルピさん
左写真／ウェルビーイングセンターの敷地内にもさまざまな建物が点在している。蔵造りのログハウス

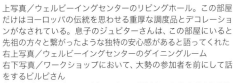

上写真／セミナー参加者や宿泊者のためのベッドルーム
左写真／ワークショップやセミナーで使われるハーブの数々。すべてフランツィラのハーブ園で手摘みされたもの
下写真／ウェルビーイングセンターの玄関ホール。家庭的で温かいインテリア

もつ自然のテーパー（丸太の先細り）を残したまま勾配をつけて積み上げていることだ。そして、その勾配を利用して巧みに屋根を掛けている。小さなサウナ小屋であるがそのことで生じた微妙な幾何学的崩れが、どこまでも美しく自然に見える。

隣に建つアアルトの「夏の家」は、建築材料や工法実験室のような不思議な作品なのだが、そこに見られるチャレンジ精神が、湖のほとりにひっそり建つ、このサウナにも仕込まれている。小さな窓から切り取られる風景や、火照った体を冷やすための美しい湖への動線は、その先の森と湖に繋がる風景を伴って緻密に計算されており、どれも完璧である。これぞアアルトのサウナということができよう。

アアルトのスモークサウナには「古くて新しい」魅力がある。私は、その言葉の意味が現代においてますます貴重な意味をもってくるような気がしている。「古い」という言葉は否定的な意味が強い。しかし、時間を経るごとにその価値が見直されたり、経過時間が価値に織り込まれてゆくことはよくあることだ。

現代に生み出されるほとんどのものは、古くなるごとに価値を失いことごとく消費されてしまう。その理由の多くは、ずっと昔から連綿と共有してきた大きな自然のレイヤーから離れてしまったからなのではないだろうか。そのレイヤーに組み込まれている限りは、アアルトのサウナのように古くなってもいつまでも価値を維持し、新しい物にはない強みを創出することができる。だからこそ古くて新しいというポジティブな古さの価値を生み出すことができるのだ。

我々のつくり出す物のエントロピーは必ず増大するが、自然のつくり出すレイヤーはエントロピーを増大させない。崩壊と共に常に新しい生命が形成再生を繰り返す。自然と常に連携して繋がっているということが美の本質であろう。そうでないと建築は崩壊して価値を失ってゆく一方なのだ。

建築は自然のつくり出すレイヤーに織り込まれて存在することで、いつまでも「古くて新しい」価値をもつことができる。そこには、驚くほど現代的で新しい、懐かしい、そして快適に落ち着くことのできる究極の価値がある。おそらく人間も同じで、人のレイヤーは美しい自然のレイヤーに組み込まれてこそ本来の働きを取り戻し、個々の心と体を健全な状態に導く。まさにビルピさんのいう自分が美しくなりたかったら周りを美しくせよということだ。

建築も美しい自然と共にあって美しいエイジングを果たす。人に愛され、大切に使われて自然の中で美しく年を取る。だからこそ、人類は美しい森（自然）のレイヤーの中に建築のレイヤーを築かなければならないのだ。

上・左頁下写真／入口からスモークサウナの内部を見る。黒光りしたログの端正な組み方はさすがアアルトのサウナという感じ。煙抜きの小窓が丁寧につくられ、その横に切り取られた外の景色も絵画のように素晴らしい
左頁上写真／自然の石の上に丸太を渡してサウナ小屋を載せている。ログのテーパーをそのまま利用しているためログの上面が水平になっていない。この自然な幾何学的ゆがみが周りの自然との共生感を強めている

上・左頁上写真／コスケラの湖のほとりにある2階建のスモークサウナ。1906年につくられたもの。入浴者が体中に塗っているのは植物が腐食、分解されて堆積した泥土のピート。健康や美容のために使われる。サウナの後は湖に入って泳ぐ

湖からボートで「夏の家」（右上）に着くと、船着場（下）から夏の家に至る森の中にアプローチの小道がある。「夏の家」のファサードは、自然の中にそびえる一枚の壁になっている。この巨大な白壁は森の中に見え隠れしている（右下）。この大きさがないと周囲の自然に埋没して目立たないのだろう。白壁の一部に大きな開口部があり、そこから中庭での焚火の炎の明かりが見えるようになっている。湖側から、この壁を通して森の中に映し出されるゆらいだ光を想像するだけで楽しい

サウナの中で使うウィスク。フィンランドでは主に白樺を使い、ヴィヒタやヴァスタと呼ばれる。サウナの中でこのウィスクで体を叩いて刺激する

FRANTSILA HERB FARM

Tippavaarantie 6
39200, Kyröskoski
FINLAND

Email: frantsila.luomu@ frantsila.com
Web: https://www.frantsila.com

FRANTSILA'S WELL-BEING CENTER

Kyröspohjantie 320
39100, Hämeenkyrö
FINLAND

Email: info@ frantsilanhyvanolonkeskus.fi
Web: https://www.frantsilanhyvanolonkeskus.fi

取材協力：Visit Finland ／ Visit Jyväskylä ／ Visit Tampere

稲本正の今

電子と伝統の森から

現在のオークヴィレッジの豊かな森林が広がる30,000坪の敷地を見る。45年前は別荘地分譲に失敗して一切荒れ野原だった所に木を植えてここまで成長した

【インタビュー】

アロマで人と森を結ぶ

稲本正（日本産天然精油連絡協議会専務理事）

稲本さんが立ち上げた理想の工芸村・オークヴィレッジは創設45年を迎える。『住宅建築』では、２００６年に「オークヴィレッジの30年」というタイトルの特集号（９月号）を出しているが、その中には平良敬一さん（『住宅建築』創刊者）との対談があって、「稲本正の原点」というタイトルがついていた。第３次木の文明を起こすべく「お椀から建物まで」を実行有言（稲本さんはそう言っていた）し、確固たる哲学思想をもとに仮説を立て実証してゆく姿は、その当時から時代の先端を走っていた。家具も建築も素晴らしく、世の中の羨望を集めていたように思う。

その稲本さんが森の香りに転向したという話を聞いてずっと気になっていた。木工や建築から香りの世界への転身。きっと稲本さんならではの信念に基づき、統合された道を進んでいるに違いない。

稲本さんは、すでにアロマの世界でも中心人物である。森の医療資源としての可能性を、おそらく医学者の血を引く稲本さん自身がまさに嗅ぎ当てたのだ。日本人が失ってしまった匂いの文化を掘り起こし、新しい時代に向けて今一度それを再建しながら、新しい科学の価値を加えてゆくことが稲本さんに課せられた次の使命なのだろう。

オークヴィレッジのさまざまな施設の中に紛れるように、ひっそり建つ稲本邸の玄関脇の書斎。これまでさまざまな思索やアイデアを生み出した稲本さんの頭の中を覗き見たい気持ちで、渋る稲本さんに無理やりお願いし、その書斎にまで上がり込んでしまった。

森を出発点とし、それを活かしながら未来を切り拓き続ける稲本さんに注目したい。

――稲本さんのされる話には物理や医学的、文学的なものが多いですよね。そういった幅広い学問的素養はどこからきたものですか？

僕は意外と本を読んでいます。読んでいる本のかなりの部分は文学的な本なのです。文系だろうが理系だろうが、分析できないことは世の中にたくさんある。人間も自然も物凄く複雑なのです。だから僕は文系と理系を繋いでやろうとずっと思っていました。最近になってよかったと思っているのは、アロマ業界と付き合うことによって、自分がそういうことのできる特殊な人間だということが、この歳になって分かった。ここ10年くらいで。やはり、多くの人は理系は理系、文系は文系で、両者は分

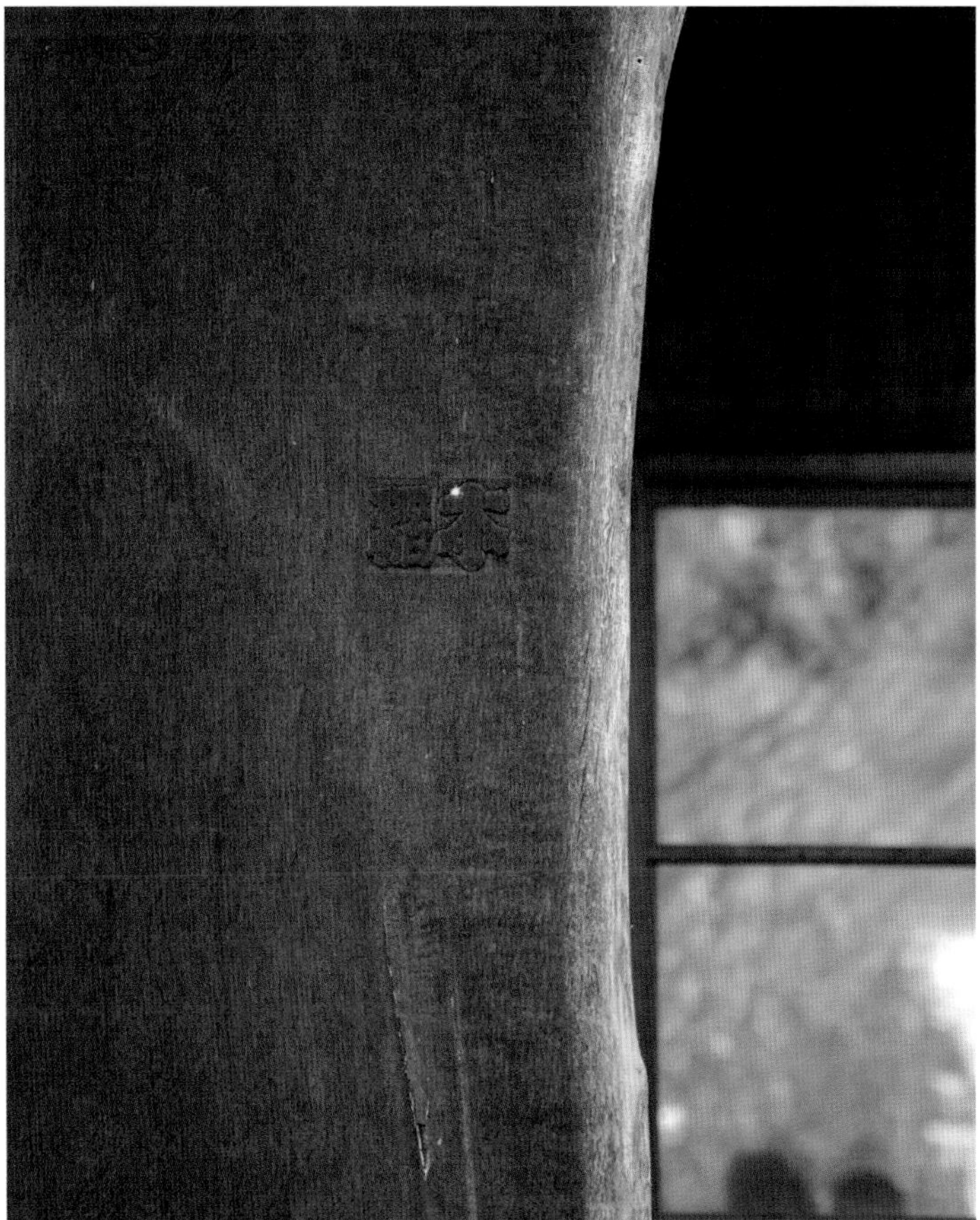

右頁写真2点／僕は漱石が好きだったから。ここにある本は一部です。若い時、叔父の佐伯彰一さんに小説家になりたいと言ったら、まず読まなければいけない、その次に書かなければだめだと。下手くそでもなんでもいいからと。だから漱石は全部読みました。ヘンリー デヴィッド ソローの鉛筆による直筆原稿の一部を持っているのは日本で僕だけだと思う。意外といい本はE.T.ベルという人が書いたのですが『数学をつくった人々』。これはすごくいい本です。文化系の人でもこれを読むと数学とは何かが分かります。所詮数学といっても、すごく人間的なものであることが分かる。科学の発達が足踏みしている原因は理系と文系に分けてしまったことにある。その一番の問題が環境問題に表われているのです。環境問題というとやはり核の問題。間違えて爆破してしまったら、人類が何回も絶滅します。そんなことは理系と文系がもう少し交流しないと解決しない
（稲本正・談）

上写真／稲本邸外観。キットを組み立てたセルフビルドの住宅に、家族構成の変化に伴い何度か増築をしている
左写真／稲本邸玄関にある楢の一枚板の表札。小さく「稲本」と削り出している

断されているのです。

僕はたまたま叔父の佐伯彰一という文学者のところに若いころ下宿して、いろいろと教えてもらったし、もうひとつ科学的なことは、武谷三男の影響がある。僕の科学の基本的な考え方は、哲学に近いけれど、状況論、実態論、本質論というふうに物事を進めていくと、世の中がもっとよく見えるというものです。

文学的なこと、教養、趣味嗜好だって一体化しないとだめだと思います。今の不幸のかなりの部分は要するに近代合理主義、ニュートン、デカルトの二元論からくる分断なのです。アフリカなどの少数民族はこのような分断がまだなされてないので、逆にまだ我々より幸福だといえるのではないでしょうか。

——立教大学の理学部ご出身で物理学者を目指していた稲本さんが、その道を断念したきっかけは何ですか？

当時立教大学の入試に理系なのに珍しく作文があった。その中になぜ物理を目指すのですかという質問があって、僕は理論物理をやってノーベル賞をとるんだと書いた。何よりも宇宙と人間の関係をよく調べて、ウパニシャド哲学にある宇宙の本質の凡と人間の本質の我を一緒にすれば、人類が基本的にどうすればいいかが分かると。そういう哲学書も読んでいたのです。凡我一如を目指すために物理学者になりたいと書いた。

尊敬する武谷三男先生には気に入られたけど、大学というのはだめなところでね。トップ教授のところに1年生が来て哲学的な話をしていると、他の先生たちは、あの若造はなんだといやな顔をして見られていました。

でも残念ながら僕はホーキング*までいけなかった。ホーキングは、不治の病に侵されながら新しい物理学を切り開いた。残念ながら僕はそこまでは到底届かないと思って物理をあきらめたのです。

理論物理の道が絶たれてからも、大学に残って原子力エネルギーの実験物理を手伝っていました。

結局そこをも辞めることになるのだけれど、その最大の理由は、原発は危ないということです。そして危ないという報告を出すと予算がこなくなること。ひょっとしたら安全かもしれないという論文を出すと予算が貰える。かなり安全というともっとくる。絶対安全というとガバッとくる。だから学者はだんだん絶対安全と言うようになった。原子力は僕がやっている頃は、ほとんど絶望的に危険なものだった。だけど、ひょっとしたらどこかに安全な道があるかもしれない、という程度のものだったのです。

——当時は他の学者たちもそういう認識でやっていたのでしょうか？

安全に対する願望が徐々にかすかな可能性になり、安全確保への信条や執念になり、研究が進む。そこにお金がくるとやめられなくなり、やがて安全神話に皆が賛成するようになるのです。そういう中で、僕はある時これはだめだと思った。

＊ ホーキング／スティーヴン ウィリアム ホーキング（Stephen William Hawking）1942年1月8日 ～ 2018年3月14日）世界的に有名な物理学者

オークヴィレッジ敷地内の施設群
右頁写真／カフェ１階。ギャラリーとしても使用している

右上から
森の博物館内にあるオークヴィレッジのつくる建築の展示
設計事務所（右手）と隣接する材木の刻み場
材料倉庫
左上から
家具工房内部
家具工房外観
森の博物館内のショールーム（左）とカフェの夕景
ショールーム１階

——それが何故、その後の森での活動に繋がっていったのでしょう?

シュレーディンガーという人がつくった量子力学の方程式があります。このシュレーディンガーの方程式によって、現代のスマートフォンが実現しています。未だに半分はブラックボックスのままだけどね。電磁波という粒子兼波動、要はある力を伝える光や電磁波が宇宙の果てから飛んで来る。隣りにいる人への連絡であっても人工衛星を中継してここまで来て、スマートフォンを動かしちゃうのだから凄い。

その天才物理学者が「森こそ大切だ」と言っていたのです。彼の書いた『生命とは何か』という本には、環境問題で人類はだめになるかもしれないと書いてある。彼のように凄く頭のいい人は分かるのだろうね。

それで彼は生命とは何かと、生きることにとって一番重要なものは何か? を考え始める。エントロピー増大則によって、汚れがどんどん広がっていくけれど、その汚れを抑えなければ生き続けられない。それができるのは、地球の場合は植物圏しかないと。植物圏がしっかりしないと、動物は汚すだけの生物だからね。植物圏との相互関係をしっかりしなければいけないということを論理的に言っている。僕は確かにそうだなと思った。植物圏を大切にしようとするなら、まず最初に森だなと思ったのです。

——ノーベル賞をもらった天才物理学者が森の重要性を物理的に証明していたのですね。

それで森に行こうと思って大学に勤めながら次に読んだ本が、ヘンリー デイヴィッド ソローの『森の生活』と

いう本だった。シュレーディンガーが原理としてあって、そのうえで『森の生活』という本を読んだ。なにしろソローが言っているのは、ほとんどの人は余計なことばかりやっているということ。生きるということは一体なんなのか問うてみると、森に行って余計なものは全部取り払って精神を落ち着けると、どうせ最後は屍になるのだから、「精神の良いありようで生きること」が一番いいことだ。どんなに年をとっても、「森に行けば私は永遠の若さを手に入れられる」と書いています。2年2カ月住んで、都市の汚れの中に帰って行くのだけれど、『森の生活』は凄い本だなと思った。

——ソローの本から実践を学び取ったということですか？

そう、僕はそれでオークヴィレッジをつくって自給自足で木を使って、木を植えつつ循環型のコミュニティをつくろうと決意したのです。『緑の生活』という本の中にその絵を書いていますが、太陽熱も、水力発電も使い、エネルギーを自給しながら、羊や山羊やニワトリやアヒルも飼って、木を植えて、木を使って木工をしながら暮らすことを考えた。何しろトータルに考えたかったのです。

「緑の工芸村」を考えて『森の生活』に対抗して『緑の生活』としました。ソローの『森の生活』は2年2カ月だったけれど、持続性のあるものにしようと。武者小路実篤がつくった「新しい村」がなぜ持続しなかったのか？

右頁写真／裏山の山小屋。ここから見る山の景色も素晴らしい。山の手入れをしながら、持続可能な量だけ採取してゆく植生の豊かな飛騨の森から、アロマという新しい地場産業が生まれる
下写真／森の中に建つツリーハウス

なども調べて、物づくりのプロにならなければいけない！　と考えたのです。

――今でもソローや稲本さんのように森に魅せられる人が多くいるのはどうしてでしょう？

最近になって、人類はどれだけ遺伝子が森に繋がっているか、よりはっきりしてきました。今までは森から草原に出て二足歩行をして頭が良くなったというのが定説だったけれど、実は森にいた頃から二足歩行していて、木の上に家をつくって暮らしていたらしく、ときどき木から降りる時に手を使い、二足歩行になっていったということが分かった。木の実をたくさん食べていたとか、猛獣に襲われるので森の中の木の上で過ごしていたことが分かってきた。つまり、森の中にいる頃から直立歩行していたのです。

また、草原で肉食獣が草食動物を食べた残りの骨を持ってきて、骨の中から髄をとっていました。草原で骨を拾ってきて木の上で食べていた。人間もゴリラやチンパンジーもみんな木の上で一応の防御はできたので、生き延びてきたということが分かってきた。そんなことから、人間は森と切り離せない繋がりをもって進化してきた生き物だといえるのです。

――森林環境がもっている環境情報は、音も光もすべてが関連しあって調和しています。そういう調和した環境情報を入力することが一番脳にも身体にもいいはずだし、何より気持ちがいい。我々の都市環境では互いに全然脈絡のない環境情報が五感から入力されるので脳は混乱してストレスを受けますね。

ヒトはアルディピテクス・ラミダスという猿人とほとんどDNAが一緒です。彼らのような動物に近い猿人が、一番バランスよく快適に感じられるところが多くある。ところがそこからずれる程ヒトは快適さを失うのです。

人間には五感があるけれど、ある時期からバランスがおかしくなってきたのです。人間は動物で視覚、聴覚、味覚、触覚、嗅覚、これらをトータルに使った方が心地いいというのは当たり前です。ある時期から建築の世界もそうですが、視覚が圧倒的に力をもってきました。でも視覚の情報だって五感が揃って初めて正確な情報なのです。テレビでも写真でもそうですが、海の動画を見ると、情報としては間違いです。なぜかというと潮騒に付随する風も香りもテレビからは出てこないから。水の冷たさも分からない。間違った情報が大量に手に入る時代に入ったのです。縄文時代だったら情報は五感でトータルに受けていました。そこの違いが出てきたことを現代人がもっと認識するべきですよ。

しかもそのなかで、もっと困ったのは、コンピューターを見てばかりでは目が疲れたり、いろいろ問題が起きる。視覚が情報の中で7割とか8割を占めるとすると、あとの4覚は、音楽を聞いているので聴覚

敷地内の、かつて菅原文太さんが間伐して手を入れた森。日本産アロマの香りの原点はこういったオークヴィレッジの裏山にある

はまだいいとしても、嗅覚、味覚、触覚は衰えますよね。

——そのようなことはとても重要なことなのになぜ研究されないのでしょうか？

視覚でも、例えば乱反射というのは研究されない。なぜなら乱だから。木は乱反射するのです。正確な反射をしない。これからはやっと、そういうことも科学の対象になると思うけれど、今までは面倒で割りきれないものは科学の対象にしなかった。

医学でいうと薬でも天然のものを認めないのは、微量な成分などは分からないから。500種類の成分が入っていても5種類くらいは分かるけれど、90何%は分からない。そうすると扱いづらい。そういうものはどんどん捨ててきたわけです。ところが捨てることによって、人間が実のところ不幸になってきていて、最初に捨てたものが人間にとってあまりたいしたことがない、と思っていたけれど、実は大切だった。

——捨ててしまった重要なこともあるけれど、知らなかったことも次々分かってきてますね。

外生菌根菌などの微生物の世界が典型ですね。よく調べてみたら、人間の細胞が30数兆から40兆しかないのに、菌は200兆くらいある。5倍以上ある。木も元気なのは真菌といって中にいる菌もあるけれど、外に付いている菌の影響が大きくて、その菌が生きている木とどう付き合うかにより、その木の成長を左右します。生きているかどうかではなくて、元気かどうかですね。それが最近になってやっと分かってきました。

そういったことをトータルに捉え直すことはすごく重要だと思っています。いま、たまたまアロマをやっているのは、そのなかでも意外とメカニズムがよく分かってきている分野だからなのです。日本の計測器がものすごい勢いで発達していて、未知だったものがある程度計れるようになってきたのも一因です。

——最近、稲本さんから「電子と伝統の森」という興味深い話をお聞きしました。伝統的なものの考えや行動様式、過去の記憶や現在の気分といった頭の中の世界が、携帯電話と同じ原理で電子の動きを伴う電磁波を介して説明できるのは凄いことです。

人間の記憶とはなんなのか。モノにはそれを伝える力があるけれど、記憶はモノではないですよね。心地よいとか、幸福を突き詰めていくと、物理的に言うと電子の動きのちょっとした変化が記憶として残るのです。モノではないのに残る。風景だって、匂いだって残ります。記憶とはそういうものだと分かってきました。

自分がここにいるというときに目で見て、光の反射を見て位置を確認しているので、元いた場所にもきちんと戻れる。これができなくなるのがアルツハイマーです。人間の脳とGPSの原理も基本的に同じなのです。

オークヴィレッジのある清見の森。この森からアロマが生まれる＊

脳の中にもGPSと同じようなメカニズムがある。このことが解明されたのは2000年になってからです。それで脳の海馬の中の「場所細胞」が壊れると場所に関する記憶がなくなるというメカニズムを発見したジョンオキーフがノーベル賞を受けることになった。最初の発見が1971年ですから、ノーベル賞までに40年経っていた。これはすごいことで、記憶のメカニズムはスマートフォンのメカニズムと同じだったということなのです。

脳の中で香りを感じるのは大脳皮質もありますが、大脳辺縁系の中に交感神経と副交感神経あるいは免疫や内分泌を無意識につかさどるところがあります。無意識の気持ちよさは大脳辺縁系というところで感じています。そのあたりはチンパンジーとヒトはあまり変わりません。人間は自律神経と免疫とホルモンバランスのいい時、海馬にある記憶と大脳皮質にある知識が合体すると「いいな！」と幸せを感じるのです。

――生物はそこの環境に対応しようとして進化していくので、その場所の環境とその場所の生命体はひと繋がりですよね。だから、日本人のためのアロマなのに外国の植物を使っているのは少し疑問です。どうして日本には日本独自のアロマ文化が育たなかったのでしょう。アーユルヴェーダのような考え方は5000年の歴史が積み重なっていて、経験則で安全性が保障された体系があるのに、日本にはそういったハーブ文化が伝統的に確立しなかったように見えますが。

いや、日本にもあったのです。歴史の中にはあったのだけれど、ひた隠しに隠していた。

今回の天皇即位後の大嘗祭の時に、TVカメラとの境に小柴垣がありました。クロモジの小柴垣なのです。そこに熱湯をかけて香りを出します。千何百年前からやっていた。茶道の世界とか香道の世界とか、公家や武士の世界では香りは重要だった。武士は、お茶と組み合わせてクロモジを使っていました。ただ、アロマのような液体ではなかったし、茶道や香道といった閉じた世界での話で一般に開かれていかなかった。

もちろんハーブもありました。山椒や紫蘇、秋の七草や春の七草は日本のハーブですよ。ただ、日本の香りは若干薄い香り。通になっていくと濃い味や濃い香りより、ほのかな香りが上品だと言うことになる。ほのかな香りを伝統的に日本人は好んだのです。千利休の茶室はやはり凄いと思う。あの小さな空間の中でも、実は嗅覚の占める要素は大きいのです。お香や草花、炭やお茶のかすかな香りが人の脳に作用して記憶や体験を呼び起こす力がある。そういうことがちゃんと分かっていました。

これからきちんと日本の植物で日本のアロマをつくれば、最終的には日本人が伝統的に蓄積した記憶も含めた幸福というところに近づくのではないかと思っています。

――アロマを広めることで、どのように世の中は変わりますか？

森林医学のなかでアロマは成分という意味では、底辺的なところを繋ぐものになっている。なぜ僕がアロマに力を一番入れようかと思っているかというと、やはり最終的には人々に森に来てほしいからなのです。長い間環境運動をしてきましたが、最近の日本人は本当に森に行

上写真／アロマのセミナーを行う
右写真／森林を歩きながらのセミナー
左写真／結馨ミュージアム外観

水蒸気蒸留のシステムがよく分かる透明のガラスで出来た超小型アロマの蒸留器

かない。森林医学会が言うように、森に行けばオフィスビルのコンピューターの前にいるより体調が良くなります。そういうことが医学的に明確に説明できれば行こうかな、と思うけれど、そのきっかけをどこからつくるかが問題なのです。アロマがその入口としてはかなりいいと思っています。

いままでは、アロマに関わる人の大多数は森に行ったことのないタイプでした。圧倒的多数は東京のコンクリートの中に住んでいるわけだから。都会の人がアロマを嗅いで、トリートメントをして、たまには森に行きなさいと。森に行けない人が手軽に町中で自宅や職場の近くでアロマを使って、月に一度くらいは本格的に森に行くという回路が出来れば一番いい。

――私の主治医はアーユルヴェーダ医なのです。毎年スリランカの施設（1章「アーユルヴェーダの試み」参照）に行きます。そこでは診断の仕方が全然違います。数値を見ないで、身体全体を見てバランスを整えます。アーユルヴェーダのような古典医学は現代医学に対して補完的なのです。現代医学の歪みをアーユルヴェーダと森林医学のような統合的医療をある程度融合させることで除去できるのではないかと。

森林の香り成分の中で、アルファピネンとかピネン系のものは、元気すぎる人は落ち着けるし、落ち込んでいる人を元気にする。要するにバランスをとるわけです。日本の森からのアロマを使うことによってバランスが取れる。だからアーユルヴェーダとよく似ています。ただアーユルヴェーダは、そういう経験値だけから組み立てられている。僕らも経験値から出発しているのだけれど、それを裏付ける根拠が最近分かり始めています。裏付けがあると西洋医学の医者も受け入れるようになる。

優秀な医者は自分ではすべては治せないことが分かっています。僕の親父も言っていたけれど、なんでも治せると思っているのは藪医者ですよ。

まずは「患者本人が治るような気持ちになる」ことが大切だけれど、医療の限界も同時に知る必要がある。これからは、医療従事者にこそアロマとかアーユルヴェーダを徐々に融合させていく必要がある。

統合医療のようにトータルに関わる医療は大分歳をとってこないと分からない。若いときはここだけと思って全体がなかなか見られない。全体を見られるようになるまでには結構時間がかかり歳をとってしまうのです。それをうまく若い人に繋げるためには、いま現代医学を

アロマの原料となる日本の樹木。ヒノキ、スギ、クロモジ、ヒメコマツ、モミなど

やっている人たち（西洋医学医をやっている人達）のなかにも、アロマや漢方が分かる人をつくることが必要だと思っています。

――日本の森林医学を学びに多くの外国人が来ます。今年の国際研修でアーユルヴェーダ医の森林医学医が誕生して、初めて西洋医学医とアーユルヴェーダ医が一緒に勉強し交流しました。そういうふうにうまく融合させていく流れをつくることは重要ですね。

アーユルヴェーダをやっている人は現代の医学的なエビデンスのとり方で話をしても、今は両者が分断されていて、半分喧嘩しています。これを解消していくことができればと思っています。

ただ、それはそう簡単でもなくてね、人間はパスカルが言っていたように、正しいことを伝えるだけではダメだと。間違っていると言われた瞬間に、いや僕は間違ってないとなる。だから喧嘩になってしまう。それぞれが正しいとして、それをこっちに伝えるときにいきなり伝えるのではなく、まずよく知ってから伝える。アーユルヴェーダの人も現代の医療の人も、最先端の良いところをお互いに取り入れられるような回路が出来てから交流

右下写真／緑色の枝に黒い点々があるのでクロモジ（上）＊と呼ばれ、世界で最も良い香り成分リナロールを主成分として含む。国産の樹木から抽出したアロマ製品（下）＊。右の木箱「森香炉・青海波」はクロモジベースのやすらぎの香り。右の瓶はクロモジブレンドのエッセンシャルオイル・やすらぎ。左はニオイコブシブレンド・めざめ。ｙｕｉｃａは稲本さんの経営していた正プラスが手がけるアロマ製品のブランド
左下写真／稲本さんが住む家の横を流れるこの谷川の上流に水源となる井戸があり、その綺麗な水で水蒸気蒸留をしている＊

右写真／お正月の飾り付けをした五葉松の苔玉
中写真／アロマ製品
左写真／オークヴィレッジで制作しているクリスマスツリーをかたどったオルゴールなど、木でつくった製品の数々

しないと、いきなりは混ざらない。

——自然が生み出す何らかの効果に対して、その医学的エビデンスの必要性が求められる時代です。でも、医学的エビデンスというとこれまで、昔からの知恵を拒否するように感じる人もいます。自然のもつ力は現代科学では解明できないほど複雑かつ神秘的な機序をもっている。そうなるとエビデンスといってもかえって軽薄にみえる。そういう難しさがあります。

アロマもそういうところがあって原理だけでは説明できないところがある。だけどアロマの方が若干医学的エビデンスを受け入れやすい。というのはアーユルヴェーダから始まって経験的実績があり、ヨーロッパでの実績があって、それを今さらに科学的に追加実験をしているわけですから。はっきり言って森林浴よりはエビデンスをとりやすい。森林環境の医学的効果といった場合では、いろいろな香り成分が混ざっているし、歩き方や天候など、あまりにもコントロールの要素が多過ぎるし、現時点ではすべてを医学的エビデンスで説明するのは無理だと思います。

——アロマは、はたして現代社会に蔓延している不健康問題、環境問題に答えることができるのでしょうか？

いずれの問題にしても、それを解決するためには人間が元気であるということが重要なのです。間違いなくこの先、社会状況が悪くなることが分かっています。これを超える知恵とエネルギーを得るためには人間はまず元気にならなければいけない。我々を元気にする重要な要素が食や住の環境だったりするけれど、今僕が力を入れているのがアロマなのです。

元気にする要素が、自然のものだけれど、薬のように効く。客観的にみると、あと30年くらいすると物凄く危ないことが起きる。今でもその予兆が洪水などで出てきています。もちろん人が住む家のことも考えなければいけないのだけれど。住宅をつくる時のエネルギーをなるべく使わないようにしつつ、その住宅に住むことで人が元気になり、元気な人がこれ以上環境が悪くならないように働きかける。その結果が出るような回路をつくらなければいけない時代に来ていると感じます。

近代合理主義の中でやってきた結果、化石資源があまりにも力をもってきて、化石資源の集合体である建築も環境に対して圧迫感を与えるようになってきた。住環境は人にストレスを与える方向に進んでしまっている。それに対して、人を気持ちよくさせストレスを与えない方向の建築や環境、そういったものに関わるためにも、いろんな手段をもっともっと研究するべきだと思う。それに対する研究はまだまだ遅れています。でもその研究をやれば物凄く面白い世界になると思う。

——都市化してしまった環境はもう森に戻しようがないと最初からあきらめてしまっている風潮がありますす。どうやったら本来あるべき環境を取り戻せるのでしょうか？

森に住んだり都市を森にしたりすることが直ぐには難しいとしても、質の高い本物の木造住宅をつくってゆくということは、都市に森の要素を持ち込むことになる。かつての民家が縁側を通じて外と繋がり、自然と五感とのインターフェイスになっていたように、住まいと環境と体の関係も考え直す必要がある。その時、自然の光や音や触覚も大切だけれど、森の香りを生活のシーンで持ち込むことはとても重要な建築行為のひとつになると思うのです。

そのために一番いいのは、まずひとつモデルをつくること。新しい村をつくるのが一番いい。要するに、人間には森があって、木の家があって、食べ物も自給自足で、刺激を得るためにときどきは遠くからいろいろな人やモノを取り入れた方がいいのだけれど。基本的には身近な自然と一体に自給自足できて、健康で医者もいらないくらいの場ができるといい。そういうモデルがあれば人類は生き延びられると希望をもてる。バウハウスがそれに近いことをやろうとしていました。でもその頃は近代文明を信じていたので、比較的近代文明的につくってしまった。

いま近代文明が限界になってきたから、石油に頼らずに身の回りの自然のものをそのまま使って、うまく織りなして循環させるモデルをつくることが必要になる。このようなモデル環境の中に人が住んでいくようになるのが理想的だと思う。モデルが出来れば、こうやればいいんだと自信がついて出口が見える。そんなにお金はかからないはずです。企業や国がバックアップして、こういう風にすれば人類が気持ちよく生き延びられるという理想的なモデルがひとつ出来ればいいような気がしています。それが突破口だと思っています。

聞き手／落合俊也

於／オークヴィレッジ　2019年12月1日

上写真／対談風景。

オークヴィレッジという名前にしたのはいろいろ戦略を考えてのことです。環境を保全するためにもお金をつくろうと思っていろいろ調べました。ある時英国のオークを樫（かし）と訳していることに気が付きました。本来、樫は常緑樹ですし、英国では育たないことが分かっています。でもオークの葉っぱが紅葉して落ちている絵も英国の本の中にはある。だからやはりそれは樫ではなく、楢（なら）なのではないかと思った。日本では当時、楢は雑木で薪やチップにしかならないといわれていて、誰も楢を重要視していませんでした。

　その頃、京都大学の前の「進々堂」というパン屋さんに、黒田辰秋という人間国宝が楢に漆を塗ったテーブルセットがあった。今でもあります。それを見に行ってこれは凄いと。楢は安いから大量に買って、黒田さんと同じような家具を手づくりである量つくって、持続可能にするために１００年使えるものにしようと。

　お椀から建物まで、小さいものから大きいものまでつくりましょうと。材料を無駄にしない。子供一人にどんぐり１本、木を植えましょう。使ったものは絶対に植える。そういうことを実現するために高山に移り住みました。今着ている藍染の作務衣も女房がつくっています。藍も植える。木綿はやらないけど、羊も飼う、鶏も飼う、ヤギも飼う、木も植える。米もつくりました。米は高地では獲れないことが分かってやめましたけど、なにしろはじめはトータルにやりたかった。でも、一点突破しての全面展開でないとなかなか難しいと思った。だから、その突破口を楢に漆を塗る家具にして、まず木工に集中したのです

（稲本正・談）

下写真／カフェの外観。窓の正面には桜の木が見える

アーユルヴェーダの試み Part1・Part2

写真＝東海林美紀

27頁写真・30頁~31頁写真＝Andreas Humenstädt

＊印写真提供＝バーベリンビーチ・アーユルヴェーダリゾート

写真提供＝落合俊也

Geetha Rodrigo Karandawala（中央）
スリランカ政府、国連勤務を経て
バーベリングループ総合ディレクター・弁護士
バーベリンとその関連会社のすべての開発
および運営の責任者のひとり

＊

Dr. Pushpa Abhayawardane（左）
2003年より
バーベリンビーチ・アーユルヴェーダリゾート
上級アーユルヴェーダ医師

＊

落合俊也（右）　建築家

フィンランド　森のレイヤーの教え

写真＝東海林美紀

Virpi Raipala-Cormier（右）

フィンランドで14世紀から家族で継承されている「フランツィラの森」11代目の農園主。オーガニック・ハーブ製品メーカーのフランツィラ（furantsila）創設者。ヴィルピさんはハーブ学者でもあり、その知識は北欧ハーブから鍼灸、ヨガ、瞑想、そして人生のすべての付随的な利益にまで及ぶ。世界中の人々とその知識を共有することを生涯にわたって実践している

落合俊也（左）
建築家

稲本正の今 電子と伝統の森から

写真＝畑拓

＊印写真＝©yuica

83頁上写真＝児玉晴希

写真提供＝稲本正

稲本正（いなもと・ただし）

1945年、富山県に生まれる。1974年に飛騨高山でオークヴィレッジの活動を開始。お椀から建築まで幅広い工芸を展開する一方、植林活動を行い地球環境における森林生態系の重要性を発信し続ける。現在、オークヴィレッジ会長、正プラス代表を経て、現在、東京農業大学客員教授、日本産天然精油連絡協議会専務理事。著書に『森の旅人 森の人』『森の形 森の仕事』（毎日出版文化省受賞）、『森の惑星』他。

2章　タイムマシンを生み出す森

私たちの祖先が生きていくうえで大切にしていた体感覚や価値観のなかで、既に失われてしまったものが沢山ある。現代社会が経済発展を最優先し、金銭的価値により優劣を判断するようになったからだ。奇跡的に残されたタイムマシンの存在は、これから先の人類にどれほど大きな情報を与えてくれるのだろうか。

サウナの源泉を探る

エストニアのエダさんが運営するムースカ・ファームに建つスモークサウナ。サウナで汗をかいた後、池でのクールダウン。これを何度か繰り返す。合間には敷地内の木に設えたハンモックに寝そべりゆっくり空を眺めたり、泥を全身に塗って乾くまで草の上で大地と会話したり、犬と追いかけっこをしたりする

森と人を繋ぐタイムカプセル

スモークサウナという人類の文化的アイコン

サウナの起源は何処か。一般にはフィンランドと思われているが、実はよく分かっていない。世界中で似たような蒸気浴、熱気浴の文化が勃興した痕跡がある。日本人は湯に入るが湯浴の始まりは明治以降の話で、それ以前は日本でも蒸気浴の形態が一般的だった。考えてみれば、水をためてお湯を沸かすのは、大変な労力と設備とエネルギーを要する。石を焼いてそれに水をかけ、蒸気をつくることで行われる熱気浴の方がずっと簡単にできる。

今のサウナは電気で簡単に暖めるものが多いが、本物を味わいたければスモークサウナに行くしかない。とくにエストニアのスモークサウナはそのユニークな伝統的慣習の伝承として特筆すべきで、２０１４年にユネスコ世界遺産に登録されている。

スモークサウナとは一体どんなものなのだろう。それは日本人が皆知っているサウナとは程遠いものである。

スモークサウナでは大量の薪をストーブで燃やし、その上に積み重ねられた大量の石をあたためる。すると、サウナ小屋自体も内部から高温の煙と熱で燻されるので、建物自体に熱がたっぷり蓄積される。そのやり方は少し乱暴で、建物自体に過酷なダメージを与えているように見える。しかし、そのプロセスがないとスモークサウナは成立しない。

スモークサウナのつくり出す内部環境を現代技術で再現しようとすると、その難しさに気付く。現代技術では生み出せない深い自然の力がそこに介在している。スモークサウナは現代技術と人との相性の境界を我々に示してくれる人類の文化的アイコンなのである。

スモークサウナを暖めるには多くの時間を要する。建物の大きさにもよるが、大抵5時間以上を要するという。その間ストーブが供給した熱量は膨大である。しかし、十分に小屋が温まった頃でも、大きな断面の丸太で出来ている壁の外側の表面温度は冷たいままである。大断面の木の持つ断熱性と蓄熱能力には驚くばかりだ。

スモークサウナの建物には通常ストーブの煙突や窓がない。薪を燃やしている間は、煙は壁のすきま、もしくは小さく開けられた排煙口（下写真）から漏れ出すだけである。あくまでも熱をため込むことに徹している(ドアだけ開けておく場合もある)。

十分にサウナの建物が熱を含んだら、扉を開けて煙を排出する。ストーブの上に積まれた石に投じられる水で大量の蒸気が発生すると、内部にくすぶっていた煙は一気に外へ押し出される。この状態で内部のすすを払い落としてからサウナとして使用する。

スモークサウナの内部は格別の心地よさである。太い丸太がため込んだ柔らかい熱に包まれたロウリュ＊の空間では、ジンジンと熱波の渦が皮膚を覆いこむ。やがてこれが少しずつ引いて落ち着いてくると、ストーブの上の石に水が追加される。ズーンという深い音と共にロウリュの空間がまた現れる。こういった熱や蒸気の変動を伴うロウリュのリズムがスモークサウナのダイナミズムである。

スモークサウナの壁に開いた小さな排煙口

スモークサウナにおいて、サウナの建物とストーブとは完全に一体である。さらにそれは建物の周りの深い自然とも一続きになっている。そして、裸の体はこの建物を周りの自然ごと纏っている感じがする。建物を纏う一体感は、建築を第3の皮膚ととらえるバウビオロギーの思想を連想させる。この建物は周辺の大きな自然と、内部化された人体とを融合させている。そんなことができる材料は、おそらく木という素材だけだろう。スモークサウナは人と森の調和を再認識させてくれるのだ。

現代の都市部では防火規制によりスモークサウナの建設は現実的ではない。しかし、あくまでもスモークサウナは周囲の森の大自然空間と一体で成立するものである。それを体験できない都市に住む我々は残念な状況にあると言わねばなるまい。

＊ロウリュ／熱せられたサウナストーンに、ひしゃくで水をかけ発生した蒸気と熱波が醸し出す状態をいう

上写真／スモークサウナの内部はいぶされた炭の薫りが漂う。右手前はサウナストーンが載っているストーブ。ここに水を投じると、石に当たった瞬間に激しい蒸気が発生し熱波ができる
下写真／スモークサウナの内部は下から1メートルくらいの所に煙の層ができる。相当に熱い煙で高温になりすぎて火事になることさえあるという

右・左頁写真／エストニアの隣国ラトビアではサウナの中で赤ちゃんをハーブ沐浴させ、誕生日を祝う儀式を行っていた

皮膚が自然と交信するプロセス

一部の森に住む原住民は今でも裸で暮らしている。彼らは服を知らないのではなく、服が嫌いなだけだ。服を着る文化が行きわたると、人は空間や環境が生み出す力に対して鈍感になる。スモークサウナは裸の皮膚が自然と対峙する本来のプロセスへと我々を導いてくれる。それはあたかも人の心と体を自然とつなげるタイムカプセルのようなものである。

ストーブの中の薪には、かつて樹木が太陽から受け取った優しい生命のエネルギーが宿っている。この薪が燃えることによって、再び取り出されたエネルギーは、次に固く強く冷たい石に移動する。石の力で木の優しいエネルギーは凝縮され、強力なエネルギーとして蓄えられる。石は生命のない無機物に見えるが、実は寡黙な能力を秘めているのだ。それが石のもつ霊性の正体なのだと思う。

この石にロウリュのための水が注がれた時、新たな変化が起きる。石が自ら呪文のような声を発する。そしてその石と水から風が生み出される。それと共に人体はこの蒸気の熱風にさらされ、蒸気が体に触れて汗と交換されてゆく。この過程は全く神秘的な気づきに満ちている。すべてのものに宿る霊性や潜在的力の存在、そしてそれらが連動してひとつの世界をつくり出していることに気づく厳粛なる儀式のようである。

一方で、サウナは過去から未来への関係を紡ぐ、時空を飛び超えたもう一つのタイムカプセルのような存在でもある。過去からの繋がりを大切にするということは、これからの未来を大切にすることでもある。サウナという場所はもともと子供の生を受ける場であり、同時に人が死にゆく場所でもあったという。大切な時間を大切な人たちと共有するために選ばれた場所。祝うべき多くの喜びや弔うべき多くの悲しみを昇華して、先祖と共に未来への時を共有する場所だったのであろう。人生の一大イベントを迎える場所として、これほど敬虔に満ちた深い空間をもち、現代に引き継いでいることは敬服に値する。

現代建築技術が越えられない壁

サウナの建物の技術面に目を移そう。スモークサウナで得られる不思議な快感を現代の他の技術で再現するのは困難だろう。スモークサウナの中で繰り広げられる生命とエネルギーのバトルは凄まじく過酷である。１００度近い温度差に加えて超高湿度から低湿度まで短期、長期で変動を繰り返すことに構造躯体は耐えなければならない。断熱層や気密層をつくれば、相当な結露を処理しなければならなくなる。一方で透湿層や通気層を構成したり、排水ドレーンを設置すれば、建物はどんどん重装化してゆく。さらに現代の建築技術の常識に従い、省エネルギーのための熱損失や熱容量を配慮すると、建物躯体の機能層の種類は増える一方でコストもかさむばかりだ。

しかし、それだけの現代の建築技術を駆使したとして、この神秘の空間の質を再現できるとは思えない。最後にはやはり裸の皮膚感覚が許容できる空間を構成する材料の質の問題が残るだろう。時間を超えて先祖と繋がるためには、無機質な人工物を纏うことを裸の生身は許容しないからだ。

ところが、これらの難しい条件をすべて実現してく

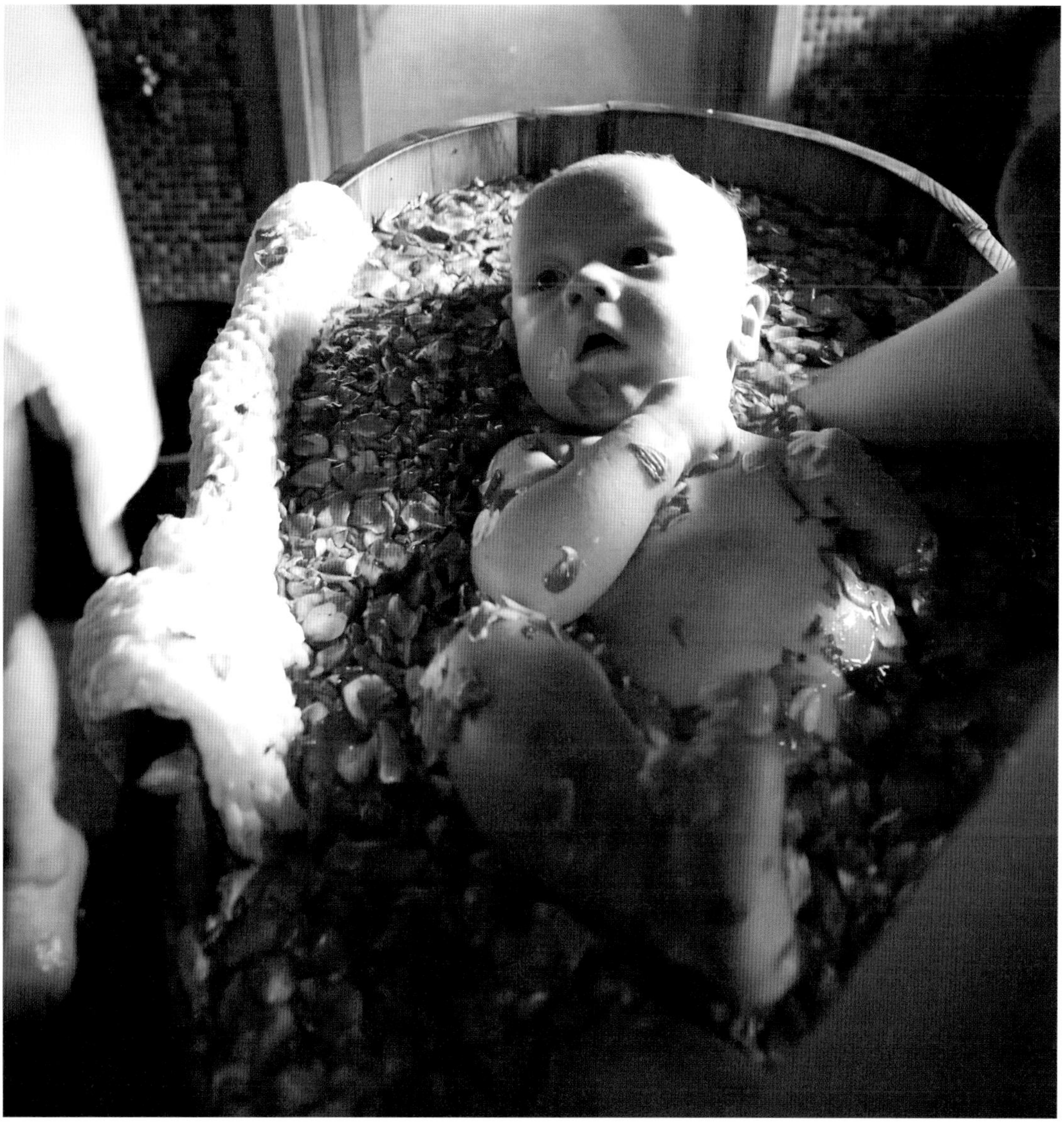

れる材料が、この世におそらくたったひとつだけある。それが単なる大きな断面の丸太なのである。スモークサウナの過酷な環境を単純なひとつの素材で解決できることはまさに驚きである。あるがままの樹木にかなうものはないという現実。現代技術の粋を集めても、結局は自然の素材の性能の方が優れているという事実はある種痛快でもある。言い換えれば、大断面の丸太がもつ空間構成のポテンシャルを最大限に発揮させた事例が、スモークサウナといえるだろう。

　大きな熱容量と断熱性と透湿性を併せもち、熱しても濡らしても、それを高循環で繰り返しても問題を起こさない。しかも太いログは燃えにくい構造物でもある。人が裸で自然とつながる究極の空間は、安全であると同時に私たちが同調して安らぎを得られる場所であるべきである。その点で人間と共生進化の関係にある森が生み出した樹木だけから構成されるのが最適なのである。この発見はスモークサウナという世界から俯瞰しないと見つけることができない人類のひとつの到達点なのである。

　レイナー　バンハム（Reyner Banham）の著書『環境としての建築』（『The architecture of the well-tempered environment』The architectural Press,London,1969）の中に、Environmental bubble（環境の泡）というドローイングがある（96頁図）。そこに示されている現代建築の行き末の姿は、高機能な薄膜の中で、裸でただ情報ソースと繋がっている人の姿だった。

　皮膚は人間のもつ最大の感覚器で、自然環境と呼応している。だから、古代人から未来の人類まで、皮膚で自然と繋がることは重要なしきたりであり続けねばならないだろう。スモークサウナは、その貴重な文化を現代に残している人類の文化遺産なのである。

バンハムの思索から時代は進み、我々の技術の一方的な肥大化方向では未来は危ういことが分かってきた。少なくとも我々の未来は、豊かな自然と裸で繋がれるようでありたい。スモークサウナという人類の文化アイコンは、そのことを我々に伝えているにちがいない。

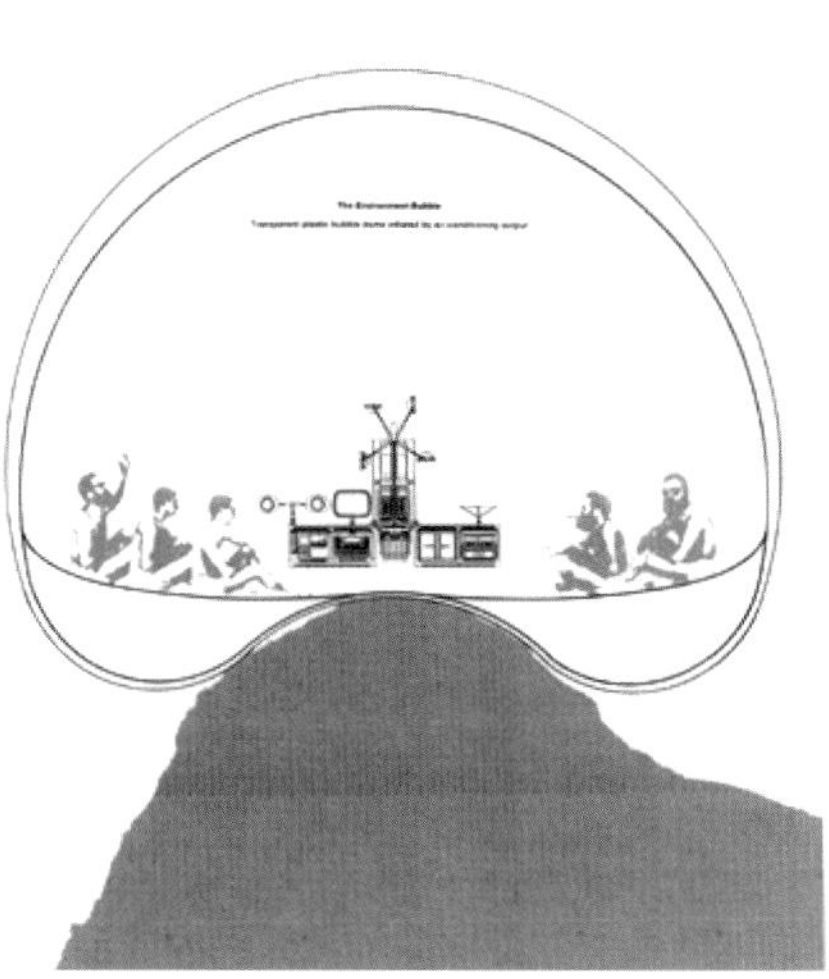

出典：『環境としての建築』Reyner Banham著より
「Environmental bubble」

下写真／学校から帰ってスモークサウナで汗を流す兄弟。エストニアでエダさんに紹介された家族の日常。サウナが生活のなかに自然に取り込まれている

左頁写真3点／自然の中に共生するスモークサウナ。ラトビアの隣国リトアニアの村には森の中に公衆サウナハウスが点在する。週末ごとに村の人が順番で管理しサウナに火が焚かれる

INTERVIEW WITH EDA

――今回エストニア、ラトビア、リトアニア、フィンランドのさまざまなサウナを体験してきました。でも、本来どこが起源なのでしょう？

誰も本当にサウナの起源を知りません。発汗は精神的および身体的なクレンジングであって一種の魔法のように考えられていました。北米および南米、アフリカ、アジア、シベリア、ヨーロッパなど世界中の多くの部族の人々にとってそれは重要な意味をもっていました。発汗の伝統的意味合いは、宗教、政治、そして現代の生活様式によって失われてしまったよう見えますが、依然としてそれを日常生活の一部に残している地域があるのです。

――現代のサウナと昔のサウナはだいぶ違うものなのですか？

現代のライフスタイルには、迅速さと簡便さが求められます。フィンランドの現代サウナは都市生活のニーズを満たすために変化してきました。現代人は飛行機や車のように高速で移動してばかりですが、本来は自然の中をゆっくり歩く生き物なのです。そのくらいの違いがあると言っておきましょう(笑)。

――あなたのスモークサウナではいろいろ儀式がありますね。サウナに入る前の心構えもあるのですか？

サウナに行く前に、私たちは日常のトラブル、思考、怒り、焦りから自分を解放しなければなりません。そうでないと火とのコミュニケーションがうまくできない。スモークサウナを暖めるには6～8時間かかるので、この間ウィスクをつくったり、森の散策をしたりして、森林ともコミュニケーションをはかります。ロウリュのための水を井戸や泉から汲んできて、水ともコミュニケーションを図ります。できるだけシンプルな行動や動作で心を落ち着かせるのです。煙と蒸気(空気とのコミュニケーション)を観察しながら、私たちの先祖に思いを馳せます。これらは無心で穏やかな一連の行動です。サウナ小屋から周りの土地まで浄化するような気持ちになれるのです。その時、私たちの心自体も浄化されているのかもしれません。

――あなたのスモークサウナの建物はいつ頃つくられたものですか？　その歴史を教えてください。

私たちのスモークサウナの建物は、近くの農場にあった古いサウナで18世紀末に使われていた部材で出来ています。ですから、この建物はずっと昔からスモークサウナだったわけです。長い間、そこに住む家族に奉仕した建物では、多くの子供たちがそこで生まれ、多くの家族が死んでいきました。だから、たくさんの魂や感情と繋がっている。この繋がりの感情がサウナ建物の中に漂っているのです。建物自体がずっと生きていて魂のような存在を伝えているのです。1970年に今現在のストーブが入り改良されましたが、建物が魂を含んでいることには変わりありません。

――スモークサウナはどのような手順で温められるのですか？

すべてのサウナはその性格が違うので、その独自の性格をよく知っている人しか上手に暖められません。以前はその役割を担っていたのが、その家のおばあさんでした。サウナには乾いた落葉樹を使い、それがハンノキなら最高の薪です。薪はストーブに数回追加されますが、最終的な加熱時間はサウナ小屋の大きさ、外気温、サウナストーブの性質によって異なります。前の薪が燃え尽きると、より多くの薪が追加されます。

最初はサウナの中は多量の煙で充満します。そのため、煙を逃すために、ドアはちょっと開けておきます。すると、ある時点で、サウナは「煙を食べる」ようになります。そして、床の上約1メートルのところに別個の煙の境界ができます。煙の境界線が形成されると、加熱プロセスは大体半分終了です。その時点で扉は閉じられます。

薪の最後の一束が燃え尽きると、サウナ室は一度換気され、そのあと約1時間締め切ったままにしておきます。サウナに人が入る前に、サウナ内部の空気をきれいにするために、水が焼けた石にかけられます。すると激しい勢いで蒸気が発生し、この蒸気はドアを通して放出され、サウナのベンチと台もこの時同時に清潔に掃除されるのです。

スモークサウナで汗をかくという行為は、習慣、知識、儀式のセットに基づいて行うべきものです。だからいつでも

ウィスク

スモークサウナが整うまでの間にウィスクをつくるエダさん（左）

祖先とのコミュニケーションは常にサウナの重要な部分でした。しかし、このような考え方は現代では急速に消えています。

——スモークサウナはあなたにとって日常体験なのか非日常体験なのか。多くの人にとってはもはや特別のイベントですか？

サウナは未だエストニアの田舎で暮らす人たちの日常生活の一部です。 エストニア人のほとんどは、週一度土曜日の午後にサウナに行きます。土曜日の午後のサウナの習慣は、エストニアに大きな教会が建てられた18世紀に始まりました。農民は日曜日に教会に行く前に必要な時はいつでもサウナが用意されていました。スモークサウナの日は私にとってはお祝いの日です。エストニアの多くの人々がサウナで仕事の週の終わりを祝います。

——あなたはサウナの中で歌ったり、呪文を唱えますね。それはどんな内容なのですか？

私たちの文化では、木、石、建物などは魂をもっていると考えられています。 私たちにはそういった魂と語り合う時間も必要なのです。サウナの中で使われるさまざまな呪文の典型は、挨拶や感謝を表わすものです。不思議なことですが、セッション中に意識しないで自然に口から出てくる呪文もあります。サウナの後でどんな呪文を唱えたか覚えていないことも時々あるのです。

——裸になることは重要ですか？　恥ずかしがってはいけないのでしょうか？

サウナの発汗は、身体と魂の浄化を伴います。裸になることで身体を開いて魂を引き出します。だから結婚指輪でさえ外したほうがいいのです。

私たちの身体は意識をもっています。私たちが起きているときのほとんどの時間、私たちは身体を酷使しています。そして、無意識に身体を上半身と下半身に分けて使っています。 サウナで裸になることで上半身と下半身を再会させ体を統一させることで、身体と心を整える。そのことで感謝と安心の気持ちが促されるのです。

——薪から引き出された炎で石を焼く。建物を煙で暖める。石に蓄えられている熱を水によって解放し蒸気（風）をつくりだす。水は石に蓄えられたエネルギーを放出し、風そのものになります（蒸気熱）。サウナの中で繰り広げられる一連のプロセスが私には大変魅力的でした。この重要なプロセスが電気サウナに変わると失われているように思います。

その通りですね。我々現代人の行動は、私たちの人生を楽に簡単に解決する方法を見つけ出すことに注がれています。その現代的な生活の中で私たちは自然との繋がりのある生き方を失ってしまう。結果はストレス、神経系疾患、不安定な睡眠、新鮮な空気の下での活動の不足などに端を発するさまざまな現代病を生んでいます。私たち現代人は単独でいることや繋がりのないことにストレスを感じ、無力で根がないことに絶望しているのです。私たちは、何かに繋がり、足元の伝統、儀式を信じる必要があります。その安心を手に入れる場所が昔からのスモークサウナなのです。それは私たちの内なる意識と体を結び付けてくれます。そして、私たちの大元なる祖先、さらには人間の大元なる自然や宇宙と私たちをしっかりと繋げてくれるのです。

——世界遺産になってどう思いますか？　何が変わりましたか？

ユネスコの認定によりスモークサウナに関連した豊富な知識、技能、伝統、風習、信念に注目が集まりました。 多くの若者が自分たちのもっている文化遺産の再発見をしました。 多くの人々がワークショップに参加し、スモークサウナで彼らの家族の伝統を捜し求めています。新しいスモークサウナが建てられたり、古いスモークサウナが修復され再び使用されるようになっています。現時点ではエストニア、フィンランド、リトアニアではスモークサウナ文化の新たな盛り上がりを見せています。 スモークサウナはもはや古い田舎の遺構ではなく、精神的な新しいトレンドになりつつあります。でも一番重要なことは、木、火、石、水と蒸気、木材、沈黙、身体の繋がり、魂の意識と潜在意識、過去からの時間的繋がりという伝統要素は、絶対有用であり生き続けなければならないということです。それは理性的存在である人間が、絶対に失ってはならない最後の砦のようなものです。

聞き手／落合俊也

焚口

エダさんに案内されたエストニアの神聖な森。
神聖な木に触れることで心が穏やかになり浄化される。自然の木や石・岩はそれ自体が信仰の対象になっている

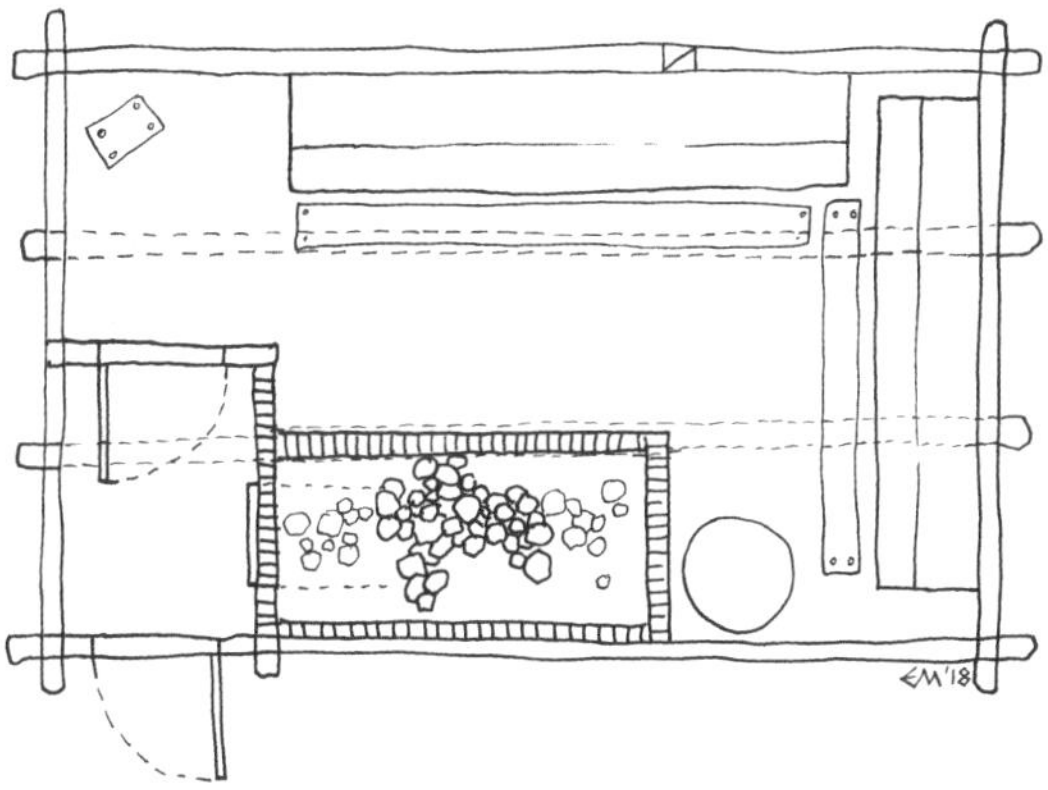

サウナハウス平面図

作図＝ Epp Margna

池からロウリュのための水を汲むエダさん＊

暑い日には犬も池で泳いで涼む＊

サウナハウスの裏には大量の薪がストックされている。薪には薪を割った人の名前が入っているものもある＊
左図は写真の左側サウナハウスの平面図。右側はサウナの後に使用する休憩室

Mooska Farm（ムースカ ファーム）
住所／ Võrumaa, Haanja vald, Haanja, 65601, Estonia
TEL ／ +372-(0)503-2341
URL ／ http://www.mooska.eu

上写真／神聖な森の岩に触れ、自然と交信するエダさん
右下写真／サウナハウスの木羽葺き屋根
左下写真／太い丸太で出来たサウナハウス
左頁写真／サウナハウスの木組を見る
104頁〜105頁写真／エストニアの森の中に建つサウナハウスの中で、サウナについて語るエダさん（右）

東京里山秘話「鎌田鳥山」

囲炉裏の並ぶ座敷から長沼公園の森を見る

鳥山文化饗宴の後

この100年間、私たちが暮らす日本は大変動を繰り返してきた。戦後の混乱を乗り切って驚異的経済成長を遂げたと思ったら、その後バブル経済の崩壊という辛酸をなめた。そして、徐々に経済を回復しながら、過去の経済最優先主義への反省の芽が育ち始めた昨今、今度は世界的なウイルスのパンデミックに襲われた。私たちは、ポストウイルス社会に向けて、再び新たな社会の変革に挑まなければならなくなった。

現在の東京都稲城市あたりから八王子市にかけて広がる多摩丘陵一帯も、時代に合わせておそらくは日本で一番短期間に大きな変貌を遂げた地域といえよう。ここは、かつて都心に一番近い一大自然公園だった。そのために、戦前から徐々にレジャー施設開発の草刈り場となり、1965（昭和40）年初頭からは多摩ニュータウン開発地域として知られるようになった。そんな激動の社会変化の陰で、それとは何の関係もなかったかのように、多摩丘陵の一角を占める森の中でずっと存在し続けたひとつの歴史的存在、それが野鳥料理の店「鎌田鳥山」である。

およそ100年の間変わらない店の佇まいは、世の中の変革に対して、勝手に時代遅れになったり最先端になったりを繰り返す。ポストウイルス時代に入って、この自然共生の鳥山スタイルが、また最先端の食事《たべごと》の形式として復活する時がくるかもしれない。

鳥山誕生秘話

子供の頃、日曜日になると家族で日帰りドライブによく出かけた記憶がある。今から思うと、それがマイカーブームの時期に重なっている。まだ1965年初頭のことであった。その頃、高尾山の手前あたりから鳥山という看板をよく見かけ、子供心に不思議な名前だなと思ったことを覚えている。

記録を調べてみると確かにその頃、八王子の手前から始まる多摩丘陵の一帯から高尾にかけて、鳥山という野鳥料理を食べさせる店が多数存在していた。最盛期には50店舗以上が軒を連ねていたらしい。今ではほんの1～2店舗その名を残している店はあるものの、大半は消えてしまった。昭和の歴史から見れば、あるほんの短い間に忽然と現われ、消えてしまったことになる。しかし、こういった町村史にも残らない小さな歴史の断面は、日本全国に数限りなく存在するに違いない。だからこそ、地域の歴史は必ず誰かが何処かに記録するべきものだろう。

もともと多摩丘陵周辺は自然に溢れていて野生動物も数多く生息していた。明治時代に遡れば、天皇が兎狩りと鮎漁の展覧によく訪れた場所でもあった。この周辺が天皇や皇族たちの狩猟場に指定されていたこともあって、狩猟趣味をもつ東京の人にとっては絶好の遊び場となった。

ところで、鳥山創業者の鎌田辨弥《べんや》はもともと美濃（岐阜）出身であった。当時その周辺ではツグミ猟が盛んに行われていた。樺太から南下してくるツグミの猟は趣味と実益を兼ねていた。彼は上京して東京神田で鎌田商店という曲げわっぱの店を営んでいたが、申丸《さるまる》峠

写真右から／霞網にかかったツグミを捕る初代店主鎌田辨弥＊
霞網猟をする客＊
仕掛けられたおとりの籠＊

（現在の野猿峠）辺りを訪れては趣味でツグミなどの霞網猟を行っていた。そのうちに趣味が高じてハンターたちの案内を始めるようになった。当時、狩猟を趣味にもつような人は医者や弁護士等、お金持ちの自由業の人が多かったので、それがいい商売に繋がっていった。渡り鳥の飛んでくるコースを見込んで網を張り、おとりを仕掛ける。渡り鳥はおとりの声を聞きつけて、そこに餌場があるのかと思って旋回しながら下りてくる。そこを脅かして誘導し、霞のように見えない網に引掛かける。霞網猟は今では禁止されてしまったが、この方法で渡って来るツグミやハラジロを一網打尽にすることができた。

ツグミはたくさん取れると新宿などの店に卸したが、さらに余ったものは粕漬に、内臓は塩辛にして保存した。それらは、大層美味だったそうで、そのうちに捕ったツグミをその場で食べさせるようになった。その頃から焼き鳥といえば酒がつきもので、徐々に飲食施設の形態を整えていった。ちなみに、ツグミはいまでは狩猟鳥から除外され、残念ながら食べることができない。

鳥山といえば、現在では「うかい鳥山」がよく知られている。高尾の山の中で、飛騨高山などから古民家を移築して分散配置し、自然の景色の中で炉端焼きを食べられるスタイルが人気だ。しかし、実はそこからさかのぼって30年以上も前に、野猿峠の尾根筋に営業を始めた「鎌田鳥山」こそが、本来の「鳥山」発祥の元祖の店なのである。ちなみに「鳥山」は「鎌田鳥山」の登

「鎌田鳥山」正面玄関

囲炉裏を設えた玄関ホール

録商標である。

鳥山の盛況

戦後、京王電鉄やバスなどの交通網が整備されるに従って、その沿線の山沿いには郊外レジャー開発拠点として多くのハイキングコースが開発された。多摩丘陵には野猿峠ハイキングコースが整備され、多くの観光客がここを訪れるようになった。京王電鉄はそのハイキングコースの目玉として「鎌田鳥山」を観光ポイントに組み入れていた。当時は、休日になると野猿峠ハイキングコースへハイキング客がたくさん押しかけ、それをあてにして屋台が出るほど盛況だったなかで、「鎌田鳥山」へもたくさんの客が訪れたらしい。

中央自動車道が八王子まで開通しマイカーブームが訪れると、観光バスまで来るようになった。ハトバスのツアーなども企画され、一度に大勢の客に対応するようになった。1965年頃の「鎌田鳥山」の最盛期には、母屋の囲炉裏だけでは足りなくなり、隣接した敷地にいくつもの小屋をつくり、母屋から溢れた客を受け入れるようにした。小さな小屋をたくさんつくったのは、囲炉裏というのは一つの家族で囲むものという思いがあったからである。だから、一つの建物に一つの家族、そして一つの囲炉裏というこだわりが鳥山建築の特徴になった。小さい小屋なら簡単にすぐ建てられるので、収容人数を手軽に増やすのにも都合がよかった。

最盛期には週末だけで500人以上もの客が訪れたという。従業員も30人ほどいて、それぞれ作業を分担して効率的に働いていた。当時働いていた人たちは、故郷の飛騨高山からの住み込み従業員を除くと近所の農家の人たちが多かった。だから、当時は農閑期の10月から4月頃までが営業期間だった。

自然の中で囲炉裏を囲んで野鳥を焼いて食べるというスタイルは、都市生活者からすれば興味深かったことだろう。「鎌田鳥山」独特の食体験は人気を呼び、いろいろなメディアで紹介されてますます有名になった。同じような店をつくりたいと思う人が訪ねてくれば、惜しげもなくそのノウハウを教えて指導までしたらしい。その結果、続々と類似した店が周辺に乱立することになった。

そんな黄金の時代も過ぎ去り、ハイカーやマイカーブームの観光客が減った後は、常連のリピーターと社用族の利用が定着化した。ほどなく始まったニュータウン開発の関係者や、八王子の公益企業の人たちが通っていたようだ。長い時を経た現在でも、「鎌田鳥山」は快く客を受け入れている。世相を反映して客層は変化するものだが、世代をまたいだ常連客も多い。これが歴史と伝統がモノをいう底力なのだろう。

写真上から
野鳥の炉端焼きを楽しむ客＊
鳥屋《とや》に並べられたたくさんのおとりの籠＊
獲ったツグミを下処理する＊

長沼の森と八王子の市街地を見る＊＊

東京のレジャー開発の変遷

昔から、東京観光は浅草や銀座だけではなかった。東京には古くからハイキングというもう一つの観光文化があった。

1926年、大正天皇崩御の年、今の八王子市長房町に多摩御陵の建設が決まった。東京の中ではまだ田舎といえるこの地に、全国から参拝客が訪れるようになり、日本有数の観光名所となった。この八王子における開発展開が、観光客（参拝者）を誘致するという発想を最初につくったと言われている。増大する観光客に対応するため交通機関の整備がなされ、それに伴って観光化の波が周辺地域にも及んだ。鉄道やバスなどの各輸送会社が、膨大な参拝客を確保するために輸送路の整備に乗り出したのである。

人の来る所には、道路と鉄道を通さねばならない。鉄道を通したら、その沿線にさらに人を呼ぶための仕掛けが必要になる。だから鉄道会社が不動産開発に乗り出すのは非常に合理的なことであった。多摩地区の観光開発はこのようにして本格化していった。

戦時下において相応しくないとして、規制が強化されていた都市部のダンスホールや映画といった娯楽に対して、ハイキングが国民の体力向上や国民精神の錬磨にふさわしい運動として奨励されるようになった。その練成の場として、高尾山や御岳山、奥多摩の山々が利用されていた。このようなハイキング奨励策は戦後も引き継がれ、この地域の観光開発の方向性を決定づけた。

元々、日本人は登山が好きだったらしい。明治時代に近代登山がスポーツとして取り入れられてから、ファミリーにも手軽なハイキングとしてもてはやされるようになった。そして、自然豊富な多摩丘陵において、一大レジャーとしてのハイキング文化が花開いていった。以来多くのハイキングコースが整備され、東京からの日帰り観光の主役となった。1955年頃から始まったマイカーブームも、郊外へのドライブの流行を生んだ。中央自動車道が八王子まで開通したことをきっかけにして、自然が多く残るハイキングコースの場所へのアクセスが便利になったので、観光客の数はこの頃一気にピークを迎えることになる。

その一方で、多摩丘陵にはレジャー関連のもう一つの流れがあった。昭和初期から始まった向ヶ丘遊園、よみうりランド、多摩テック、多摩動物公園などの遊園地やレクリエーション施設の開発である。これらのレジャー施設の林立も、1955年頃にはピークを迎えていた。東京都心からそれほど離れていないこの地は、丘陵地特有の豊かな自然が残っており、自然一体型のレジャーランドをコンセプトに隆興を極めたの

右上・右下写真／春（上）と秋（下）の長沼公園＊＊
左上２点写真／昭和初期の頃＊
左下写真／初代鳥山のおかみさんと入口に立つ狸の彫刻＊

整然と囲炉裏が並ぶ。左の列は一段高く窓からの景色が見やすくなっている
左頁上写真／闇の中に提灯が浮かぶ夜の営業風景
左頁下写真／カフェコーナー＊＊

だった。

ところが、その後１９６７年年から始まる多摩ニュータウン開発のあおりを受けて、団地開発などの都市化が一気に進み、多摩丘陵のあちこちにブルドーザーのメスが入る。これによって、元々あったハイキングコースが犠牲となり、宅地開発や造成によって細切れに分断されてしまった。ハイキングコースが途中で切れ切れになってしまったことで訪れる人が減り、廃れてゆくのに時間はかからなかった。野猿峠ハイキングコースの道筋に位置していた「鎌田鳥山」を訪れる客も徐々に少なくなっていった。

こういった観光客の増減の波、すなわち観光地の繁栄や衰退は、単にその場所の人気や話題性やブームの問題だけではない。中央の政治や経済の方針が、大きくその地域の社会や産業構造に影響を与え、栄枯盛衰の引き金を引いているといえよう。

里山はなぜ残ったか／長沼の森の奇跡

「鎌田鳥山」の位置する長沼公園の現在の最寄り駅は京王線長沼駅である。改札を出ると、線路に沿ってかつての里山の風景が残っていることに驚く。ところが隣の平山城址公園駅、南平駅前の山肌には、びっしりと密集した住宅団地が形成されている。同じ沿線なのに、この大きな差はなぜ生じたのだろう。長沼の森だけが何故残ったのだろうか。

元来この辺り一帯の農家の人たちは、少しずつ裏山の雑木林を開墾して農地にしていた。開墾地は最初の1年～2年、地力が豊富なためよく作物は育つ。しかし、10年も経つと地力が衰えるから植林をし直し、再

び山の状態に戻していた。この周辺の山畑一体の里山システムは、このようにうまく回転していた。多くの資源を有する里山全体は、入会共有地として共同利用されていた。里山でありさえすれば、東京でも地方でもこのような共同システムはだいたい同じだったと思われる。しかし、首都圏に最も近いこの里山は、その後ほかの地方とは違う運命にさらされた。それは急激な都市インフラ整備の波に飲み込まれたことに起因する。多摩地域の農村部では、地方に比べてあっという間に上下水道、電気ガス等都市インフラの整備がなされ、急激な生活様式の変化が起こった。それは多摩ニュータウン開発によって一層加速したと思われる。

　雑木山は本来、農家の生活や行事と深く結びついている。だから、農家にとっては里山共同体を失うことは、共同の生活に関わるほとんどすべての文化を放棄することに通じる。里山生活圏は自然の然るべき摂理、自然共生的生活の砦ともいうことができる。その点からいうと、本来生活環境がそう急激に変わるはずがないのだ。

　ところが、ニュータウン開発に伴う急激な都市化という現象が日本の歴史上初めて起こった。この地域の農家にゆっくり考える余裕はなかった。それゆえ、農家はあっという間に減少し、里山利用の生活体系が崩れたことによって、みるみる森林が荒れることとなった。そこで、いっそのこと村ごとに入会地を住人に分配してしまおうということになった。ところが土地の権利者になった当事者にしても、使わない森を貰っても手に余る。気付いた時には、周辺の森が大部分手放される状況となっていた。というのは、首都圏では宅地不足の為スプロール化が進み、多摩丘陵周辺は絶好

鎌田鳥山
東京都八王子市長沼町587
電話　0426-76-4576
定休日／火曜日・水曜日（カフェは営業）
営業時間／11時～21時＊要予約
JR線・京王線　八王子駅南口から京王バス
京王線　北野駅北口から京王バス　共に野猿峠バス停下車
京王線　長沼駅から徒歩21分

【取材協力】
土川建吉（四代目店主）
中村真（三代目店主、設計者）
webサイト　www.tori-yama.com/

下写真／野猿街道側に鎌田鳥山正面入口がある。ここから建物にアプローチするためには、写真に見える2つの提燈の先の山道を登っていかねばならない。初めて訪れる客にとっては少し不安な道のりである。果たしてこの先に本当に店はあるのか？年寄りや足の悪い人はここであきらめる人もいるだろう。宮崎駿監督作品「千と千尋の神隠し」にもこの店は登場するのだが（上写真＊）、確かに物の怪の世界の入口を彷彿とさせる
右上／「鎌田鳥山」の登録商標マーク＊
右下／昭和12年発行の営業許可書＊

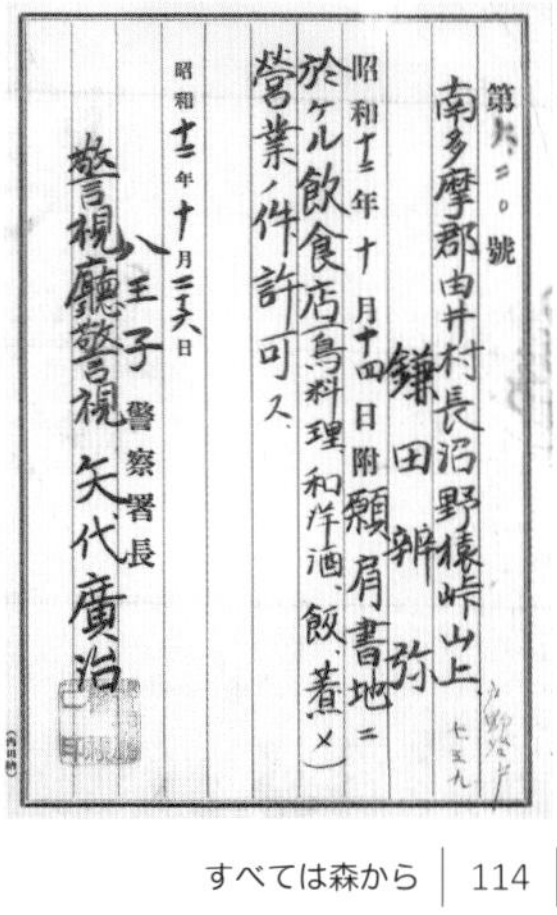
第八二〇號
南多摩郡由井村長沼野猿峠山上
鎌田辨弥
昭和十二年十月十四日附願肩書地ニ於ケル飲食店（鳥料理、和洋酒、飯、煮〆）營業ノ件許可ス
昭和十二年十月二十六日
警視廳警視八王子警察署長　矢代廣治

115頁写真5点／かつて使われていた小さな囲炉裏小屋。そのうちいくつかはリノベーションされ、現在では「峠の小さな美術館」として使われている。地元で絵を楽しむ「峠の会」によって運営されている

上・右下・左下写真＊＊＊

囲炉裏間の連続窓を外から見る

紅葉の時期の囲炉裏からの景色
＊＊

の次の宅地開発のターゲットになっていたからである。不動産屋がどんどん地上げに赴けば、山林を売り渡す人が続出してくる。そのような流れで、丘陵地帯の里山はあっという間に住宅団地へと変容してしまったのである。

「鎌田鳥山」がある長沼の里山一体も、当時東京都の教職員組合が一大教員宿舎をつくろうとして、この森全体の地上げに取り掛かった。しかし、土地の南側の一角を占める「鎌田鳥山」は断固としてこれに応じなかった。長沼の地名が示すように、元々ここは痩せ尾根で水が出やすい地層であったため、肝心な長沼の森の頂を占める「鎌田鳥山」所有の土地がなければ、団地計画は難しかったのだろう。教職員組合は地上げをあきらめ、買収済みの残りの森を東京都に売り渡すこととした。その後、東京都はこの森を都立公園に指定した。そのおかげで、現在の里山の姿を残したままの素晴らしい森林が奇跡的に残ることになったのである。

長沼公園は新宿から京王線でたった45分で辿り着ける場所でありながら、多様な生きものや植物を観察することができる。季節ごとの様々な鳥の鳴き声や天然のホタルなどの存在からも、この森林の生態系の豊かさを知ることができる。

「鎌田鳥山」がこの森を守ることに貢献したのは歴史の成り行きからであった。しかし、その貢献が恩恵をもたらし、この森は「鎌田鳥山」に特別な環境を与え続けてくれている。まるで「鎌田鳥山」のための森であるかのように。

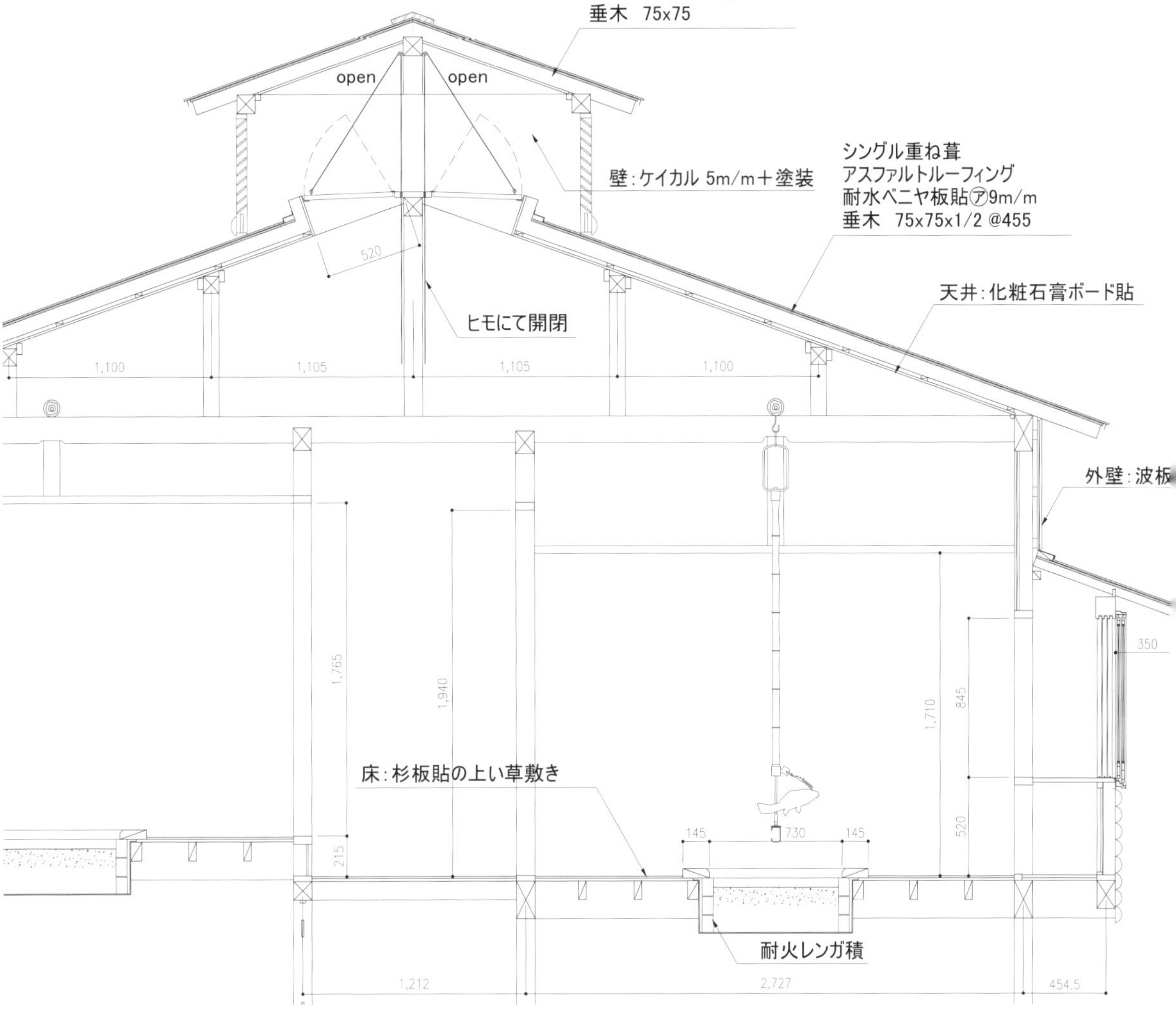

排気塔と出窓、囲炉裏　断面詳細図　1/40

資料

●建物名―鎌田島山（増築）
所在――東京都八王子市長沼町587
●設計――元設計＝中村真
増築＝安藤建築設計事務所（担当／安藤隆義）
竣工――最終改築：1977年10月
構造規模―鉄骨2階建、一部木造
●面積
敷地面積―1084.48㎡　建築面積―219.65㎡
延床面積―294.41㎡（1階／109.74㎡　2階／176.41㎡）
建蔽率――20.3%（30%）　容積率―― 27.1%（50%）
地域地区―第一種低層住居専用地域
●主な外部仕上げ
屋根――三星シングル葺き
壁――板張り
建具――木製
●主な内部仕上げ
天井――石膏化粧ボード厚9mm張り　調理室、配膳室／天井板厚6mm張り
壁――網代張り　調理室、配膳室／漆喰塗り
床――桧縁甲板張り　和室／畳敷き

正面全景

これからの都市森林の役割

長沼公園の極相林は照葉樹林といわれている。つまり人が入らなくなると、この山は照葉樹の森になってゆく。「鎌田鳥山」が所有する昔の写真を見ると、実は今のような照葉樹はあまり存在せず、草地や丈の低い雑木林、松林が多く見られる。つまり昔のここの里山環境は、今よりずっと疎な森だったのである。これは植生遷移が行われる前に、人の手によって頻繁に伐採が行われていたためである。里山放棄の都市化のプロセスは前述のとおりだが、このような手入れの度合いによる森の変化は、戦後の経済成長の前後で起こった燃料革命の影響が大きい。薪炭林として利用され維持されてきた雑木林が、石油の登場で燃料資源としての価値を失い放置されるようになったのがその原因である。そして現代では、森林を舞台とした木材産業の低迷という問題を抱えている。

ありがたいことに、いったん宅地開発を逃れて残った都市の山林は、かつてよりずっと豊かに美しく、そして成熟した森林としてその姿を変えてくるのである。長沼の森がその好例である。

現在、次世代に続く東京の森は、里山の資源供給という役割に続いて、サービス産業などの新しい資源としての活用が迫られている。私たちが意識を変えないと、森林を維持管理して守っていくことはできない。森林は、森林浴やハイキング、エクササイズなど森林の身体的医学的効果を伴う予防医療資源としての環境利用をはじめとして、リハビリテーションや介護施設環境としての空間利用、マインドフルネスや瞑想、ヨガなど癒しにも効果的な場としての価値を秘めている。レジャー資源に加えて、子供の環境教育資源としての利用も期待されている。ポストウイルス時代に露呈した都市環境の問題を踏まえ、新しい人と空間の関係性を改めて学び、形成するのにこれほど最適な環境はない。これからの新しい都市型森林資源利用の可能性は、東京の森から発信するのが一番効果的であろう。

「鎌田鳥山」の建物について

「鎌田鳥山」の建物は、鳥屋《とや》というおとり用の鳥を飼い慣らしておく準備小屋から始まっている。1939（昭和14）年発行の京王電車ハイキングコースのコース地図には、すでに現在の「鎌田鳥山」の位置に鎌田霞網猟場と記されている。そこに鳥屋が設けてあった。捕った野鳥をその場で焼いて食べられるように囲炉裏を設け、小屋を少しずつ大きく増やしていった。現在の母屋の最後の改築は1991（平成3）年のことである。創業から現在までに100年近い歴史がある。

現在の母屋の設計者の中村真さんは鳥山先代の店主である（現在の店主は四代目土川建吉さん）。一番苦労したのは消防法の規制だったという。火事が起きるのは、誰もいない所で火の気が暴走した時だけだ。したがって人が囲んでいる囲炉裏料理の場で、火事は起こりえないというのが持論だ。長年この店を経営し、囲炉裏を見続けてきた故の説得力。なんでも画一的な決まりを押し付ける現代の建築行政の在り方への問題提起である。

本物の料理には本物の火が必要である。火の気がないのに鍋だけ熱くなるような調理器具（IH）では食の本能が湧き立ちにくいように思われる。最近の建築設備に感じる違和感のひとつである。人が火を使って食を楽しむための建築を認める融通が利かないとしたら本当に残念なことだ。

火の気と言えば、囲炉裏には煙がつきものである。しかし、この建物には空調機も換気扇もない。かつては囲炉裏からの焼き鳥の煙を排出するための換気扇を設置していた時代もあったそうだ。ところが換気扇は煙をかき回すばかりで、煙の排出に役立たないことが多かったという。この建物は、木の建具のガラス窓に囲まれて隙間が多いため、壁に設置された換気扇を回しても、外からの風圧のほうが勝ってしまい、換気扇が効果を発揮しなかったであろうことは想像できる。しかも囲炉裏ごとに沢山の換気扇を設置していれば、その掃除だけで大変である。実は、「鎌田鳥山」はとても古い建物だが、現在も隅々まで掃除が行き届き、建物内部の空気感は不思議なほどに清浄そのものである。多くの換気扇を使うとすれば、いつもそれをきれいにしておく作業は大変だったであろう。その割に効果がないということで、使われなくなった。

その代わり現在では、煙の排出には自然換気を促進する越屋根排気塔が利用されている。ひもを引くと扉が跳ね上って、空気の流れとともに排煙される。建物が長沼公園の頂に位置するため、風がよく渡っていて煙が有効に吸い出されるのだ。外観の特徴となっている突き出た4つの排気のための越屋根は、機械設備に勝る自然建築からの解答なのである。

一方、内観の特徴といえば、低い位置に開いた連続窓だろう。長沼公園の森の木々の樹海の光景を見せてくれて壮観である。囲炉裏に座った時の目線のちょう

スプロール化する八王子市街地に隣接する長沼の森、その中心に「鎌田鳥山」の建物が見える＊＊

どいい位置に、かなり低めに設定されている。しかし、その設計意図を伺うと、それは座って何気なく見える景色ではなく、中腰にかがんだ体勢をつくった時に見える景色の位置を想定したという。初代店主がそのような考えをもっていたらしい。確かに腰を踏ん張ってしっかり見る価値のある眺望の素晴らしさである。

内部仕上げで特徴的な網代の壁や、外壁で特徴的な半割小径材の横張板は、もともとの家業の曲げわっぱと中華せいろで使われる材料を利用したものだ。わっぱをつくる際に、曲り板を取った後に丸味の背板部分が残るので、それを建物に使おうと考えたのである。鎌田霞網猟場の鳥屋の時代から、このデザインは引き継がれている。小径の丸太小屋のような外観であるが、それは家業に関連した歴史の物語のデザインなのである。

建物が森の頂に位置することで、一年を通して風が渡り、夏は涼しく冷房設備は不要である。その代わり冬は寒い。囲炉裏があるから寒くないと思いがちだが、そうではない。囲炉裏の火は、その場で上昇気流をつくるが、その上昇気流は周囲から空気を引き寄せることで起きる。だから客の背後からは、冷たい風を肩越しに引き込むことになる。顔は火照るが背中は寒いという構図。しかし、わざわざ「鎌田鳥山」に来ている人たちには、そういう自然の摂理を楽しむ余裕がある。だから文句を言う人はいない。

野鳥料理店「鎌田鳥山」は、現在も囲炉裏料理を楽しむ常連客が多い。しかし、実をいうと営業側は50年にわたるファミリー経営で高齢化が深刻でもある。もはや人手不足で大人数の客は受けられないのが現状だ。そのため、いつでも囲炉裏の半数は空いており、広い囲炉裏場はさらに広く見える。しかし、これからのポストウイルス社会においては、三密から程遠い理想的な食事環境といえるかもしれない。

広大な厨房はかつて一日で何百人も客をこなした時代の面影を感じる。激動といってよい時代の変化をくぐり抜け、今でもゆっくりと時間が流れている。

それにしても、「鎌田鳥山」が確固として残ってきたその理由は何だったのか。それはおそらく、古き良き時代の家業への誇りと価値観を維持するという、経営者の頑固なまでのこだわりの姿勢によるものだろう。そのこだわりを忘れなければ、きっと歴史を引き継ぐ流れが生まれ、次の時代への橋渡しが途絶えることはないに違いない。

最後にひとつ、此処の鳥のうまさは特筆すべきであろう。肉の質が良いのはもちろんだが、串打ちの別格の技術が陰から引き立てている。その串をこの美しい森に囲まれた囲炉裏で、しかも備長炭を使って焼くのだから、それは旨いに決まっている。このような技術と様式はずっと残して、守り続けてほしい。軽薄短小、情報過多、何事も簡単に合理的に早く進めようとする昨今、本物の確かな価値は長い歴史という時間にこそある。時間だけは簡単に盗用や真似ができない。100年の歴史を深く宿したこの場所は、やはり100年かからないと出来上がらない場所なのだ。

サウナの源泉を探る
写真＝東海林美紀
＊印写真＝Toomas Kalve

Eda Veeroja
エダ ヴェーロヤ
エストニアのスモークサウナ・ムースカファームのオーナー

写真提供＝エダ ヴェーロヤさん

東京里山秘話「鎌田鳥山」
写真＝青野浩治
＊印写真＝鎌田鳥山提供
＊＊印写真＝落合俊也
＊＊＊印写真＝東海林美紀

3章　熱帯雨林の環境リアリティー

スリランカの生んだ世界的芸術家ラキセナナヤキさんは、都会から離れ森の中に裸で住んでいる。彼は皮膚感覚で環境を捉えている。人が人らしく、芸術が芸術らしく輝くのは、その場所の力が大きく作用しているからに違いない。森林環境に身を置きながら活動を続ける芸術家が現代都市をどう見ているのか。それに対して都市環境側の我々は森林環境をどう評価すべきなのか。2元対話で森林と都市の環境を俯瞰する。

Laki Senanayake
Art and Forest Part 1

森に住むという理想

熱帯雨林の中に建つラキさん自邸を上空から見る
手前がゲストハウス。奥がアトリエ

森のリズムと共生して住まう

この3章では、日本の森を飛び越えて視点をさらに広げ、人類発祥の森、熱帯雨林と人と建築について探る旅に出てみようと思う。

インド洋に浮かぶ小さな島国スリランカは、あの偉大な建築家ジェフリー バワを生んだ国である。人が生活するうえで、最も適した環境といわれる熱帯雨林環境の中にある彼の素晴らしい建築作品群は、今なお多くの人を引き付ける魅力をもち続けている。そのジェフリー バワのパートナーだったのがラキ セナナヤキ(Laki Senanayake)さんである。彼のアート作品もバワの建築に負けず劣らず素晴らしい。人の手によるアートが、美しい自然と見事に合一する世界を見せてくれる。

3回に分けてアジアの小さな島国のアートの巨人ともいうべきラキ セナナヤキさんの作品と思想を紹介しようと思う。人類の遺伝子を育んだ熱帯雨林の森が生み出す思想は、果たしてどのようなアートと建築をつくり出すのだろう。

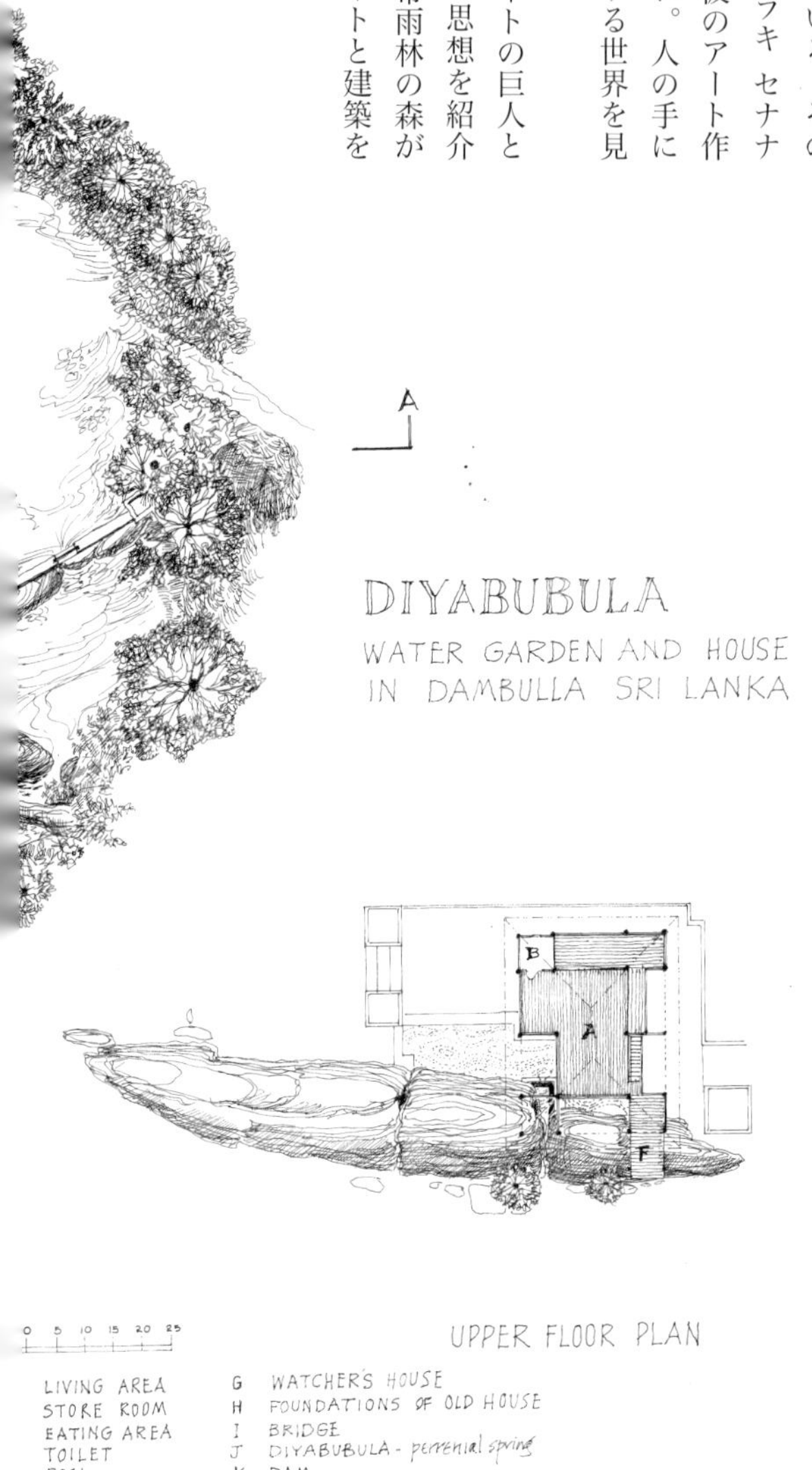

ラキ セナナヤキさんとの出会い

ラキさんとの最初の出会いの場は、私が毎年訪れているスリランカのアーユルヴェーダ施設(1章「アーユルヴェーダの試み」参照)の招待で訪れた、ディヤブブラ(Diyabubula)ゲストハウスだった。私の興味を引いたのは、この建築計画がスリランカで最も有名なアーティストによるデザインであるということと、そこに行けばそのアーティストに会えるということだった。彼自身がそこに住んでいて、ゲストとの交流を楽しんでいるというのだ。せっかく行くのなら、スリランカが誇る偉大なアーティストに会って話を聞いてみたいと思った。

ラキさんのアートを最初に評価したのは建築家のジェフリー バワだった。ラキさんのドローイングの上手さに感嘆したバワが、彼を建築の仕事に誘いこんだのがきっかけで、以降バワとラキさんのコンビで多くの芸術感にあふれる建物を世に送り出すことになった。彼が多くのバワ作品に協働したことは事実だが、それだけにとどまらない。スリランカ国家紙幣のデザイン(154頁写真参照)など多方面に活躍している世界的な芸術家である。

ディヤブブラ ゲストハウス

コロンボから車を飛ばして4時間ほどの距離にダンブッラ(Dambulla)という町がある。そこからしばらく森に入ると、ようやくその場所に着くことができる。最初に訪れた時は真夜中だったこともあって、そこがどのくらい深い熱帯雨林の森なのかは判然としなかっ

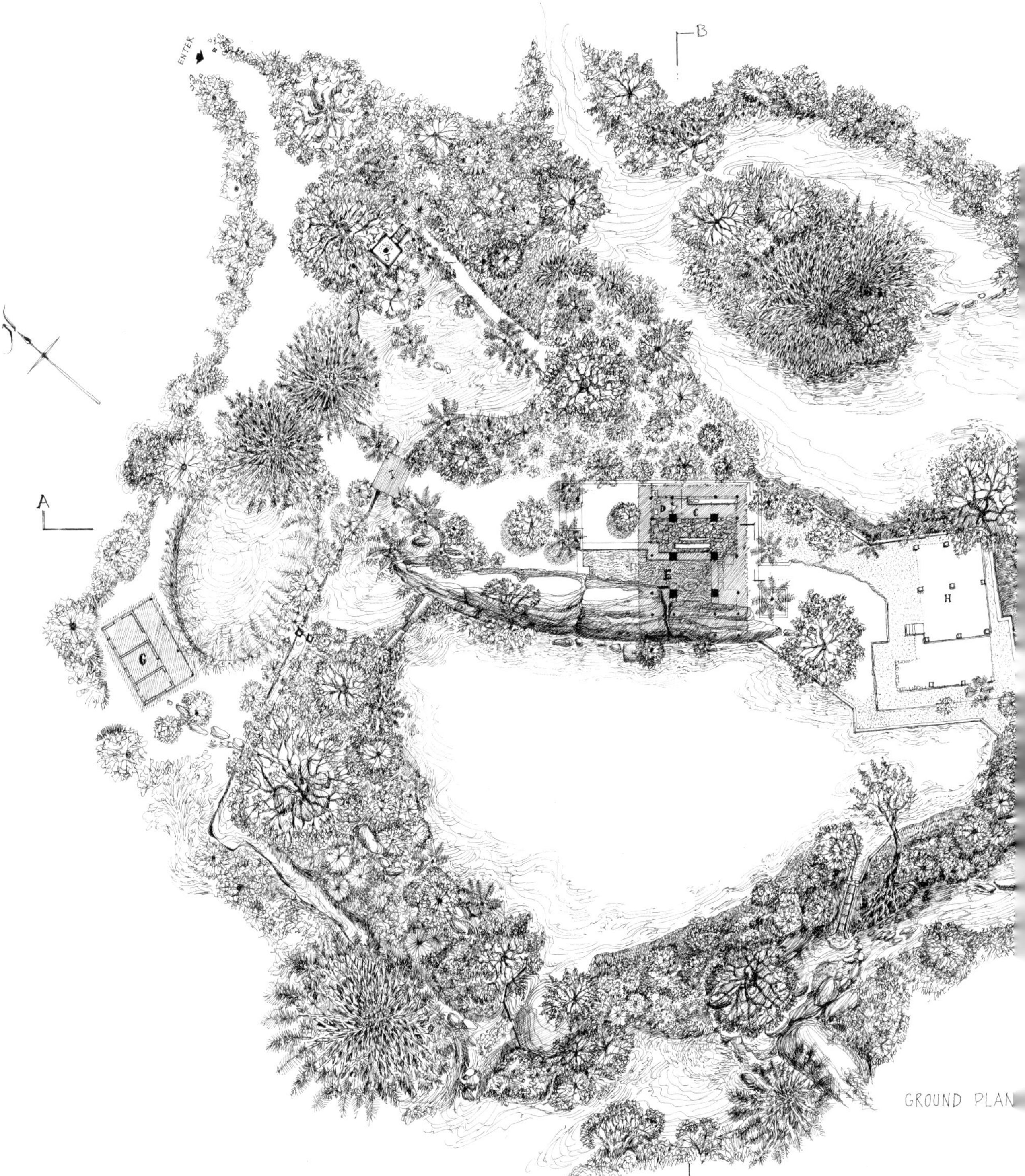

DIYABUBULA

ディヤブブラ　平面図　ラキさんの描いた精緻なスケッチ。
建築より森が重視されていることをうかがわせる

ディヤブブラ　A-A断面図

ディヤブブラ　B-B断面図

ディヤブブラとは“湧き出る泉”の意味で、敷地内には滾々と湧出する泉の源泉があります。これは神秘的な環境の中にある、大地と創造力が湧き上がるパワーの源を象徴しております。バーベリングループの新しい宿泊施設、ディヤブブラ“熱帯雨林の芸術＆隠れ家”は、スリランカの中央に位置するダンブッラの近郊にあり、小さくて豪華な別荘型ロッジ、ブティックホテルは5つのヴィラで構成されております。
これらの施設は、スリランカの有名な芸術家である〈Laki Senanayake〉ラキ氏のデザインによる“水のガーデン”をコンセプトに完成されました。
主な建材には100年以上も使われてきた鉄道の古い枕木を使用しております。この素材は100年以上に亘り太陽と風雨に晒されて光沢が増して、スリランカ各地から集められた古材と融合されて、まさに《ディヤブブラ》の手造りの工芸品として再生されました。

＊

ラキ氏は《ディヤブブラ》を“水の庭園”と表現しております。中心にある曲がりくねった小道に沿った、泉から湧き出た流れは、ラキ氏の最新作の絵画を展示するギャラリーへと導いております。工房ではラキ氏を師事する芸術家たちが、ラキ氏の厳しいプロの目の下、課題の彫刻作品に真剣に取り組んでおります。

ディヤブブラ　ホームページより

た。何か別の世界に紛れ込んでしまったような独特の空気感があった。夜が深まるごとに熱帯雨林の森は騒がしくなってくる。森は静かなもの、というのが我々日本人の森林のイメージだが、熱帯雨林という本物の森はそれとは全く違っている。無数の昆虫や鳥や動物の鳴き声。それに木の葉や枝の音、暗闇空間がすべて無数の濃密な音源になっている。まるで轟音地帯といってもいい状況であった。

　夜がさらに更けると、この大音響は少しずつ静かになってくるが、最初はこんな音の洪水の中で眠れるのかどうか不安に思った。しかし、実際はそんな心配は無用だった。東京にいる時の静かなベッドルームより気持ちよく深い眠りにつけるのである。®森林セラピー＊では森の中で横になることがよくある。その時の体験から森の中ではよく眠れるということに薄々気がついてはいた。しかし、熱帯雨林の発する轟音の中で安息の深い眠りがとれるという体験は、この時が初めてであった。

　この時泊まっていたゲストハウスは、天蓋が透明のドームになっていた（「竹のヴィラ」130頁下写真・131頁左下写真）。だから建物の中にいて同時に森の中にいるようだった。ベッドに仰向けに寝転んだとき、透明な天蓋から見渡せる熱帯雨林の空は、あくまでも漆黒の闇の広がりであった。そこには実体の見えない森の音が洪水のように渦巻いていた。

　翌朝、このゲストハウスの対面にある、いかにも洗

＊®森林セラピー／科学的に検証された森林浴の癒し効果を、健康や病気予防に生かす取り組み

ディヤブブラの玄関ホール。ラキさんの描いたフクロウが出迎える

ラキさんの自邸と向き合うディヤブブラゲストハウスへのエントランス

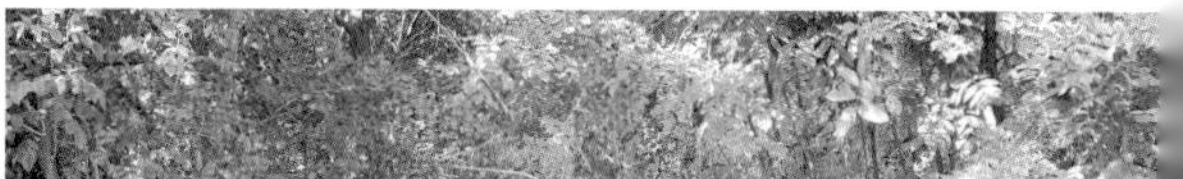

通りからアプローチを見る。右手にディヤブブラ、左手にラキさんの
自邸が拡がる

ディヤブブラ周辺の切り立った岩山と熱帯雨林環境。周辺には湖も多い

右写真／「ツリーハウス」夕景
上写真／「ツリーハウス」内部。庭には小さな池が設けられている

右頁写真／ラキさんのオリジナル「ツリーハウス」は、自然のままの椰子の木を柱に組み合わせてつくられている。椰子の木は屋根の傾斜になるように育てられ、生きたまま屋根を形づくっている

「水のヴィラ」外観

「水のヴィラ」自然を満喫できるバルコニー

「水のヴィラ」入口。階段を登り、ブランコの右手に客室へ続く階段がある

食堂のテラス席

食堂上階のゲストルーム

竹から造られた半透明な円形の天蓋のかかる「竹のヴィラ」。 心地良いベットルームから満天の星空が見える。ヴィラの下には清流が流れ、水音が聞こえ、自然を満喫できるテラスが付いている

「水のヴィラ」は鉄道の古い枕木と、国内各地から集められた古材を建材として再生させた2階建。2階のベッドルームにはラキさんの作品である照明と大きな印象的な絵画が飾られている

「竹のヴィラ」を取り囲む竹の林

「水のヴィラ」を取り囲む森林

Laki's house & atelier

上写真／ラキさんの自邸（中央）とアトリエ（左）。右はテラスに面したゲスト用の部屋
右から／ラキさんの作品／池越しに見る／アプローチから見る

練された造形の門をくぐり、この著名なアーティストを訪ねた。池に覆いかぶさるように建てられた彼の住居は、ほとんどが外部のようで、建築の境界がはっきりしないものであった。彼自身は上半身裸にスリランカの腰巻姿で笑顔で迎えてくれた。飾らない姿ながら洒脱な雰囲気と深い人間性、高い知性にすぐに圧倒された。彼はなぜこんな所に住んでいるのか？　と思った。しかし、話をしていてすぐに理解できた。それは、人という生き物が本来いるべき環境は外部であり、建築の内部ではないということだ。だから彼はここに住んでいるのだ。

　彼の住まいはパソコンワークや絵画制作のアトリエを除き、森とひと繋がりの空間だった。ここでは建築の役割が我々の世界のそれとは明らかに違っていた。そんな自然と一体の場所に置かれた数々のアート作品は、その役割が一段と明確になっていた。すなわち、たとえば絵画は内側のアート、彫刻は外側のアートといった区別もなく、連続して人工の空間と自然とを一体化させる役割に徹している。意図的につくられた建築という人工物の不調和加減を和らげて、森の自然へ融合させる仕組みをアートが担っているのである。

神のデザイン力

　森と人と建築の関係性を明らかにすることが、この特集のテーマなのだが、それは言い換えると人体の内部と外部の進化的関係性といってもいい。人体にとっての理想の外部環境を追求することは、人にとっての究極の住居環境の本質を知るヒントを与えてくれる。インド洋に浮かぶ小さな島の熱帯雨林の中にある一人

上写真／レオパードが置かれた門越しにアプローチを見る
下写真／ラキさん自邸からアプローチを見る。右手にアトリエ、門の向こうがディヤブブラ

池の廻りに配置されたアート作品。夜になると照明があたり、その姿が水面に映り込む

野生の動物とアート作品が共生している

Laki's house & atelier　平面図・断面図

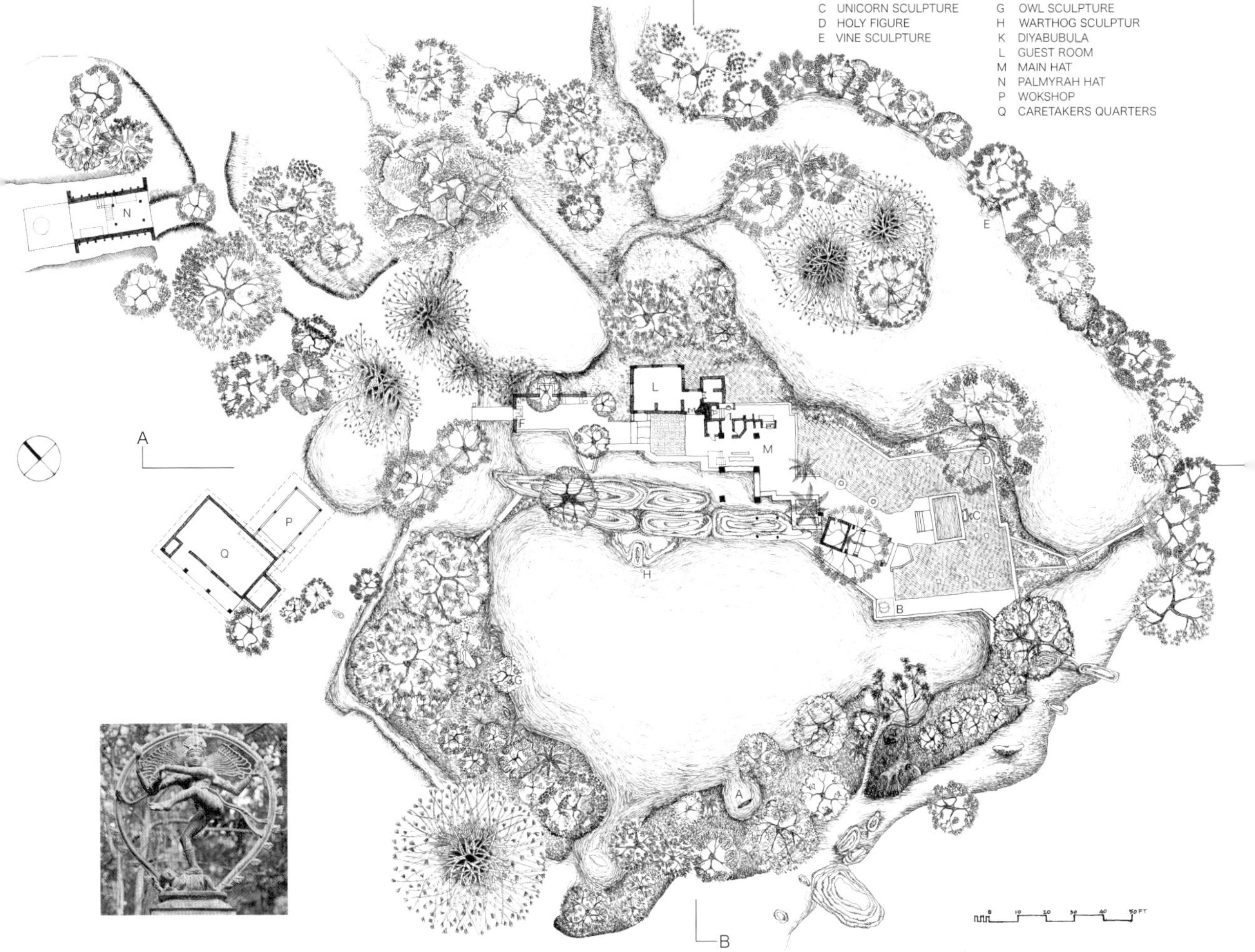

ラキさん自邸　平面図

ラキさん自邸　A-A断面図

ラキさん自邸　B-B断面図

のアーティストの住まいがそのひとつだった。

もともとスリランカの建物は、私たちが普通に考える建物とは少し違う。この国はほぼ一年を通して外環境のほうが内部空間より快適なのだ。だから外側から隔離して内部化する概念が薄い。雨を防げる最小限の内部化でよいのだ。建物の大きな開口にはガラスを入れる必要もない。ガラスが内部を不快にするものだということも、ここに来て初めて気づいた。

ガラス窓がないと昼間はともかく、夜に明かりをつけると蚊や蛾などの虫や動物を呼び込むのではと我々は心配になる。しかし、熱帯雨林環境ではそのような心配が無用な場合が多い。元来人が快適に暮らしている森林環境の中に人を攻撃する存在があろうはずがない。これは生態系の多様性の中で、折り合いがつけられ解決されている。例えばコウモリが蚊を食べてくれることで、生態系が全体として人に対する都合をつけてくれている。だから当然ほかの無数の生物たちも、お互い都合を融通しあいながら、時には厳しい生存競争に勝ったり敗けたりしながらも、全体としては均衡が保たれているのである。

このような環境に比べると、我々のつくりだした都市環境や社会システムは、森林のようにバランスを取り合う豊かな多様性や、根底に流れるリズムの統一性を有していない。ただ経済の拡大に終始してしまい、一方通行でコントロールも効かず、無秩序で調和もない。人類は、自然をつくった神様には程遠く思慮が足りない。スリランカの環境建築がいまだに我々を感嘆させることができるのは、この神のデザイン力がまだ発揮されているからなのである。

さて、本来人が住むべき環境は外であるべきだというパラダイムの変換は、我々のつくり出した現代建築、あるいはこれからつくり出す建築にどのような変革をもたらすのだろうか。

森林（自然）のリズム＝生物のリズム

ディヤブブラの森と水の環境はリズムに溢れている。時々刻々森の光は変化に著しい。それに伴い水面はきらめき、反射の度合いを高める。そこでは光の変化の増幅が行われている。驚くべきはその環境のリズムに合わせて森の無数の生物たちも、その活動のリズムを同調させることだ。だから全部が一体的なのである。

ラキさんが最終的に選んだ住処は、そのような光と音の渦巻く森のリズムの宝庫であった。ここで一日過ごせば、我々の体の生命リズムの中にも森のリズムとゆらぎが内包されていることに気づかされる。大きな環境のリズムに自分の生命のリズムを同調させていくことが一番無理のない生命体の生き方である。彼は、ここでただそれを実践しているだけなのだろう。

ラキさんに自然とは何かと尋ねてみたことがある。彼は、「それは夜明けや夕日のような移り変わりのリズムだ」と言った。考えてみれば、この世はすべてリズムが支配している。地球の自転と公転が、すべての自然現象にリズムを与えているのだから。そして、その太陽の運航のリズムが地球上のすべての生物の遺伝子に刻まれて、生物の体内時計をつくり出している。だから、生物はその体内時計が自然環境のリズムに一致していなければ、地球上では進化生存できない。

自然環境の変動も、生命の鼓動も、すべてが共通リズムであることは、人が自然の一部であることの一番明快な証明なのだ。だから、森林のリズムに共生した時、人は最も至福の境地に達することができるのである。

これから私たちの生み出す建築は、果たしてこの境地に到達することができるのだろうか？

右頁写真／アトリエ内部。さまざまなタッチの絵が描かれている

右上写真／アトリエ下の壁に描かれた森林の絵
左上写真／巨大な涅槃像のような自然石に覆いかぶさるように建物が建てられている。屋根スラブに水を通して気化熱を利用したクーリングシステムになっている
下写真／階段下の食堂。食堂の壁には森林の中を歩く象が描かれている

DIYABUBULA INTERVIEW WITH LAKI

ラキさんの自邸にて。ラキさん（右）と筆者＊

ラキさんとディヤブブラの宿泊客との交流風景＊

――なぜこの場所を住処に選んだのですか？

私はいつも幼い頃のように森の中で過ごしたいと思っていました。ですから私はバワとの建築の仕事をいつかはやめることにして、ディヤブブラで農業をやってみたいと思っていたのです。私の父と母は農園主でしたので、私は彼らから植物に対する興味を受け継いでいたのだと思います。

――ディヤブブラに住まいをつくった経緯を教えてください。

もともとはディヤブブラを所有していたのは私の兄でした。兄は農業のために使いたいと思っていたので、私は彼に代わってここを管理することを提案しました。後年、兄はその土地では十分収益が上がらないことに気がつき、それを売却しようということになりました。だから、私は彼からそれを購入することにしたのです。私はそこを開墾し農業をする労働を雇う資本がなかったので、コミューンファームとして運営することにしました。私はいままでそこで働いていた人たちに、私たちのコミューンとして働くことを提案しました。それは1975年のことでした。そのようにして1980年頃までは農業を営んでいたのです。農業収入だけではどうしても足りなかったので、コミューンはランドスケープデザインや造園、さらには彫刻などのアート作品の制作などに転じていきました。これは私たちがディヤブブラで現在もやっていることに繋がっています。

――ディヤブブラの地理的特徴を教えてください。

ディヤブブラが位置するダンブッラは、スリランカの丁度真ん中あたりに位置し、気候的には乾燥地帯です。だから、ほとんどが岩盤です。大部分が平坦な地形の中に岩の丘が点在するような地形です。そんな場所に人々は灌漑湖をつくり、農業を営んでいます。農業が主な収入源です。歴史については、古代の王国に戻りますから長い話になります。おそらくWikipediaのほうが詳しいでしょう（笑）。

――池の周りにはさまざまな動物の像が並べられていますね。

ディヤブブラの池の周りの彫刻はすべてリアルな動物のものです。象徴的な意味をもたせているわけではありません。それらの彫像作品は池の周りの森の中に配置され、私が音楽を聞くために座っているデッキから、それらを一望できるようになっています。

――これらの動物を夜に照らすと素晴らしいファンタジーの世界になりますね。

池の照明は主に水中に森の空間をつくり出し、新たな世界を加えることを意図しています。彫刻を照らす光は、その反射によって池の中に新たな森林の世界をつくり出します。それは非常に幻想的なかたちで新たに加わる空間なのです。

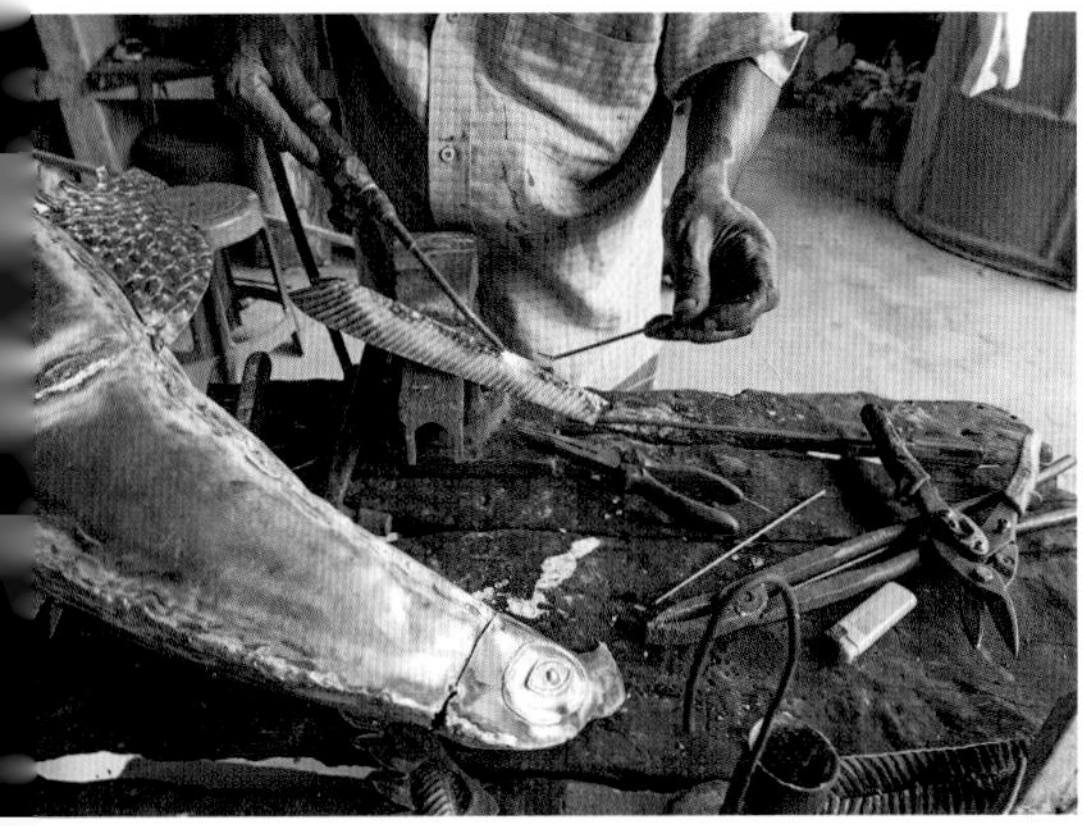

上写真／彫刻を制作中のお弟子さん
左頁写真／ライトアップされ、池にもうひとつの森が浮かび上がる

――家の中心を涅槃像のような巨大な岩が横たわっていますね。

私は子供のころから岩を見るのが好きで、多くの岩の絵を描きま

した。この国ではほとんどの仏教寺院は岩の上につくられています。それは、寺院が他の存在の上に存在しなければならないこと、そしてその場を見通せる存在であるべきだからです。ディヤブブラの岩はもともと土がかぶっていました。それを掘り出して今のような形を出すのに3メートルもの土をどける必要がありました。屋根にためた雨水をこの岩に落として、その気化熱で涼むこともできるようなシステムにしています。暑い日の午後でも快適なシエスタができます。

――森の中の建物の外壁に森の絵が描かれていますね。自然と絵画が共生しています。

これらの絵はシンハラジャ（Singharaja）の熱帯雨林を描いたものです。スリランカの中央銀行が私に依頼した通貨紙幣の図案デザインのために、数カ月間森の中に入ってスケッチをしていました。

――ディヤブブラでのあなたの日常生活のパターンを教えてください。

朝4時に起きます。午前6時頃まで主にメールやスカイプなどのパソコンワークをします。夜明けの時間帯、森の空気はとても涼しく、動物たちが活動を始める気配が感じられます。だんだん明るくなってくると、鳥たちを見ながら音楽を聴くためにデッキに出ます。午前8時頃からは、彫刻や景観の庭園を設計したり、建築委員会などのミーティングをこなします。私は昼食後から午後3時ごろまでシエスタの時間にしています。午後5時からはゆっくりデッキで音楽を聞き、鳥を見ながら夕食時までゆっくり過ごします。この時間帯は、多くの森の生き物が活動をやめて休む準備を始める気配があります。それに自分も合わせていくのです。そのあとは午後11時頃に寝るまでアトリエで絵を描いたりして過ごします。

――あなたは音楽を愛していますね。どんな音楽を聞いていますか？

私は、バッハからビートルズ、ジャズ等幅広く音楽を聴いています。主に東西文化の現代的なアヴァンギャルドな音楽を聴いています。武満徹は素晴らしいと思います。私はここで一番好きな場所はデッキの椅子です。いつもここに座っています。ここで鳥を見たり、池を見たりしながら音楽を聴くのが好きなのです。

――ここの森の中も音に溢れています。自然の音は音楽の邪魔になりませんね。

ほとんどの人は森の発する音を拒絶しないで自然に受け入れます。森の音は意識しなければ聞こえなくなるし、意識すればその時その場所に最適に調和した音楽になる。それに対して都市の人工音は常に意識に残り人体を攻撃する不快なストレスを生み出します。私の家の周りには7つのスピーカーがセッティングされ、森の中を私の好きな音楽で満たすことができますが、森の音に対して人の耳はそれを邪魔なものと認識しないのです。それは私の体の中にあるリズムと外側の森のリズムが同じ種類のリズムだからだと思います。

聞き手／落合俊也

上写真／ラキさん自邸の屋根は椰子葺き
中写真／ディヤブブラ「竹のヴィラ」の原型となったラキさんの自邸のデッキ。大きな木の前がラキさんのお気に入りの場所。森を映すガラスの箱の中にはレコードプレーヤーが置かれていた
下写真／ギャラリー
左頁上写真／上空から見るラキさんの自邸とディヤブブラ
左頁下写真／池越しに見る

Laki Senanayake
Art and Forest Part 2
熱帯雨林が生み出す本物のアート

1994年にオープンしたスリランカ・ダンブッラのカンダラマ湖のほとりに建つ
ジェフリー バワ設計のホテル「ヘリタンス カンダラマ」
食堂へ向かう階段上から出迎える大きなフクロウの彫刻はラキさんの作品

スリランカの森が育んだ建築とアートの融合

Part1ではラキさんが求めた究極の住まいを通して、人の遺伝子に適応している正しい住まい環境のあり方を探り出すことができた。今回は彼のつくり出す熱帯雨林アートが人間と建築にどのような影響を与えるのかを探ってみたい。

人の好みはある程度変動するものだが、人の遺伝子は簡単に変わることはない。そして、我々現代人が好きなものや気持ちの良いことが、イコール体に良いとは限らないのは周知のとおりである。つまり、遺伝子が求める環境が森林（熱帯雨林）であるという前提にたつと、現在の人工環境や経済社会の上に構築された我々の価値観や好みは、我々のもつ遺伝子とは適合していないと考えられる。都市環境に住む我々は、そのミスマッチに慣れてしまって鈍感になっているが、遺伝子が求める環境に入ることで、長い間忘れていた本来の感覚を取り戻すことができる。太陽の生み出す複雑な環境リズムと我々の体内のリズムを数日間重ね合わせる機会をつくればいいのだ。いわゆる都市においてはもはやそれは不可能だが、森林という環境に身を置くと、人にとって究極に正しいリズムが心地よいことに気がつくだろう。

そしてもう一つ、森林環境を利用する以外の方法があることに気がついた。それはある種のアートの力を借りることである。熱帯雨林から生み出されたラキさんのアート（ラキ・アート）のように、優れた同調リズムを発するアートが確かに存在するのだ。熱帯雨林には本来人が共生すべき環境と生命体の多様なリズムが溢れている。この環境と自らを共生させながら自然体でつくり出す彼のアートの力は特筆すべきものがある。

バワ建築VSラキ・アート

ラキさんはジェフリー　バワ建築の重要なパートナーであった。ジェフリー　バワの建築は豊かな熱帯雨林の自然の中に有機的曲線で埋没するような形態ではなく、直線的でソリッドな形態で自然の中に切り込まれる。建築が直線的で人工的であれば、やはり自然とのリズムの同調を妨げる構造物になる。だから、その直線的輪郭をぼやかすように外部の自然と一体化させている。そしてさらに内側からそれを受けて自然のリズムに繋げるためにアートの力を借りているのである。

カンダラマホテルの階段室のフクロウの像（142頁〜143頁写真）やジェットウィング・ライトハウスの螺旋階段のメタルの彫像作品（164頁〜167頁写真）は、圧倒的な情報量とリズムをもっているが、このようなアートを仕掛けることで、建築のもつリズムと、それとは相異なる人体のリズムを同調に導いている。周辺の自然環境と建物の乖離が大きければ、そこに人が快適に同調できるように手助けをしてくれる適切なスケールのアートが必要となる。

ホテルという規模の建築だけでなく、ジェフリー　バワの自邸NO.11（NUMBER 11）のような小さな空間には、その人間尺にあった小作品が置かれる。私にはNO.11のエントランス廊下の突き当りのフクロウの像（149頁写真）が最も印象深い。単調で人工的なリズムの廊下の突き当りに置かれた小さなフクロウの像は、とても原始的な造形だが、その空間のリズムを圧倒的に支配して単調な白い壁の空間に芳醇な森の複雑なリズムをもち込んでいる。

この建物NO.11はコロンボ市内の住宅密集地にある。京都の町屋の長屋づくりを彷彿とさせる造りだが、そこに埋め込まれた坪庭は、むしろそちらのほうがリビングであるかのように調度品や家具が置かれていたりする。ラキさんのダンブッラの自邸（Part1参照）のように外環境が内部環境より快適であることの内外逆転現象がここでも起こっている。坪庭に開放されたリビングスペース以外の部屋は、むしろ窮屈で閉塞感すらある。しかし、このような閉塞空間においてさえ、そこに取り入れられた一筋の天光や白壁に生える樹木の緑と共にラキ・アートの数々に視線が流れるとその圧迫感が紛れる。これらの発するゆらぎのリズムで本当に救われる気持ちになれるのだ。

こういった自然の力やアート作品の役割を考える時、主観の好みを通り越して直接本能的に脳が反応しているように感じる。ラキさんのアート作品は極上の森林浴と同じように、ストレスから解放する効果を人

上写真／「カンダラマホテル」23年の歳月を経て、全長968メートルの建物が森に包まれている
下写真／テラスから人工湖・カンダラマ湖を見る

岩肌と森林の間を縫うように延びる客室への通路

に与えているに違いないのだ。

一方、ルヌガンガはジェフリー バワが生涯をかけてつくり上げた自然の中の理想の住まい（別荘）である。リビング前のプルメリアの木の芸術的な形態（158頁写真）は自然に出来たものではない。バワが、盆栽のように長い期間、重しを付けて少しずつ曲げてつくられた造形なのである。

自然（nature）の反意語はアート（art）だといわれている。現代の感覚からは違和感を覚えるが、語源はもともとの意味すなわち本質を現わしている。加えてartには技術という意味もあることから、語源的には自然の反意語は芸術であり、技術でもあるといえる。つまり、人が自然に手を加える手段が技術となり、その結果アートが生まれるのだ。自然に手を加えてつくり変えることが芸術なら、このプルメリアに芸術の本性があるといえるのかもしれない。おそらく本来はアートの領域はここまでだったのだろう。

森の中にある森の絵――ラキ・アート

自然を司るのは、太陽運行のリズムとそれから発生するエネルギーと生命現象であると私は考えている。それなのに、化石燃料を手に入れた人類は、太陽エネルギーの恩恵を放棄するようになった。また、地面に封じ込められた化石燃料と、それから派生する技術を背景とする工業生産物の生み出す波動は単調でゆらぎがなく、太陽リズムとお互いに同調することができない。最近、多くの人が自然素材を希求する傾向にあるのは、太陽由来の波動を取り戻せという遺伝子からの指令によるのかもしれない。人類がもっと自然のリズムに調和するような経済社会をつくれば、もっと安全で健康で豊かな自然共生社会が誕生するはずである。石油エネルギーにすっかり頼り切る太陽リズム不在の経済社会では、そこに住む人間や生物が押し並べて不健康になるのは当然の成り行きだろう。

最後に、優れた芸術に触れた時の心地良さは本来どこから来るのか考えてみよう。ラキ・アートに限らず極上のアート作品には、皆が共通にそれに惹かれる理由があるに違いない。

それはおそらく、自然の姿に圧倒され、感動するのと同じ感情なのだろう。美しい夕日の光景や緑麗しい森の景色、水辺のサウンドスケープなどに人が魅せられるのは、自分の身体との本質的なリズムの同調感があるからである。熱帯雨林のように生物の多様性のなかで、すべてのリズムの同調のなかに身を置いてみてほしい。環境リズムと生命リズムとの同調的一体感に、きっと気づくことができるだろう。そして、その快適さは忘れがたい体験になる。外部に満ち溢れるすべての波動リズムが自分のなかの生命のリズムと繋がることの至適感と満足感は、宇宙につながったという調和的幸福感ともいっていい。その調和的感情こそが遺伝子の進化過程における揺りかごであったのだ。そして、ある種の芸術にはそういう状態に我々を導くことができる力がある。

ラキ・アートは、自然環境（太陽リズム）のみならず人工環境（石油リズム）とも調和する珠玉の存在である。ジェフリー バワの建築のなかでも、ラキさんの

内部は岩盤がむき出しで、ラキさんのアートが各所に置かれ、夜になるとコウモリが飛び交う内外の境界が曖昧な空間

メインダイニングにはラキさんデザインの木を模した照明がある。テーブルの上にも小さなツリーのオブジェが置かれている

ホテル内の階段室

アートは人工構造物の建築感を消すパーツとして機能していることはすでに述べたとおりだ。ラキさんのスリランカ紙幣（154頁写真）のデザインも世界的に評価されているが、そのスケッチのため長年森に入ってドローイングを重ねた経験があるという。だから木や森を写し取るドローイングができるようになったという意味ではなく、森林環境との同調体験がそのようなステージに彼を導いたのだと思う。森の中の森の絵は通常陳腐に映るものだが、ラキさんの森の絵は実際の森に調和する。太陽のリズム、森のリズム、生命のリズムに同調するアートに限って人工環境の中でも、自然の中にあっても違和感がない。そして、このようなアートでないと人工物と自然を繋ぐ接着剤の役割を果たすことはできないのだ。

岩肌を這う、まるで生きているような蛇の彫刻がゲストを出迎える　　（142頁〜148頁写真／「ヘリタンス　カンダラマ」）

INTERVIEW　WITH　LAKI　「Dear. Geoffrey Bawa」

――ラキさんとジェフリー バワとの出会いについて教えてください。

ある時バワが建築家バレンタイン グネセカラと協働した私の作品のいくつかを批評するために招かれました。彼は私の絵の才能に感銘を受け、その後トリンコマリー（Trincomalee・スリランカ北東部の港湾都市）のフレデリック城にあるいくつかの植民地時代のイギリスの建物を観光ホテルに改築する仕事に呼んでくれたのです。それがきっかけです。

バワは哲学をもっていない人でした。彼自身が私にそう言っていたのだから間違いないことです。彼は快楽主義者でした。人生で一番大切なことは楽しみや喜びを追求することだと信じていのです。私もある意味それには賛同しますが、私の場合は楽しみや喜びの内容が彼とは隔たりがあります。私の場合は禅の世界に見られるような、生の本質にふれることが喜びなのです。だから私と彼は本質的に違っています。バワが最初に私をアシスタントに選んだのは、私の絵が上手だったからだと思います。実は、バワ自身は絵が上手くなかったのです。彼は簡単な平面プランのスケッチを私に渡し、私がそれに肉付けして形にします。そのことで我々はそこにある問題を初めて議論することができたのです。最終的には私はすべての図面を描くようになりました。

――美術や建築はどこで勉強しましたか？

私は美術や建築において正式な教育を受けたとはいえません。でも、絵は好きで4歳くらいから描いていました。学校では美術や芸術の授業が面白いとは思ったことはありませんでした。美術の最終試験にも合格しなかったくらいですから（笑）。建築との接点は、17歳の時に建築製図を学ぼうと思って建築会社に入ったことです。その目的は建築物を描くことだけではなく、建築についていろいろ学んだり、建築物に関する映画やそれに関する本を読むことでした。

――あなたの芸術がバワの建築に何を加えたと思いますか？

だれのアート作品でも、バワ自身がその美しさを認めれば、彼が決定した空間に審美的な質が加わることになります。私の作品もそういうことだったのでしょう。私が特別に彼と一緒に仕事ができたのは、彼のもっている美的感覚に精通していたからだと思います。彼は実際私の絵や彫刻をいつも気に入ってくれました。もちろん私のものだけでなく、他のアーティストも使っていましたよ。

――ラキさんの芸術は上手に自然（森林）と共存している印象をもちます。人為的なアート自体は自然に飲み込まれないように、かつ共生と主張を同時にもたらすことは非常に難しいと思いますがおおらかに、それをやっていますよね。

この質問の答えとなっているかは確信がありませんが、私は人のつくりだす「芸術」は生物学的な人間の副産物であると考えています。鳥の巣やクモの巣、あるいはシロアリの塚の造形と同じようなものです。だから、森のような

NUMBER 11
Bawa's House

上写真／コロンボ市内に建つバワの自邸・NUMBER 11。エントランスから居室へ続く廊下の突き当たりに飾られたラキさんのフクロウの彫刻
下写真／居室部分の廊下から玄関方向を見る。中庭上部から自然光が降りそそぎ、外部と内部が交錯する

自然の風景や水の中における私の作品は、本質的にその自然環境と溶け合ってそれ自体が強化されていくと思うのです。

そうはいっても、人がモノを創造するという行為は多くの困難や問題が伴うものです。しかし、その困難よりも私の心には創造の楽しさが溢れています。だからそれに打ち勝つことができるのだと思います。

——あなたにとって建築とそれに付加するアート作品の違いは何ですか？

両者ともに創造的努力が必要という点で同じものと考えます。建築もアートもプロセスは同じです。アイデアが浮かんだら、それを物理的に表現することを試みる。彫刻も建築も同じです。まずはあきらめずにそれを試みることが大切なのです。忍耐力がないと両者を結び付けることはできません。

——自然の中にあるラキさんの作品を見て、建物内にあるアート作品とのイメージとの差に気がつきました。

建築物は基本的に構造の水平および垂直のモジュールによって支配されていると私は考えています。それに対して自然環境はほとんどの場合構造がランダムなので、対象はさまざまな環境のなかで見られることになります。だからその都度認識に影響を与えるのです。

——ルヌガンガのシンボルでもある庭のプルメリアの木も、長年に渡ってバワによって少しずつ重さが加えられ、曲げられたものと聞きました。日本にも「盆栽」という植物の成長を調整して、美しい形にするという芸術があります。自然を人間の好みの形に変えることをどのように思いますか？

日本だけでなく、世界中の農業や家畜の繁殖によって、自然界が私たち人間の意志に強制されるようになりました。ルヌガンガのプルメリアの樹木だって最初は互いにまっすぐに植えられ、長い間屈曲していませんでした。人間はそういうことをする生き物なのです。バワも一人の人間だったということです。

——どんな時に創造力を掻き立てられますか？

通常は私の周りに起こっていることに対して、それを解決するために考えることが必要な問題が生じた時といってもいいでしょう。

例えば、森の動物たち。これらすべての動物は、私たちが住んでいる自然の輪を提供してくれる重要な存在です。この輪の中に身を置かなければ人間は正しく生きていかれない。ところが、残念なことにこれらの動物のほとんどは、そこに人間が介入にすることで衰退しています。私は子供のころから鳥を見るのが好きで、とくにフクロウに魅せられました。彼らは鷹のようにパワフルかつ神秘的な生き物です。フクロウの力強さや知力や神秘の力を表現することで、これらの問題に向かい合っているのかもしれないですね。

——芸術は社会を変えると思いますか？　あるいは建築によって社会を変えることができると思いますか？

社会生活が行われる場所で、ある建築は社会生活自体を変える力をもっています。しかし、そこに導入される新しい技術はその変化を加速させます。それは必ずしも良いことではないかもしれません。その意味で私は、人々に宣伝広告の影響を与えるような絵画を描きたいとは思いません。

——日本の読者に何か一言お願いします。

残念なことに、学問的バックグランドをもたない私は、日本の建築家に対して正しいメッセージを送る自信はありません。私自身の望みは、いつでも幸福を感じていたいということ。今現在に満ち足りていて、いつでも満足するようでありたい。ただそれだけなのです。

聞き手／落合俊也

右写真／玄関から居室方向を見る
左頁
上写真／天窓から光の入るエントランスに設けられた来客のためのアルコーブ空間。木製のドアの向こうに2階に続く階段が見える
下写真／2階の居間。バワの机には愛用の品々がそのまま置かれている

Geoffrey Bawa ／ジェフリー バワ
1919年〜2003年

スリランカ・コロンボ出身の建築家。
コロンボのロイヤル・カレッジで英語と法学を学んだ後、1938年にイギリスのケンブリッジ大学で英文学を専攻、ロンドンのミドル・テンプルでは法学を専攻。大学卒業後に弁護士となり1946年にスリランカへ帰国。母親の死後、法律の仕事を離れ、極東から米国、ヨーロッパを2年間旅行した後、理想郷をつくろうとベントータに土地を買うが、建築の知識に欠けていたことから、イギリスのAAスクールへと再び留学し、1956年に資格を取得しセイロンに帰国。熱帯の環境に融合したホテルを数多く手がけた。インフィニティプールはバワ考案によるもの
【主な作品】ルヌガンガ（1948-1998）／パラダイス・ロード・ザ・ギャラリー・カフェ（1963）／ジェットウィング・ラグーン（1965、旧ブルーラグーンホテル）／ベントタ・ビーチ・ホテル（1969）／大阪万博スリランカ館（1970）／ホテル・セレンティブ（1970）／ネプチューン・ホテル（1976）／シーマ・マラカヤ寺院（1978）／スリランカ国会議事堂（1979）／ザ・ヴィラ・モホティ（1980）／ヘリタンス・アフンガッラ（1981、旧トライトンホテル）／ルフヌ大学（1988）／ヘリタンス・カンダラマ（1994）／カニランカ・リゾート＆スパ（1996）／ジェットウィング・ライトハウス（1997、旧ライトハウスホテル＆スパ）／ザ・ブルーウォーター（1998）

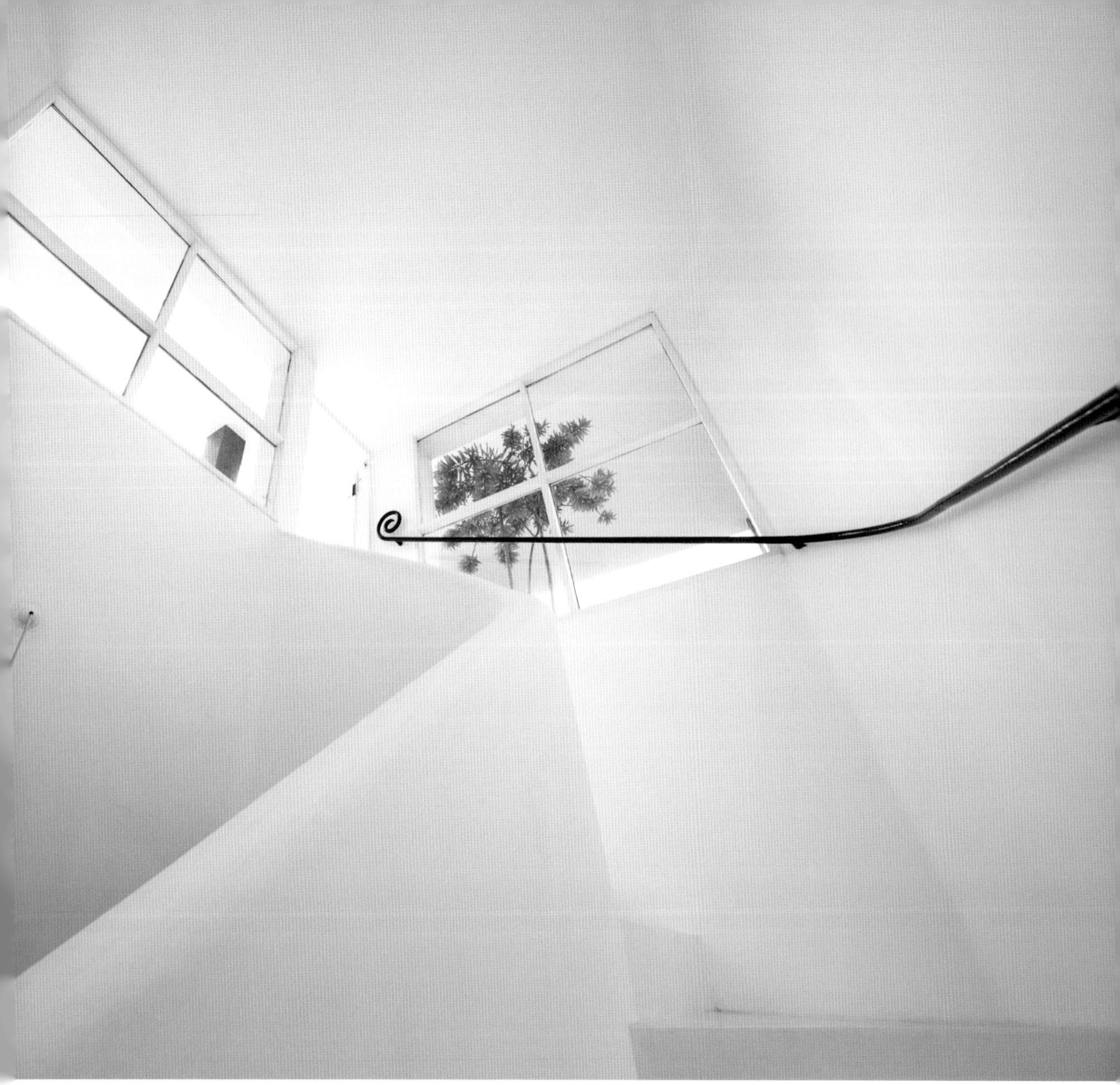

右上写真／2階屋上テラスへ続く階段を見上げる
右下写真／長屋の屋根を見下ろす。手前が道路に面した玄関、奥にプライベートの空間が続いている
下写真／階段室から4軒長屋の屋根を見る
右頁図／No.11平面・断面図。1958年に四軒長屋を買い足して、30年をかけて暮らしながら徐々に現在のかたちに改修を続けた　（149頁〜153頁写真／「No.11」）

スリランカ紙幣。上／ 10ルピー　下／ 50ルピー
ラキさんはスリランカ特有の動植物を描いたスリランカ通貨シリーズの元絵を描いた人物でもある。スリランカの中央銀行はこれら一連の通貨ノートを1979年に発行した。これらの美しい「芸術作品」紙幣は世界中のコレクターに評価が高いが、2011年に新デザインの紙幣が発行されているため、現在入手するのは非常に困難である
1 スリランカ ルピー = 0.57366 日本 円（2020/06/17 時点）

上写真／コロンボ市内の木が包み込むような通りを見る
左頁写真／コロンボ市内のラキさんのアトリエ

ラキさんの絵には、いつでも彼のもつ世界観が表明されている。それは森も人も海も動物もみな一体ですべてがつながって調和を取っているということである。これは都市に住む我々が失ってしまった同調感覚である。海や太陽はすなわち命の源で、そこから動物が連続して融合的に描かれる。これは環境と生命の共生という熱帯雨林の世界観を表わすものである

Laki

上スケッチ／森の中の象。樹木に溶け込むように描かれている
右写真／コロンボ市内のラキさんの工房に置かれたラキさんの彫刻
左写真／ラキさん自邸に隣接するディヤブブラゲストハウス（Part1参照）のシャワー室に描かれたラキさんの絵

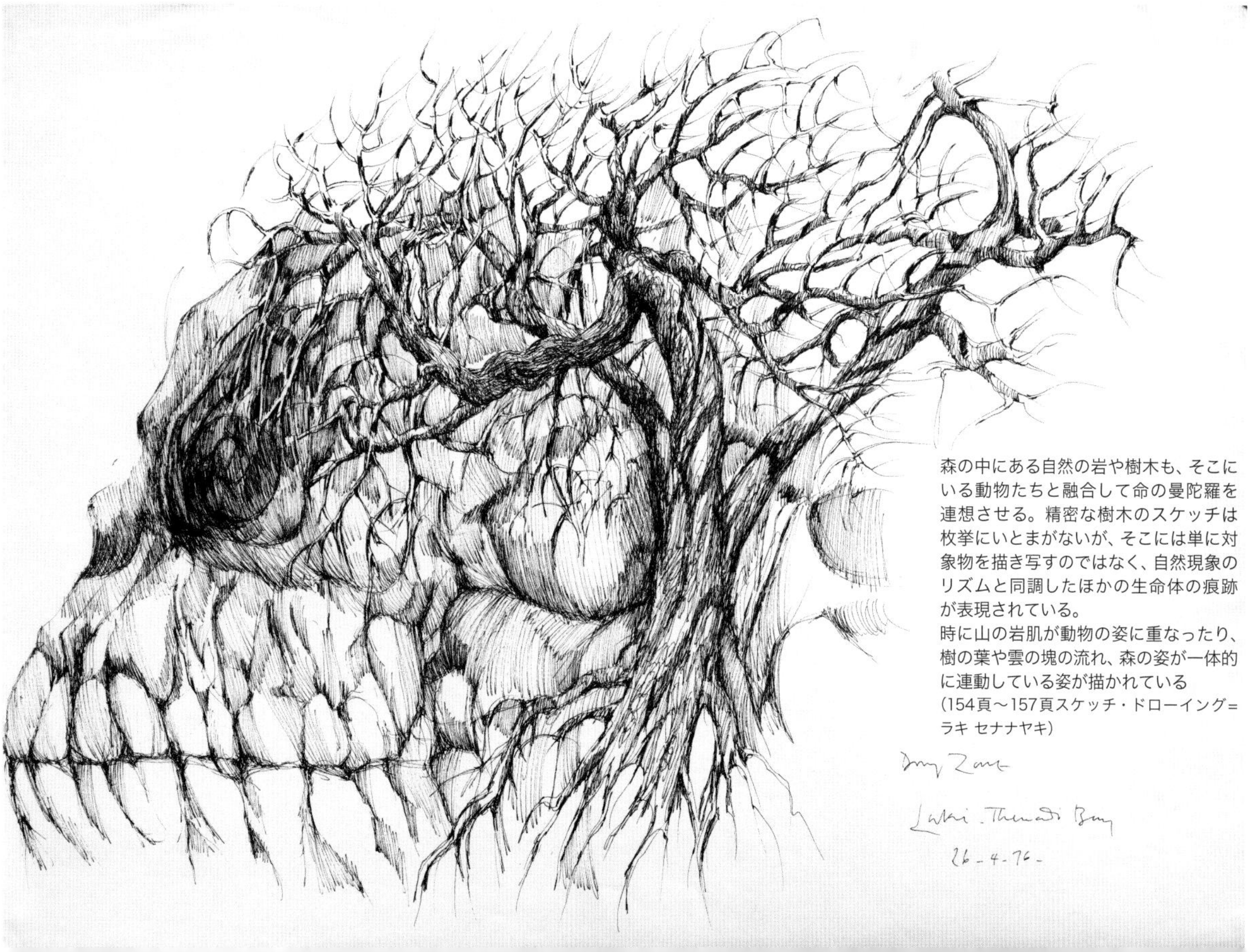

森の中にある自然の岩や樹木も、そこにいる動物たちと融合して命の曼陀羅を連想させる。精密な樹木のスケッチは枚挙にいとまがないが、そこには単に対象物を描き写すのではなく、自然現象のリズムと同調したほかの生命体の痕跡が表現されている。
時に山の岩肌が動物の姿に重なったり、樹の葉や雲の塊の流れ、森の姿が一体的に連動している姿が描かれている
（154頁〜157頁スケッチ・ドローイング=ラキ セナナヤキ）

【対談】

熱帯雨林の魅力
高気密・高断熱の先に

伊礼智×落合俊也

熱帯雨林の快適さを知る

伊礼　ジェフリー バワの建築は、僕が生まれた沖縄の建築に近くて、外部と内部が一体になっています。もしかしたら本当に仕切られていないかもしれない。すごく繋がっている建築でとても魅力を感じます。2年前にバワの建築を見に行ったときに、Part1で紹介されていたラキさんのアトリエへ連れて行ってもらいました。ジャングルの中の掘立小屋みたいでしたね。山口由美さんが『熱帯建築家：ジェフリー・バワの冒険』(新潮社)を出したときに隈研吾さんが巻頭に論文を書いています。20世紀は建築の時代で、21世紀は庭の時代。その先鞭をつけたのがバワであるという言い方をしています。バワの建築自体は、庭の中に散らばった雑音のようなものだと書いています。

庭が彼の建築のメインです。若いときには庭の設計に反発するところがあって、木に頼るというか、緑に頼る建築はダメだみたいなことを言っていました。歳をとって造園家の荻野寿也さんと仕事をするようになって、荻野さんからバワの話を聞いて見に行ったのです。体感して自然の良さが良く分かりました。手が加えられた自然であって、そこにラキさんの作品がポツポツと出てくるんですが、その塩梅が良かったですね。

落合　僕はもともとは杉坂智男さんの所にいて、木造建築の合理化や伝統をどうやって進化させるのかを考えてきました。その時、これからは熱環境革命だと思って、南雄三さんに教えてもらいながら一緒に高気密・高断熱だ、パッシブだとやってきたのです。そのうちに何のための高断熱高気密をやっているのかという気持ちになった。究極は人の健康のためなのではと思いました。それで、気持ちのいい室内環境が本当に健康に良いのかとずっと考えていたときに、究極の環境論としての森林医学に出会った。この考えは、森林が人間の遺伝子に最も適合した環境であり、人間はそこで進化したという発想です。非常に新しい学問です。都市の人工環境の快適な所にいても、身体の中には変化が起こらないのですが、森に行くと医学的に免力が上がるとか、ストレスホルモンが下がるとか体の中に具体的な変化が起こります。これはすごいことだと思って、本来人間がいるべき環境は外なのではないのかという発想になった。それを確かめに人間が生まれて遺伝子を育てた熱帯雨林に行くようになりました。そこは本当に気持ちがいい場所なのです。それがスリランカとの出会いです。スリランカは室内より外の方が気持ちいいのです。日本とは全く違う環境ですが、外こそが人が住むべき環境なのだということが、あの国の森に行くと分かります。そのようにみるとバワの建築もラキさんのアートも分かりやすくなります。

日本で我々がつくっている建築は太陽光の利用にしても、エネルギーの観点でしか見ていないけれど、実はその中に遺伝子をブーストさせるような要素があるのです。緑の光とか、朝のブルーライトの光とか。とくに注目すべきは音環境の凄さです。あの音は実は人間にとっては必須のものであって、音のない環境が逆に人間にストレスを与えています。ラキさんの家に泊まりましたが、まるでオープンです。森のリズム、光のリズム、音のリズムが全部連動していて、身体のリズムともマッチしています。これが本来の遺伝子の適合した人間が住むべき環境なのだと思いました。そういうことを分からせてくれたのが、ラキさんの自邸です。バワの建築は少し商業的要素があるかもしれない。しかし、ラキさんの家はその本質を体現しています。

ポスト・パッシブ

落合　結局、自然ってなんなのか。環境共生住宅と言ったときの環境って一体なんなのか。一つひとつ良く考えてみると分からない。僕は、それはリズムだと理解しました。

伊礼　普通は太陽とか、熱とか光とか風とか雨とか、そんなところでしたよね。

落合　結局、それらは全部リズムをもっていて、そのリズム性の方が大切です。光とかそういうものではなくて、生物に備わる昼と夜をつくり出す一日のサーカディアンリズムの共通性です。簡単にいうと、太陽の運行がすべてのリズムを生み出しているということ。そのリズムは森に行くと分かります。音とか光が全部同じリズムで、そこにうごめいている無数の生物も全部それに同調しています。ラキさんはそれが分かっているから、ああいうところでしか住めないと思ったのだと思います。都会にはそのリズムが全然ない。全然関係ないリズムの中に身を置かなければならないから、それがストレスになるのでしょう。ラキさんもそう思っている。

伊礼　リズムですね。意味が深いと思います。いま世の中は高気密・高断熱の方向です。間違ってはいないと思います。いままでがあまりに寒い所で我慢して暮らしていましたから。僕も5年くらい前からやっていますが、人工的につくられた高気密・高断熱の快適さが本当に正しいのか……。最近、悶々としているんです。自分が魅力を感じる建築がああいうものにはないんです。それで、バワの建築を見に行きました。季節の良いときには外と中が一体になる気持ちよさは、単に仕切りがない一体さではなくて、そのリズムのせいかもしれないですね。なんかすごく腑に落ちる感じがします。いまの高気密・高断熱には、それが抜けていますね。

落合　そうですね。森林医学では森林の中のケミカルな精油成分とか、化学成分が分析しやすいのでそっちの方に偏っているのだけれど、もっと物理的な刺激や信号、リズム性も分析しなければならない。生命科学的とも言えるかもしれませんが、それをもう少し証明できないかなと思っています。昔から1／fの揺らぎという言い方をされているけれど、環境のリズムと体内のリズムを分析したときに、両方とも1／f特性という数学で記述できる特性がそこにはあって、だから人間は自然の一部なのだと数式で証明できます。例えば、年輪の幅を正確に測って数字化してみると1／fという特徴が出てきます。それは心臓の鼓動の特性と同じです。そういうことを考えると、共通のリズムの中に身を置かないと、基本的におかしくなってしまうことが分かります。それは暖かい温度環境とか化学物質のない空気とかそんなことではないですね。それを教えてくれているのが森林環境、とくに熱帯雨林の森林環境です。僕がいま森林環境を研究しているのはそのためです。究極の住環境を知るために、森林環境はなんぞやということを研究しているのです。

そうすると、ガーデニングというのは何のためかといったときに、たとえば森の中のような緑の光が人間にとってはエッセンシャルな基本的な光なのです。人間は、日中はなるべく緑の光の中にいるべき生物なのだということであれば、緑を昼間の照明と考えて、いつも緑の光が窓から射してくるような設計をすることが、住宅にとっては必須になります。そういう風に考え方をシフトさせる必要がある。

伊礼　いまだと日射遮蔽がだめだと叩かれてしまうんですが、ある程度のところから先は住まい手の好みも

右頁写真／ルヌガンガのリビングから見えるプルメリアの木
上写真／庭園からリビングを見る

上写真／ゲストハウス「ギャラリーハウス」外観。敷地北側の庭園から見上げる
下写真／「ギャラリーハウス」内部。メゾネット・タイプで下の階に水廻りが配されている

上写真／ゲストハウス「グラスハウス」外観。敷地内の園路を跨ぐように建てられている
下写真／「グラスハウス」内部。室内の壁はベッドの部分のみで、窓を開け放すと内外が一体の空間となる

上写真／庭園から食堂棟を見る
左写真／バワの彫像
左頁写真／牛の飼われている南側の丘から北側の湖を望む。湖に続く緩やかな丘は、バワ自ら操縦する飛行機のための滑走路となっている　（158頁～163頁写真／「ルヌガンガ」）

あるし、暮らしている人が自分で窓を開ければいいと思っています。緑の反射光の気持ちよさは分かっているつもりですが、どうしても理解してもらえない。エネルギーの話になってしまいますから。

落合　ぜひ、伊礼さんに森林共生建築をやってほしいですね。ポスト・パッシブです。パッシブは必要なのですが、本来人にとって必須の要素を加える必要があります。

伊礼　そうですね。

落合　この家（「月舞台」序章参照）も1990年に高断熱・高気密で建てました。南さんが杉坂と組んで、日本の伝統建築が弱いのは熱環境だから、そこを一気に外断熱で性能革命を興そうとしたのです。一気に外断熱化して、つくってみたらすごく気持ちがいい。けれどそこで失ったものも大きかった。この家も、当時アキレスが次世代の断熱材として開発した真空断熱材を使っていますが、コストが高すぎて製品になりませんでした。以降は呼吸する高断熱、少なくとも湿度は通過しなければいけないという考えに私は変わっています。基本的に断熱という考えは間違っていません。そこで少なくとも透湿性をもってリズムを担保することを考えないといけないと思っています。

伊礼　落合さんが都心部で設計をするときには、内部と外部の関係で気をつけていることはありますか。

落合　一ポイント勝負ですね。狭小地だったら1カ所の緑をつくって、一つの光源としてもみるし、音源としてもみる。それがないと、ただ家だけをつくっても仕方がない。

ルヌガンガ全体配置図
①The Entrance court
②The Sandella
③The Gallery
④The Water Garden
⑤The Board Walk
⑥The Water Gate
⑦View to the Field of Jars
⑧The Field of Jars
⑨The House on the Cinnamon Hill
⑩The Gate House
⑪The South Lawn
⑫The Upper Terrace

敷地面積=6.1ヘクタール

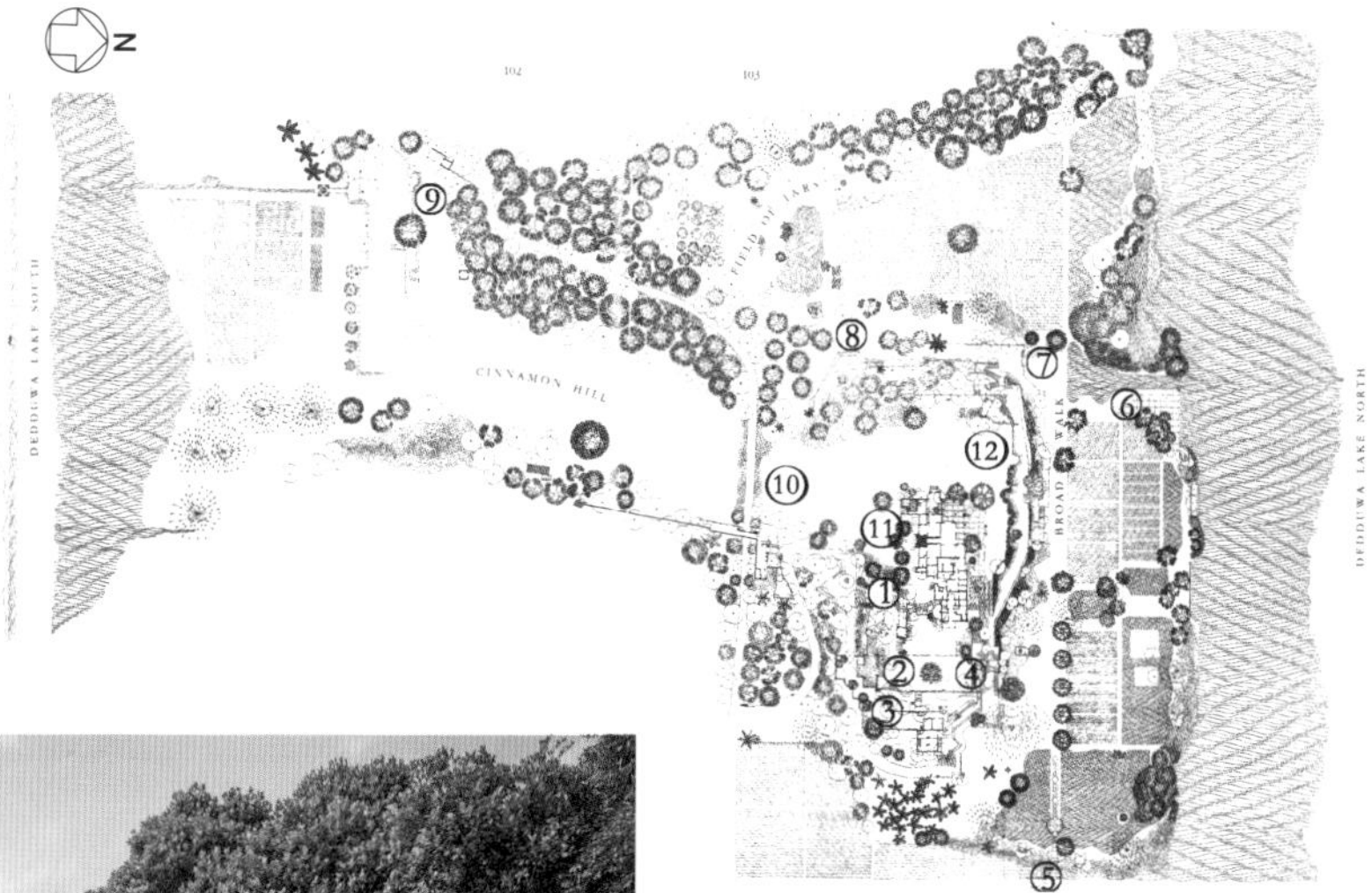

内と外の境界

伊礼　だいたい高気密・高断熱の家って、駐車場みたいなところにポツンと置かれていて、駐車場の車を見て暮らしているような感じが多いですから、そういうのがとても大事だと思います。僕は外部と内部がゆるやかに繋がるような住宅をつくりたい。自分のなかに沖縄の軒下、雨端《あまはじ》というんですが、ああいう外部でもなければ、内部でもないというものの良さが染み付いているので。高気密・高断熱の住宅といえども、季節のいいときには、開けても良し、冬は閉じても良し……という住宅をつくりたいですね。

落合　南さんが昔からよく言っていたことだけれど、高気密というのは開けるための技術です。それまでは閉めることができない開けっ放しの家だったから。オープンにしたいときには窓を開ければいい。開け閉めできるというのが、高気密・高断熱と考えれば、納得がいきますね。いま伊礼さんはどのくらいの基準で設計されていますか？

伊礼　東大の前真之さんをはじめいろいろな方から学ばせてもらっていますが、自分の仕事のテリトリーからすると、ＵＡ値０・６くらいでいいんじゃないかと。パッシブハウス・ジャパンがやっているような０・２を切るような超高気密・高断熱以下だと自分の住宅とは違うかな？　と思います。そのあたりが押さえどころかなと考えています。

落合　そのときにトータルな熱損失という話ではなくて、何が何でも気密性がないという発想は薄れてきたような気がします。僕も一生懸命やっていた時代がありました。

伊礼　いまでもＣ値２・０、できれば1をきりたいくらいな感じで、みなさんやれているんじゃないかな。僕のまわりではある程度の性能は確保できていると思います。ただ、それだけでは魅力のある建築にならない……。高気密とか高断熱の性能の先のひとつの到達点として、森林医学はすごくいいですね。

落合　森林浴というのは日本発祥です。いまでは森林医学よりは森林浴のほうが知られています。外国でも森の中に行けば気持ちがいいと分かっていますが、気持ちいい、で止まっていました。森林浴という言葉がつくられたのが30年前くらいで、もっと森の効果を医学的に検証しようと日本が研究を始めたので、外国がすごく注目しています。免疫力が上がるというのが大きな注目要因で、森を歩くだけで、免疫力が上がって癌になりづらい体になるのだったら、医療費を削減することになります。日本は森林を木材資源だけとして考えているけれど、実は医療資源になる可能性もあるし、木の価値を上げるのに、その先の森の価値が上が

Jetwing
LIGHTHOUSE

れば、もっと木材や木造の家の価値も上がるはずです。僕は建築を通して森林医学を追求し森の応援をしているわけです。

伊礼　考えが一貫していて面白いですね。いままでいろいろな建築家に会いましたが、それとは全然違う面白い考え方で、いいですね。僕らはどうしてもデザインの眼で見てしまうので。歳をとってきてやっと、大きな視点がもてるようになりました。最近、和歌山の山長さんの木を使わせていただいています。ときどき山の中に連れて行ってもらっているんですが、そうやって少しずつ理解しながらやっています。いま日本で活躍している建築家には山に行ったことのない人が多いですね。温熱にも理解を示さない。本当にデザインや新しい空間というのが、どんどん変わっていけばいいと思います。少しずつ自分もチャレンジしたいと思うのですが。

無音のストレス

落合　我々は静けさがいいと思っていますが、熱帯雨林では静けさはあり得ない環境です。だけどその音が都会の騒音ではなくて、すべてがリンクしている音です。それを我々は失ってしまっている。都会では不自然な音しかないから、防音空間をつくってしまった。その結果音が全くなくなり、さらに変なリズムが充満している。ここが近代建築の一番問題なところだと思います。それを森林医学が教えてくれています。解決が難しいところですが、知ってもらうほうがよくて、熱帯森林ツアーなどで、建築のひとつのアイデアとして伝える必要があると思います。

伊礼　海はどうなんでしょう。沖縄は原生林はありますが、どちらかというと海の方が近いですね。珊瑚礁に囲まれているので、満ちているときは海だけれど、ひいてくると陸になる。その陸と海の間が一番豊かです。収穫の場でもあって、それが雨端の空間とすごくリンクしています。間みたいなところが一番楽しい。

落合　海は生命の発祥地でしょ。人類は魚から肺呼吸になって陸に上がってくる。そういう意味で波のリズムも人間のリズムと共通していますよね。でも、どこで遺伝子を成熟させたかというと、熱帯雨林です。

伊礼　琵琶湖の湖畔に谷口工務店の社長の家を建てたんですが、琵琶湖の波音を聞きながら寝るのが気持ちいいって。仕事ばっかりやっていたんですけどね。そこに住み始めてから変わってしまった。

落合　病気を治すときに、いまは薬に頼っているけれど、それが良くないことはだんだん分かってきています。基本的に物質の根元は波動なので、波動の歪みが病気になってしまうイメージです。だから波動矯正カプセルに入ると悪いところがなくなるというような話が昔SFにありましたが、そのカプセルが森なのです。だから、そこに入って調べてみると体の中にいろいろな影響が起きます。身体を治してくれるのですね。

伊礼　空気の温泉みたいですね。沖縄では皮膚病になったりしたら、海に入れと言うんです。海水がすごくいいと言われていました。温泉や森林浴みたいな効果があると思いますね。

落合　外部の刺激、海水だと化学成分の力もあると思いますが。もっとトータルなリズム性や刺激だったり、そういうものが身体をケアしてくれるということなのでしょうね。本当はそういうものの正体を明らかにして、住環境に写し取ってきてやればいいのだけれど、難しい。でも、単なる高気密・高断熱にいくとか、省エネルギーやローコストにはしるのはもったいないですね。

伊礼　ラキさんやバワは森林医学のような意識はなくて、やっていますよね。それが面白いですね。

落合　ラキさんは少しあるのですが、バワは全くないですね。彼が言うには、バワには芸術性すらあまりない、単なる快楽主義者だと。アートの部分は全部自分が加えたと言っていました。

伊礼　ラキさんがバワのことをそういう風に捉えるのは面白いですね。分かる気がします。隈さんもはっきりそう書いていました（笑）。

落合　向こうのアーティストというのはラキさんみたいに建築だけではなくて、全部やってしまうのですね。ランドスケープもひとつの創造行為です。セクションがない。日本では建築は建築家がやらないといけないみたいになっていますが。ラキさんのドローイングは建築はアバウトだけど、廻りの森はすごく描きこんでいます。

伊礼　僕らの親世代はたいていのことは自分でできます。多分スリランカもそうだと思うけれど、一般の生活のなかに家一軒建てられるくらいの技術はあって、それが近代化されて分業化され、僕らの世代の設計者は図面しか描けないようになった。ラキさんは全部できるのでしょうね。僕は図面を描いて、模型をつくらないと全体が見えないけれど、それが見えているのでしょうね。

人間のための
よりよい住まいを目指して

伊礼　高気密・高断熱といって日本で進めているエコハウスが、本当にこの方向でいいのかなとずっと思っているので、数字で表わせることと、表わせないことがうまく結びつけばいいかなと思います。高気密・高断熱には興味をもっていますけれども、高気密・高断熱派は、奥村昭雄さんが考えたＯＭのようなソーラーは古い技術で、気密と断熱の性能を上げればいらないと。間違ってはいないと思いますが、パッシブというのは効率ではないんだというところと森林医学が、奥村昭雄の世界では繋がっているような気がします。森が大好きでしたし、自分で木の家具もつくっていましたし。太陽熱を利用するソーラーシステムが一時代前の古い考えだと切り捨てられるのは、まだ早いような気がします。その辺が分からないところだったので、今日は腑に落ちたというか、こういう方向もあるんだと思いました。

落合　リズムひとつにしても、光の変化が大切で、庭にしても四季にしても、一日の明暗のリズムと季節のリズムが体に染み込んだ日本人のリズムです。それを一番表わさなければいけない。四季のない庭をつくってもしょうがない、そこが季節時計となってリズムを提供する。いまリズム性は全然考えられていませんよね。そういうことを教えてくれるのが森林医学という新しい学問領域です。

伊礼　自分が違うのではないかと思ってやっていることが、森林医学に繋がっているというか、先が見えてきたような気がします。たまたま自分が沖縄の出身なので。歳をとってくると原点に戻っていくような気がします。沖縄の民家が気持ちいい。とくに半戸外が。あれを都市でも有効に活用できるのではないかと思います。緑と建築を近づける積極的な理由がまた一つ増えました。「閉じて良し、開いて良し」を突きつめてみようと思います。

於／月舞台　２０１７年11月20日

164頁写真／「ジェットウィング・ライトハウス」階段ホールを見上げる
上写真／階段ホールの螺旋階段は、ラキさんの彫刻による植民地から独立を勝ち取る歴史絵巻となっている

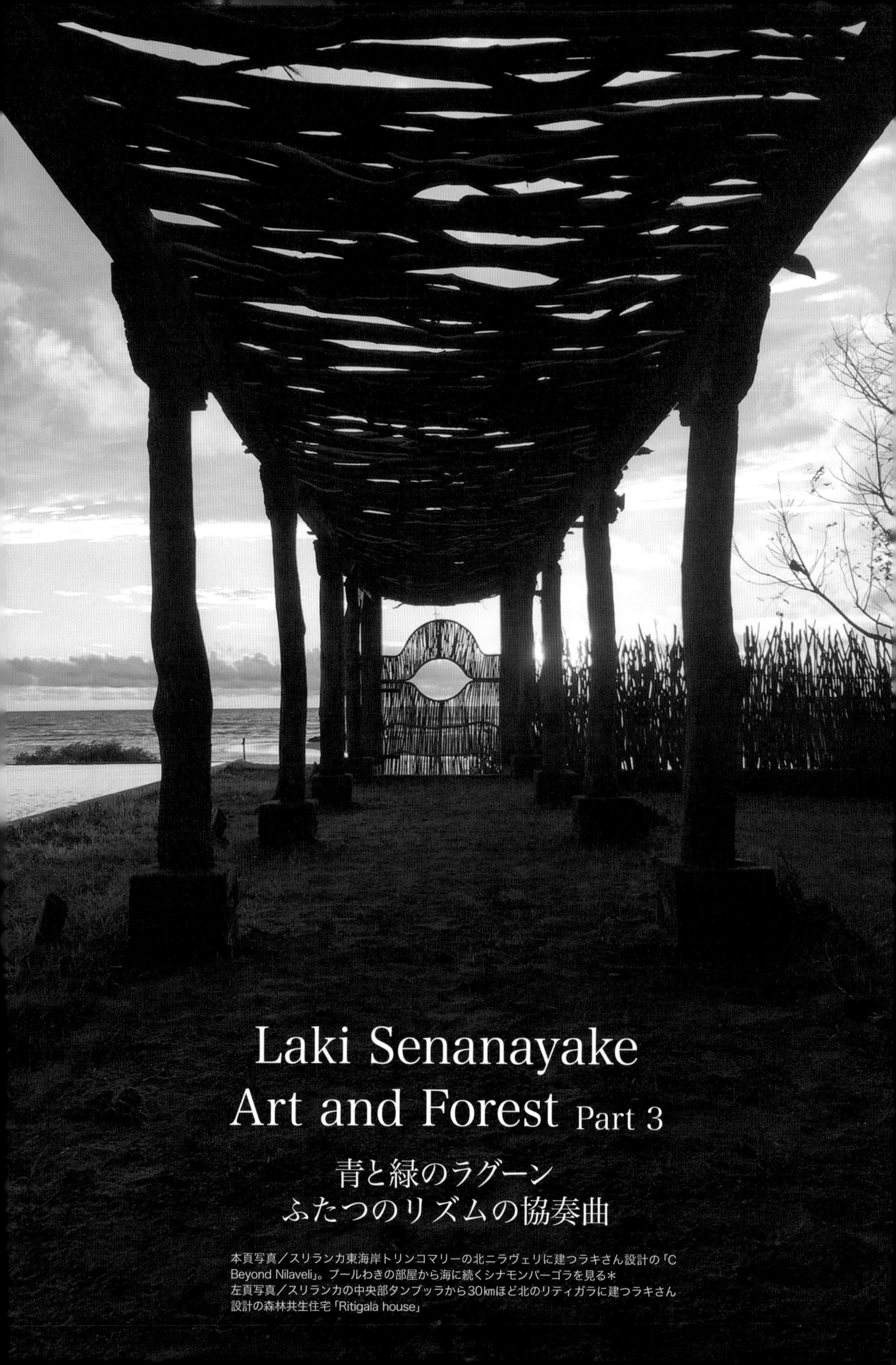

Laki Senanayake Art and Forest Part 3

青と緑のラグーン ふたつのリズムの協奏曲

本頁写真／スリランカ東海岸トリンコマリーの北ニラヴェリに建つラキさん設計の「C Beyond Nilaveli」。プールわきの部屋から海に続くシナモンパーゴラを見る＊
左頁写真／スリランカの中央部タンブッラから30㎞ほど北のリティガラに建つラキさん設計の森林共生住宅「Ritigala house」

人体と森羅万象のリズム

このArt and Forestシリーズでは、スリランカの芸術家ラキ セナナヤキさんがつくり出す作品を通して、自然環境と建築が人とどのように関わるべきなのかを探り出す旅もそろそろ終わりに近づいている。現在の状況が、本来あるべき人と自然環境との関係からいかに隔たっているのか。そして、住環境を考える時、建築はなるべく軽微でささやかなものであるほうがよいのだというエコロジーの基本原則を、どうして人は失ってしまったのか。我々は明らかに巨大な人工物に偏りすぎた建築文化をつくっている。

建築は、さまざまな経済指標が優先して計画されるようになっている。法規や予算、工期など、経済にがんじがらめの建築生産が行われている。本当は建築本体より、まず体が正しく呼応できる外部環境を確保することのほうが大切なのである。それが確保されれば、それに付随する建物は最小限に補佐するだけ。外の環境をなるべく活かすほうがいい。このような考え方によって、現代社会や都市の多くの無駄や矛盾を解決することができる。

無秩序に広がる都市風景と重装備化する建築を見ていると、建築の人に対する立場を問い直す時期がきているのではないかと思う。これからの技術や文化は自然の力に寄り添う方向に進んでいかなければならないのだ。

しかし、そんなことを書いても理論だけが上滑りするだけだろう。このような考えは、現実味のない空想論として、すぐに元の経済システムに飲み込まれて霧消してしまうに違いない。そこで、建築デザインと熱環境の両立に真摯に取り組んでいる建築家の伊礼智さんと、私の知る限り最も業界とアカデミズムと実践に明るい南雄三さんとの座談（178頁〜187頁）をお願いすることにした。これは森林共生論がただの理想論として霧散されることのないように、現在の建築生産や設計の成り立ち、さらにはパッシブ設計の手法のなかにどのように位置づけるべきものなのかを確認しておくための苦肉の手段である。

だからお二人には相当やりにくい座談を強要する御迷惑をおかけしたと思う。でもこの座談のなかで、大資本経済や拡大主義にがんじがらめにされながらも、このお二人が現実の社会の流れを上手に利用し、自分のなかの本能的感覚と正直に向かい合いながらバランスを取っていること、そして、やはり今の流れではエコロジカルで健康な建築を生むことが難しいことも感じ取ることができた。

さて、このシリーズの最後に紹介するラキ作品はあえて2つの建物に絞った。

そもそも自然とは、太陽と月の運行が生み出すさまざまなリズム現象やそれに同調する森羅万象と私はとらえている。ラキさんも同じように考えていると思う。そうであれば、そのリズム性こそがすべての生命をつかさどる最も大切な要素といえるだろう。たとえば生命そのものの起源は海だったことから、ここにもやはり太陽と月のリズムが反映されている。熱帯雨林のような生物の織り成す多様性の豊かさとは大きく異なるリズム。海から陸に上がってしまった我々にとって、海にある物理現象の圧倒的エネルギーはやはり魅力的だ。寄せては引く波のリズムは、間違いなく人にとって心地良いゆらぎのリズムの代表なのである。

森のリズムと海辺のリズムは、大きく異なって見えるようだが実は密接な関係にある。ラキさんのつくった森の光と海の光に共生した2つの建築は、青と緑のリズムの協奏曲というべき絶好の比較事例である。

実はリズムの話とは別に、ラキさんに問いたかったもう一つのテーマがあった。それは、職人の技能と芸術の関係だった（174頁〜176頁インタビュー）。ラキさんのつくり出すアートが素晴らしいのは、決して絵の腕の熟達によるものではない、と本人は言っていた。森に溶け込む彼のアート作品は、明らかに自然と同調しているが、その同調は彼の有するどのような感性や能力がもたらしているのか。そのことを考えるためには絵や彫塑ではなく、彼のつくる建築が絶好の事例だと思った。

果たして、彼の建築は彼にとってアートたり得ているのかどうか。しかし、そのことを問うてみても、残念ながら答えを引き出すことはできなかった。彼との会話のなかからそのヒントを読み取るしかない。

上・下写真／「C Beyond Nilaveli」海に開かれたインフィニティプール＊

右頁写真／「C Beyond Nilaveli」海へ続くシナモンパーゴラを見る。門柱にはラキさんの作品タツノオトシゴが乗り、海を見ている＊
上写真／「C Beyond Nilaveli」インフィニティプール越しに見る外観＊
下写真／「C Beyond Nilaveli」客室から海を臨む＊

「都市の生活VS森林の生活」

——我々の住むもともとの世界は、空と海は青い光であふれ、森は緑の光であふれています。ですからこの2つの光とリズムは生物にとってとくに重要だと考えられます。ホテル「C Beyond」のような空と海に挟まれた青い光の空間と「Ritigala house」のような緑の光の環境の違いは大きいですね。両者は2つの違う光とリズムに溢れる空間になっています。海辺のリズムと森林の環境リズムについてもその違いを意識されましたか？

私は森だけでなく海も大好きなのです。空の青は太陽からのエネルギーを象徴し、緑は太陽と相互作用する生命を象徴しています。そして、それは別の領域にありながら結ばれているのではないかと思っています。どちらかというと 海の音は宇宙の音に通じる無生物的な音。一方、森の音は生き生きとした生物の音で活力があります。しかし根底のリズムは共振しているというか、同調関係にあって私たち生物と同じリズムになっているのだと思います。

——確かに光環境同様に、音環境も森林と海辺ではだいぶ違います。海の波の音は一定の揺らぎのある心地いい一定のリズムで心臓の鼓動に近い。森のリズムは同じ体内時計をもつさまざまな生き物の織り成すリズムが、環境変動のリズムと重なってさらに心地いい。こういったリズムと体の同調を感じることができる唯一の空間が熱帯雨林だと感じました。ラキさんのお住まい「ディヤブブラ」(Part2／121頁~141頁)で、それを実際に体感しました。このような環境リズムと生命リズムの同調こそ人が健康に生きるために重要な要素だということが直感的に分かります。そういうことを今の時代に示せるのがスリランカの熱帯雨林環境や住まいのかたちなのでしょうね。

スリランカの建築がそのようなことを意図してつくられているかどうかは疑問ですが、おおむねその考えは正しいと思います。私の日常生活のパターンは森の動物たちと共にあります。なぜならそれが心地いいからです。動物たちの生命リズムや活動リズムは森の環境のリズムにつ繋がっているわけです。そういった全体系の繋がりがここにはありますが、あなたの住んでいる所にはおそらくないでしょう。

——Ritigalaの森林共生住宅を最初に見た時、度肝を抜かれました。この建物の概要を教えてください。

クライアントのアソカ（Asoka Balasuriya）さんは化学技術者です。彼は森林や自然環境をとても愛しています。彼は最初ツリーハウスをデザインしてほしいと言っていました。しかし、もともとの彼の土地にはツリーハウスに適切な木はなかった。だからこのようなかたちの家になりました。フロアの高さは、この場所で一番大きなマンゴーの木の高さを基準に決めました。だからこの家は周囲の樹冠の高さを超えない程度の高い場所に位置しています。ですから、鳥などの樹上動物を目の高さで見ることができます。象も定期的にマンゴーを食べにきます。象がこの家を壊さないように1.2メートルの深さのプールをつくり、その中に家を建てたのです。構造は、9インチ径で約7.5メートルの鉄筋コンクリート柱の上に木造の構造物を載せています。床スラブの下のストラットによって風荷重に耐えるように補強されています。

——樹の上の住まいは気持ちいいでしょうね。木から木に渡り歩くようなプラン構成になっていて鳥の気分が味わえますね。ブリッジを渡るときもそれほど怖さはありませんでした。

地面から7.5メートルの高さの樹冠の中の温度は、地面より涼しく、葉の冷却効果はさらに高まっています。生活空間は木々の樹冠のレベルにありますから、周辺の森の環境や鳥などの樹上生物の生活を日々目にすることができます。彼ら動物が選んだ住空間は緑の光に溢れる森林共生空間です。森の鳥たちと同じ気持ちを共有して生活することのできる家です。

——人は猿のように木の上に住まないで地面に住むことを選んだ生き物です。森の生き物である人間は、森の高さを越えるほど、地面から離れるとストレスを感じるに違いないと私は考えています。だから地上から離れて住むのは止めたほうがいいと言って都市生活の高層化を否定しているのですが。

昔から人間は地上に住んでいましたが、同時に森の岩の上でも生活しています。シーギリヤ・ロックの上につくった空中都市でも生活しています。天に近いという宗教的理由で選択された場所だったかもしれませんが、私は住む場所の高さが直接人にストレスを与えるとは思っていません。ただの経済性の都合で高いところに住まざるを得ない現代の人たちは不幸かもしれませんが（笑）。

——都市でタワーマンションに住む人の数が増えている現状についてどう思いますか？

私はそれが不可避であると感じています。なぜなら、人々が工場を通じて物をつくり出すという営みを始めた時から、都市生活の形態は決まってしまったからです。そうで

上写真／「Ritigala house」熱帯雨林の中に建つ　　下写真／「Ritigala house」森に開いたインフィニティプール

ダンブッラのアトリエで展覧会の準備をするラキさん（右）

ないと経済が回らず、都市が機能しない。大資本の都合で出来た都市の中でそういう建物に住まなくてはならない人は可哀そうですが、それはそれで仕方ありません。

——本来人間は都市のような人工環境の代わりに、森のような自然環境に住んでいるべきだと思いますか？

それが可能であればそれに越したことはありません。しかし、それが不可能な状況であるのは明らかです。せいぜい都市の中に小さな森をつくることくらいしかやれることはなさそうです。このことから始めるべきでしょう。

「人のもつ技能と芸術の関係」

——海辺のホテル「C Beyond」についてお聞きします。この建物は強い自然の真っただ中に置かれている割には、少し工業的な風貌の建物ですね。ラキさんが建物にコルゲート板を多く使用する理由を教えてください。

ホテルはNilaveli（スリランカ北東部のTrincomaleeから北へ15km）にあり、ラグーンを臨む素晴らしい眺望が開けています。２つのフロアに合計5つの部屋があります。この建物は、ほぼすべてが波状コルゲート板からできています。 これは鉄筋コンクリートを使用せずに建築する私独自の方法なのです。スラブ、壁、屋根に、スチール補強材やコンクリートを使用していないため、海からの塩分による腐食はありません。建物面積約6,000平方フィート。鉄筋コンクリート造建築技術を使用した場合の総費用の50%未満です。建築コストを50%以上削減し、建設時間も短縮できるのです。

——ラキさんは建築をつくるとき、どのように人工建築材料や天然素材を使い分けているのですか？

使い分けるという発想はありません。人工材料といっても、天然素材である石油由来のプラスチックなど、そのほとんどは天然素材の副生成物なのですから。材料を「適切に」使用するという発想自体は、芸術とスキルとの関係と同じものにすぎないと思っているのです。

——芸術とスキルの関係とはどういうものですか？　建築にはデザインが重要ですが、それをつくる職人の力も必要です。職人のスキルをどのように評価していますか？

残念なことに、職人のスキルは現代建築ではほとんど評価されなくなってきています。なぜなら、ほとんどの材料は工場でつくられているからです。現代社会では分業化が進んでトータルに物をつくれる人がいなくなりました。物づくりをトータルに考えられない人は芸術家たり得ません。その時点で芸術家と職人が完全に分離してしまったのだと思います。芸術は部分だけつくるという発想はなくトータルに創造するものです。だから最初から職人の技術をあてにするという発想はありません。

——わたしは非常に熟練した職人の技能は、それ自体が芸術になり得ると思っていました。ラキさんは芸術と技能との関係についてどう思いますか？

現代社会では熟練労働者はいても、芸術性を発揮できる立場にない。彼らは全く芸術性がなくても非常に熟練した仕事をすることができるのに対し、人は最小のスキルをもって芸術作品を制作することができるのです。前に蟻がつくる蟻塚の話をしましたが、そのような自然と本能が導く創造性のなかに芸術があるので、私にとっての技能の話はやはり素材選びと同次元のものです。職人の優れた技能はそれだけでは芸術を生み出すことはできない。しかし、動物や人間の行動のなかに備わっている本質を素直に発揮させれば、最小の技能でも純粋な芸術を生み出すことができるという風に私は考えています。

聞き手／落合俊也

上写真／「Ritigala house」居間・食堂棟からゲストハウスへ、樹間に浮かぶ回廊が続く
下写真／「Ritigala house」コンクリートの柱に支えられ空中に部屋が浮かんでいる。階下に設えたプールにはこの辺りに生息する象が水を飲みに来る。プールでは蛇が気持ち良さげに泳いでいる

【座談】

より健康に住まうために
——今の住宅のつくり方は正しいのか

南雄三（南雄三事務所）
伊礼智（伊礼智設計室）
落合俊也（森林・環境建築研究所）

落合　人の遺伝子が適合している究極の環境が熱帯雨林だという考えを、この3回のシリーズで紹介してきました。その方向で考えると、もっと本来あるべき住宅の姿が見えてくる。そういう新しい観点から、今の住宅のつくり方は本当に正しいのかを南さんと伊礼さんと共に議論したいと思います。そうすることで熱環境や省エネだけではない、住宅が目指すべき本当の姿が見えてくると思います。

伊礼　琉球大学の環境工学の先生に「沖縄は本当に壁面に断熱材はいらないと思いますか？」と聞いたら、「ないのが正しいと思います」とおっしゃいました。冷房負荷が小さい、断熱するお金よりもエアコンにかかる方が小さいからと言うんですが。それは正しいのだろうか？　と思いました。

南　冷房すれば断熱はいりますよね。天井、壁から輻射熱がすごいし、省エネは電気代だけの問題ではないし。

伊礼　断熱材を屋根にしか入れないんですね。壁や床には入れない。宮古島の伊志嶺敏子さんは、床は結露するので、断熱した方がいいと言っていますね。地域によって考え方は違うので。超高気密・高断熱派は日本全国、世界中で同じことをやろうというので、これも正しいのかどうか？　よく分からない（笑）。

南　床の結露は夏型結露のことでしょうか？　ドイツのパッシブハウスの基準はコスパのよい省エネと快適を実現する断熱性能を求めたもの。つまり、欧州で一般的に使われているパネルヒーターをなくして、熱交換換気の給気をほんの少し温めることで全館連続暖房ができるところまで断熱性能を上げたというもの。更に断熱性を高めて無暖房を求めればコスパに合わなくなります。

その高断熱化の意味を他国が受け取ってパッシブハウスを目指すから「世界基準」と呼ばれている。また、パッシブハウスの断熱基準は「年間暖房（冷房）負荷」で規定するので、気候条件によって断熱厚みは違ってきます。だから世界中がドイツ並みに高断熱化するということではありません。そしてこれは省エネの基準だということです。

一方、日本では「寒さを残しながらの省エネ」が進められていて、北海道を除けば全館連続暖房ではなく居室間歇暖房が普通なので、それだけで省エネになる。でも居室間歇暖房だから温度の問題がでてくる。

落合　何のための断熱・気密技術かといった時、それは省エネのためなのか、健康のためなのか。僕は省エネのための家づくりには違和感があります。基本は健康のためで、健康のための器づくりを考えたときに、

「Ritigala house」居間・食堂から別棟のゲストルーム方向を見る。居間を飾る蝶をあしらった彫刻の照明はラキさんの作品
左頁写真／「Ritigala house」樹間を縫うように建つ

壁にカビが生えるとか、腐るとかということは避けなければならないので、気密や断熱技術は必要だと思う。しかしエネルギーをゼロにすることが目的の省エネを一義とする家づくりはおかしいと思っています。

南　省エネを一義にしているわけではなく、省エネは国策だから補助金制度で煽っているだけ。健康についてはスマートウェルネスの活動もあって、省エネと健康を結びつけている。落合さんが言うように健康を求めて断熱化するのは当たり前。でも省エネを一義……というのではなく、断熱（健康）と省エネを分けて考える必要があると思います。

　欧米や北海道のように全館連続暖房をするなら、課題は室温ではなく省エネになる。

「Ritigala house」森に隠れるように建つ

　一方、居室間歇暖房は、暖房室は20℃でも非暖房室は10℃だったり。夜中暖房を切るので朝には10℃以下になったりする。そこで結露やヒートショックの問題が出てくる。もし「寒さを残しながらの省エネ」を継続するなら、非暖房室の温度と、朝の温度を何℃以下にしない……という「温度設定」をしなければならない。

　もちろん暖房をしていない部屋と暖房を止めた後の朝の温度ですから、温度を維持するのは断熱性能ということになる。こんなことを考えなくてはいけないのが日本の特徴で、伊礼さんが世界中同じに……といった意味は、「世界中同じように快適な温度で生活する」というイメージで、これに対する違和感だと思います。

　断熱性を高めれば、同じ燃費で家全体を暖められる……と考えることが利口な判断だという高性能派？からのプレッシャーに対して、家全体が暖かいことを必要としていないことに違和感をもつのです。

伊礼　同じ燃費で、ですね。

南　落合さんが言うように健康は重要だけれど、健康を守るために最低何℃でよいのかを考える。家全体で、10℃以下になると結露が始まるので、10℃以下にしなければよいのかな。そのレベルなら省エネ基準くらいでいけるので、そこで省エネ基準の意味が出てくる。今は省エネ基準の意味が分からないまま、それを高嶺の花と思う人もいれば、恥じるほど低いレベルという人もいる。

　僕の自宅での20年間の経験で言うと、朝食をとったら出かけるという流れの中で15℃は快適の最低で、少し寒いけど暖房するほどでもなく、急いでいればそのまま出掛けてしまうギリギリで、これを生殺し温度と呼んでいます。もっと快適にしたかったら暖房すればよいと割り切る。そんな我慢しないで全館連続暖房にすればスッキリするのに……といわれて当然で、暖房することにすれば、省エネの領域に入ります。

　全館連続暖房で省エネを考えていくのはシンプルで、これで終わっちゃう。一方、居室間歇暖房は不安定で、少し我慢も要るし、でもそれも楽しいと思ってみたりして複雑。

落合　温度のことだけでいうと、それで終わっちゃう。今の家づくりはそういう議論が中心で、温度だけで省エネ、健康を語ろうと。それだけになっているのがおかしいという話です。

南　さっそくきましたね、落合パンチ（笑）。高性能を

威張る業者も性能を離れれば「よい家とは何か」を模索しているし、僕はここで温度だけで省エネ、健康を語ろうとしているのではなく、温度と省エネを分けて整理しようとしているところ。まあ、森は出てきませんが（笑）。

温度に適正値はあるのか？

伊礼　南さんの本を読んで、省エネ基準がどういうことで出来たのか、大枠が分かりました。

南　あれは国が解説しているのではなくて、僕が関係する学識者たちに取材してこじつけたものだけど、実践する側は意味を知りたいんですよね。日本の家の健康と省エネを進めていくには、パッシブハウスの動きも知る必要があるし、省エネ基準の意味を知り、国がZEHを推進することの理解も必要……といった具合にいろんな動きには情報提供がある方がよいと思う。だから私の立ち位置として、健康の最低、快適の最低の意味と温度と断熱レベルを省エネとリンクしながら、分かりやすく伝えようと思っているんです。

そこで一昨年末に発刊したのが『もとめる断熱レベルとめざす省エネレベル』（建築技術・2016年）で、これを書いたことで私の断熱・省エネの仕事は終わったと思っています（笑）。2020年には省エネ基準が義務化されるし、いろいろ迷った人たちに読まれていくと思っています。

伊礼　網羅していますよね。僕の事務所は築57年の住宅で無断熱でした。あまりにも冬寒くて、夏暑かったので、天井だけセルロースファイバー200㎜を吹き

上写真／「Ritigala house」ゲストルームから森を見る
下写真／「Ritigala house」プールに浮かぶ外観

上写真／「Ritigala house」居間・食堂から森を見る。左手入口奥の階段下にインフィニティプールがある
左頁写真／「Ritigala house」回廊から森を見る

ました。それで夏の天井の表面温度が5℃下がって、なんとか冷房が効くようになりました。冬場もテーブルの上50㎝くらいのところは22℃くらいありますが。床面とは4℃差があります（笑）。

南　そのくらいは出るんじゃない。

伊礼　伊香賀俊治先生はその温度差が健康によくないと言っています。天井との温度差は2度くらいに抑えないといけないと。彼の研究によると、寒冷地よりは温暖地の方が風呂場で亡くなっている。温度差が原因だと。床面の温度もポイントかなと思います。OMソーラーの人たちは床温度が大事だと言います。

南　日本は裸足の生活だし、室温が22℃あっても床面温度が低いと寒いし……。先日、スイスの超高断熱住宅を視察したら、パッシブを狙って床をコンクリートにして黒く塗ってあったのですが、それが冷たい。表面温度は室温と変わらないのにコンクリートだから冷たくて、ソファの前に敷いてあったカーペットが暖かい（笑）。スイスでも断熱性の高い家は靴を脱いでいる家が多くなっているのですが、高性能とパッシブと体感温度とがチグハグの場合もありました。

伊礼　環境＝温度の話になってしまう。北海道の技術から学べるところは学んで、このスリランカの住まいの良さを取り入れたい。「閉じても良し、開いても良し」みたいな。両方ある。それをどうやったらできるかを、いろいろ試しています。ある程度熱橋はありますが、夏はフルオープンにこだわっています。自分の気持ちで開けたり閉めたりすればいいと思います。それが気持ちいいんじゃないかな。

落合　伊礼さんがそう言うのは意味がありますね。

伊礼　性能派の人たちはきちんと断熱を上げればOMはいらないと。多分それは正しいと思いますが。

南　日射をどこで受け取るかだけだから、窓から入るならそれだけで室温は充分高まるから装置としてのOMは要らない。

伊礼　日光が屋根しか当たらないようなところなら、空気集熱式はありだと思います。奥村昭雄先生が考えたことですけれど、それは正しいと思うんですよね。

南　初期のOMは北海道の高断熱・高気密に対して、そういう家は日本には適さない。高断熱・高気密にしなくてもソーラーで暖めることができる……という思想があって、高断熱・高気密を北海道から本州にもち込んだ私と対立していた(笑)。

　そのOMが、「あなたは開ける派ですか、閉める派ですか」と質問状を学者も含めた大勢に出したことがあって僕にも来ました。「閉める派」と答えたのは僕と坂本雄三先生だけだった。OMとしては「開く派」の方がスマートだぞ、情緒もあるぞと言いたかったのだと思う。

伊礼　その頃の風潮としてね(笑)。

南　僕はOMに「閉められなければ、開けられないでしょ」「どちらとは言えなくても、敢えてどちらかをとるとすれば……」という問い掛けに対して……。「それは曖昧さが味のパッシブらしからぬ問いでしょう」と書いた手紙を送ったんです。

落合　もともと南さんはさらに一歩先の、開けたり閉めたりする派ですよね。開けるための技術が高断熱高気密だと昔から言っていましたね。

南　開放的な高断熱・高気密と表現していました。北海道では荒谷登先生が「外を閉める(断熱)ことで内を開放的にすることができる」と提唱したことで全館連続暖房が広がった。本州の開けたり閉めたりとは違った意味だったんですね。それでも荒谷先生のご自宅は窓が大きくて日射を取り入れ、ブロック壁が蓄熱します。そして通風への関心も高くて、日本の通風に係わる研究は本州以西ではなく、北海道の学識者たちの活動が目立っている。なので「開けたり閉めたり」といっても地域らしさのようなものがあります。

　冬に日射量が多い地域では日中に居間や寝室はポカポカになる。夕方にはもちろん室温は下がるけど、日射がなくなる流れで下がるから、それを不快と思わずに受け入れる。

　高断熱で全館連続暖房だと、20℃以上のところに日射が入るので、当然オーバーヒートして、それはそれで得した気分だけれど、冬は毎日のように晴れる地域では朝15℃くらいで昼に1階は20℃、2階は24℃くらいになれば、その方が似合っているように思える。

　パッシブというのは、このリズムが楽しくなって、朝も暖房しないで済まそうという気持ちになるんですよね。

伊礼　南さんの本に断熱材を2倍にしたら、どうなるかみたいなシミュレーションがありましたが、暖房は下がるけれど、冷房は変わらないと。あれは一般の人は勘違いするんですよね。

南　省エネ基準などの計算では断熱性能を上げると冷房がほんの少しですが増えます。だからといって、夏は断熱すれば暑い……ということにはなりません。

伊礼　僕の実家は沖縄の小さな古い民家でした。嘉手納基地の近くで、米軍の戦闘機がうるさいからと国からお金が出て、断熱工事を行い、窓を全部アルミサッシに変えた途端、冷房がないと暮らせないような状況

「Ritigala house」ゲストルームの窓から森を見る

になりました。冬は沖縄でも石油ストーブを使っていましたが、それは要らなくなったんですが、冷房なしでは暮らせなくなったので、すごくよく分かるんです。両方とも良くはならないんです。

落合　どうしてですか。

南　断熱性が高い方が天井、壁からの日射侵入は少ないけど、生活での発熱は逃げにくい。そこに日射が入り込んだら断熱なしより暑くなる。でも日射遮蔽と通風があれば断熱した方が涼しいし、冷房で省エネになる。

伊礼　性能派の人たちは日射遮蔽をきちんとやらないとダメだと言います。

南　これまで考えてこなかったからでしょう（笑）。北海道のちょっと古い、箱っぽい家のほとんどに庇も軒もないですよ。そこを指摘すると、「冬にたっぷり日射を取り込みたいから」という答えが返ってきたり。

　欧州の家は超高断熱化で表情が大きく変化している。冬の日射取得を狙って南面の開口はすごく大きくなり、当然そうなると横スライドの窓になって、日本に似てくる。でも、庇や軒の出のデザインがない場合が多くて、その対策もあって外付けブラインドやオーニングが日本よりずっと充実している。庇や軒の出で日射遮蔽するのは完璧にはできないから、外付けブラインドの方が確かではありますよね。

　こうして断熱や省エネを数字や知識でしゃべると議論は面白くなくなる。そうじゃなくて、今度もし僕が本を出すとしたら「ズルい断熱」をテーマにしたいと思っています。

　例えば、ここでも僕が座っている位置と皆さんが座っている位置では、寒さが違います。客をどこに座らせたら不快じゃないかを考えること。ここの床は土間コンの上に珪藻土仕上げで冷たく感じるけど、だから暖房を高めるんじゃなくて、小さなマットを置くだけで全然ＯＫ……のような「ズルい断熱」。今は「数値が神様」状態ですが、「極意」はそんなズルさにあるはずで、それが設計力。

伊礼　分かります。僕は沖縄の人間だからか？　ある程度やったら、まあいいやと。小さいことはどうでもいいかなと思い始めてきました。だからこそ、相手の言っていることは理解したうえで判断したいと思っています。

南　自立循環型住宅のガイドラインには「快適を押し付けてはいけない」「快適は千差万別で、こうあるべきだという視点で省エネを考えるべきではない」と書かれています。素晴らしい言葉ですよね。国交省も「耐火とか耐震とか周辺に迷惑がかかる項目は防ぐ最低限の規定が必要だが、省エネとか快適は本人の問題であり、こうあるべきという性格のものではない」として義務化に反対の立場だった。ところが、車も家電も省エネに努力して燃費を示しているのに、住宅が無頓着なのはおかしい……という外からのプレッシャーがあって義務化になった。単純に、省エネに国交省がのったというわけではなくて、日本の断熱・省エネには日本らしい「曖昧さ」「我慢を残しながら」「それも楽しい」的なイメージが反映されていたんです。

自然とは太陽の生み出すリズムの森羅万象

落合　伊礼さんは沖縄だから気にしないと言ったけれど、熱帯雨林では全くどうでもよくなる。その要因を我々は考えていなくて、全部省エネとか熱にいってしまっていることが問題なのです。そこに一石を投じようというのが森林共生という考えなのです。快適には絶対基準はないとおっしゃったけれど、遺伝子にとって快適で正しい状況は調べれば分かるのです。それは温度とは違う要因です。遺伝子はそれに応えているわけだから、そこに究極の住宅の姿を求めるという考えがあってもいいかなと思うのです。

南　それは重要だよね。僕は庭のない家を設計するつもりはない。

落合　そうじゃないと健康が担保できないという発想は、これからの人類に必要ですよね。地球の環境を守るためにも、家づくりのところでそれを言いたい。僕がいま関わっている森林医学という分野でそれを言ったところで、実は全然広まらないのです。建築の世界で言ったほうが、みんな聞いてくれるのではないかと。

南　ヨーロッパは街中の密度を高くして防衛と街機能の合理化に熱心だけど、それでも土を触るのはすごく大事なことだから、街の周辺にクラインガルテン（週末菜園）をつくったり、その外には畑が拡がっている。それでいいんじゃないですか。

伊礼　僕の実家にも小さな庭がありました。そこには生活に必要なものを植えていました。仏壇に供えるクロトンの木とか薬草とか。季節の行事に必要なものが庭にありました。自分たちの暮らしを支えるためにも庭が必要だと思っています。

落合　さっき南さんがパッシブの家をつくると暖房をしたくなくなると言ったのにも絡むんだけれど、自然の正体はリズムなのです。太陽の運行由来の環境のリズム性が人間にとって一番必要なことで、それと生物の体内リズムと同調していなければならない。そのことが健康を担保する一番の要因です。いま日本の住宅づくりでリズム性を考えることはないじゃないですか。太陽の運行がすべてのリズム、すなわち環境変動のリズムや生命体の内部のリズムをつくり出している。だから、環境リズムと生命リズムが一体になることがベストな環境のあり方です。そこの部分が我々の建築環境には考えられていません。

伊礼　沖縄では年間の行事がすべてリズムとリンクしています。例えば、僕が結婚するときにも結納は潮の満ちる時間にやるとかね。東京に来たとたんに一切関係ない。年中行事とリズムはリンクしているので、それが崩れた時にきちんとどう再構築するのか。だからこそ、落合さんのように考えていかないといけないと思います。

南　僕の家を再生した20年前はエコが盛んで、環境共生住宅が注目されていた。なので僕の家もそれをめざして、家はパッシブリフォームし、庭はビオトープにし、ハナレの事務所の屋根は緑化して、ゴミ処理もし、ガレージは透水性舗装にして水のことも考えた。

そこまで考えても、落合さんのいう森との共生とかリズムとかには踏み込んでいなかった。でもエコを勉強すれば遺伝子も知り、そこでリズムが出てきて、太陽の動きをパッシブデザインのなかで意識してきましたよね。

伊礼　日本みたいに四季があって、紅葉するとか。小さな庭でもつくって四季を感じようなどというと簡単に聞こえるけど、話を聞くとリズムが大事なんだということが、一歩踏み込んで伝えられるような気がします。実のなる木を植えるとか。

「Ritigala house」ラキさんの作品・門柱の上のイノシシの彫刻

上写真・左頁写真／「C Beyond Nilaveli」客室のテラスから海を臨む＊

落合　一日のなかにもある昼夜のリズムや一年の季節のリズムをどうやって反映させるか。その二本立てを上手にやれるのは日本のように四季が美しくあるところです。

南　日本の中でも地域ごとにいろいろ違うことを感覚でつかまなければいけない。経験値ですよね。どのくらい南に窓を開ければ何度になるかは、だいたい分かるよね。それで設計ができてしまう。勘と経験は地場の設計士や工務店がもっている。

落合　現状の家づくりは、全部石油エネルギーを前提とした話で、パッシブとは少し違います。究極の話になりますが、太陽エネルギーしかなくて、光合成のなかだけでやっていければよかったのですが、たまたま人類は石油を見つけてしまった。石油は太陽リズムを奪う災いの元なんです。石油によって太陽リズムが反映されなくなったので、こういう都市や住宅をつくるようになった。ここでもう少し、太陽の生み出すあらゆるリズムをパッシブという考え方に取り入れて、住宅論と結び付けられないかなというイメージが僕にはあります。我々の活動そのものが石油ベースだから、そこも変えなければどうにもならないと、スリランカのような所に行くとそういう発想になります。ラキさんの家は実に省エネだし、太陽のリズムと森にあふれる多様なリズムに同調している新しいカテゴリーに属する究極の家です。我々はなぜこの理想形を求めないのかと単純に思います。

南　自然って何かというのが理解できていない。僕は循環する系をもつのが自然だと思う。ここのビオトープでも取材にきた記者が、私が雑草をとると「とっていいんですか？　放っておくのが自然じゃないのですか？」と聞いてくる。自然観は曖昧で、落合さんも自然と言うけれど、自然とは何かを言葉で明らかにする必要がありますね。

落合　もちろんそうです。私の自然の定義は太陽と月のリズムが生み出す現象という単純なものです。いまは全部が発電モーターのほかにも、機械的リズムをベースに世の中は動いています。これは石油の生み出したリズム。そもそも石油は、人類が使うために用意されていたものではないのです。昔は粗末な家だったかもしれないけれど、多分昔の方がずっと健康だったし、いまの家づくりよりはずっと良かったと思う。太陽リズムが反映されているから。だから、いまの家づくりでいいんですかと言える状況をつくっていくために、森林共生住宅というのを提唱しているのです。

南　と言われるとパッシブくらいじゃダメ……と聞こえてしまうけれど、都会の中ではビオトープですらめちゃくちゃ難しい。もっとレベルを下げて、太陽のリズムで育った木造、土・畳・障子で構築された家くらいでいいところなんじゃないかと思う。

今や300棟以上を建設する、たった0・1％の業者が戸建住宅の4割をつくっている。家づくりが町場から中央に移っているんですね。それを町場に戻すという提案をしなければいけない。僕はそれを提案する立ち位置として、資産価値を絡めて論理展開した本を3月初めに上梓しました。

森林共生の意義

落合　例えば、いまこの室内が快適だと思っている。同様に森に行っても快適だと思う。でも、体の中では、この室内では快適だと思ってもバイタルは何も変わってない。ストレスホルモンを軽減するNK細胞とか免疫性も上がっていません。しかし、森に行くと、そういうバイタルの変化が実際に起こります。脳を通じて、遺伝子がそこに適合しているからストレスが軽減されてそうなります。

室内は主観では快適と思っても、体にはストレスがかかっている。自然ではない、遺伝子に適合した環境ではないからです。それをなるべく森林環境に近づけて、コンスタントにかかるストレスをとってあげようと。具体的にどうするのかは、なかなか難しい部分もまだあるけれど、追求しなければいけないテーマです。

南　話が大きくなっているけれど、庭があればいいんだって言ってくれたら楽になるし、観葉植物でもいいんだと言ってくれれば、それで楽になる。でもそんなんじゃダメというのが落合パンチですね(笑)。

伊礼　庭は家と街の間の曖昧な所、アマハジのようなバッファーです。永田昌民さんが「建築はみっともないんだ。恰好良くしようと思えば思うほど醜くなる。本人は格好良いと思っているけれど。そこに庭があれば和らげてくれるので、自然と廻りと馴染む」と言っていました。そういう意味でも庭は必要だと思います。

落合　景観的な緑も必要ですが、植物が発するリズムが必要なので、それを取り入れるための庭や緑なんです。一番リズム性をもっている太陽を上手く反映させて取り入れることが、一歩進んだパッシブになるんです。

南　森があればいい。「一つの街に一つの森が」じゃ……ダメですか(笑)。

落合　あくまでも話を単純にしますね(笑)。でも、ラキさんもそう言ってました。

伊礼　パッシブデザインには太陽だけではなくて、緑が必要だと言い切りましょう。

南　外国から帰ってくると、日本にはつまらない家が並んでいることに気がつく。だから、ヨーロッパは綺麗だったよねと言えばいい。森があったらきっとすごく気持ちいいよねと言えばいい。一つの街に一つの森があったらいいけど、公園じゃだめなんだよと言えば分かりやすい。公園には木漏れ日がない。

落合　緑の光は確かに重要ですね。でも、それだけでなく人の遺伝子に合った熱帯雨林は本当に快適です。外国では森林医学や森林浴にものすごく注目しているんだけれど、日本人はあまり森の快適さに関心がない。

伊礼　沖縄は海に囲まれているので、少しの皮膚炎や怪我なら海につかれと言われます。身体にいいんです。遺伝子にあった快適さがあると思います。熱帯雨林でも、海でもそういう役割をもっているんじゃないですか。

南　いい話だな。

伊礼　バワの建築を見に行くと理屈は分からないけれど、すごく気持ちがいい。自邸は完全に内外が仕切られていないけど、なかなかいいですよね。それをどうとらえて、伝えていくのか。

南　バウビオロギー（建築生物学）を伝えるのはむずかしくて石川恒夫先生が苦慮していますが、私は「そこに居て気持ちいい」ことでよいのではと思っています。だから古民家は気持ちよくて、間仕切りだらけのビニールクロスの家は気持ちいいと思えない。そこにバウビオロギーが反映しているように思う。

　ドイツでは小学生が森に行くカリキュラムがあったり、西洋人は、自然は神と人間がつくったと考えるから、自然と共生することにきちんとしている。でもアジア人は自然とともにあるから、自分たちが人工的な生活に向かうと、簡単に自然を壊してしまいますね。「しょうがないよね」という言葉がアジア人の大好きな言葉。

　落合さんの森林共生住宅の考え方と伊礼さんのそれを反映したデザインで、日本の家づくりを自然体に戻して欲しいですね。私は本も出たので、家づくりを町場に戻すことで頑張ります。

於／南雄三事務所　2017年12月12日

Laki Senanayake Art & Forest　Part1・Part2・Part3

写真=畑拓

Part1 *印写真=落合俊也　Part3 176頁写真=東海林美紀　*印写真=ラキ セナナヤキ提供

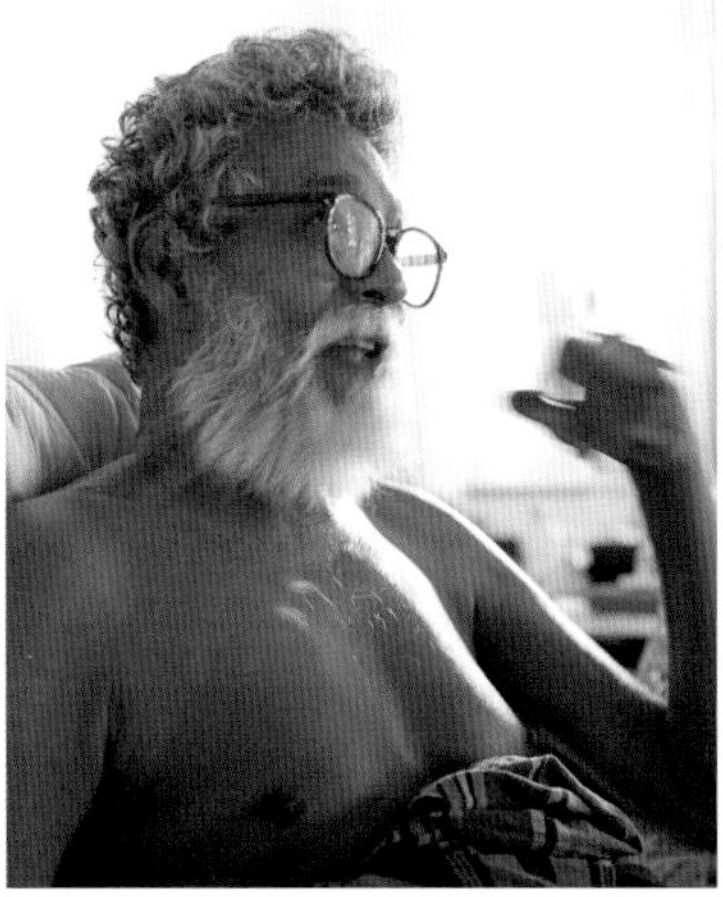

Laki Senanayake（ラキ・セナナヤキ）

1937年生まれ

スリランカ出身のアーティスト・建築家。

3歳から絵を描き始める。

コロンボのロイヤル・カレッジで教育を受け、絵画、彫刻、建築、農業、造園、バティック、スクリーン印刷、染色、書籍イラストレーション、通貨デザイン、詩など多くの分野で活動するスリランカの創造的芸術の中心人物。

自国の固有種をモチーフにしたスリランカ紙幣のデザインは世界的に評価された。伝説的な建築家ジェフリー バワの国会議事堂やホテルなど多くの建物は、彼の作品で装飾されている。スリランカの熱帯雨林と水の都「ディヤブブラ（Diyabubula）」に理想郷を建設して多種多様な動物と共に暮らしている。2021年5月逝去。　コロンボ市内の工房にて

写真提供=伊礼智

伊礼智（いれい・さとし）

1959年　沖縄県に生まれる。
1982年　琉球大学理工学部建設工学科卒業。1983年　同研究室生修了。1985年　東京藝術大学美術学部建築大学院（奥村昭雄研究室）終了後、丸谷博男+エーアンドエーを経て、1966年　伊礼智設計室開設。2005年〜2017年　日本大学生産工学部非常勤講師。2016年〜東京藝術大学非常勤講師。

写真提供=南雄三

南雄三（みなみ・ゆうぞう）

1949年　東京都に生まれる。
省エネ・エコハウスの学術的研究成果を独自のフィルターにかけながら住宅産業界、消費者に伝達する住宅技術評論家として活動。住宅産業全体般のジャーナリストとしても活動。新宿にある自宅は大正時代の古住宅を環境共生住宅に再生して、資産価値を高めた実例として知られる。若いころ世界50カ国を放浪し、現在も海外に出かけスケッチをしたり、自主ゼミを開くなどしている。著書に『大逆転のHOME嵐』（建築技術）など多数。

4章　木材に投影される森の力

森林環境がもっている目に見えない力が、木には凝縮され蓄えられている。多くの生命体と同様に、建築を構成する木材はさまざまに形を変えるが、その秘められた力を上手に引き出して使うには、デザインの力が必要だ。その力が、新しい技術や社会を生み出す原動力にもなり得る。

月齢伐採と榊原正三の一味

いちみ・ひとあじ

住まいに森の力を与える

『住宅建築』誌において、このシリーズが始まった当初から、このタイトルには榊原さんの仕事の話題が一番適していると思っていた。「榊原正三の一味」というタイトルも初めから決めていた。

榊原さんは地元天竜の木に関することであれば、そ

月齢伐採の行われている天竜の杜

の普及のための活動は幅広かった。だから各方面の人が榊原さんの周りに集まって来た。多才でユニークな活躍をする人が、まるで榊原一味（いちみ）のようにいつも榊原さんを取り囲んでいた。

一方で、我々建築をつくる側から見ると、榊原さんの木は我々の建築に一味（ひとあじ）の魅力を加えてくれるという期待があった。一味（いちみ）は皆、彼の一味（ひとあじ）を頼りにしていたのである。

榊原さんのいる林業の世界には本当に根深い問題がある。人間の営みをただ受け入れてきた日本の森林は、衰退や復興の繰り返しの歴史だったが、これから先も希望の光が見えていない。その大きな理由は巨大資本の存在で、それが動く方向とスピードは変えられないことにある。林業再生がうまくいかないのは、既成産業の価値観とスピードが森林生態の身の丈と合わないからなのである。

榊原さんの始めた孤独な戦いは、これまでの林業の既成概念から一線を画し、木の正しい使い方を考え直させる方向に一石を投じた。それは建築業界から見れば小さくても、消費者にとっては本質的な需要であることに間違いない。

木造住宅に使われている木に触れて、その生命性に共感したり自然環境のリズムや時間を感じ取ったり、あるいはその木が立っていた森林環境そのものに思いを馳せたりすることができたら、住む人の幸福感はどんなに増すだろう。木の立場から見ても、魂が宿ったままで人に使われることが最も幸せに違いない。榊原さんの仕事はまさに森と人と建築を結び付けるもう一つの林業の方向性を示すものだ。

【寄稿】

月暦で木を伐る男、榊原正三のシゴト

やましたしんいち

与作ツアーと森林に繋がる家づくり

野菜や果物、米などと同じように、木にも「伐り旬」がある。地方や樹種によっても多少の違いはあるが、秋から冬にかけて、冬目が形成される時期に伐採する方が良い木材になる、とされており、林業では、昔からそれが当たり前とされてきた。しかし、乾燥機械が普及し経済性を優先する現代では、そんな当たり前とされていたこともすでに、昔話のように語られている。

しかしその「伐り旬」と「葉枯らし」という林業の伝統技術を頑なに守り、山と人、川上と川下を繋ぐことを信念とした男がいた。静岡県浜松市天竜区横川。天竜杉の産地として知られるこの地方で、榊原正三は、40年以上にわたり、地元天竜で素材業を営んでいた。

彼が地元の森林組合を退職して榊原商店を始めた１９７１年。工業はもとより、農業やさまざまな分野での機械化、効率化が進み、林業でも労力軽減の為の林業機械の導入が盛んに行われていた。また輸入自由化により木材需要の半分が外国産の木材となり、国が山林の拡大造林を強行していたころである。山の様子がどんどん変わってゆくなか、榊原は独立当初から、木の「伐り旬」を守り、「葉枯らし」と「天然乾燥」という伝統的な木材の乾燥方法にこだわり続けてきた。

初めは地元の製材所を中心に丸太を販売していたのだが、１９７５年代からの木材価格の下落、１９８５年代バブル景気後の木材需要減少とともに、木材や山林への関心が極端に薄くなってゆくことに大変な危機感をもつようになる。そしてその山の現状を直接消費者に伝えることが重要だと考え「与作ツアー」をはじめる。「与作ツアー」とは、素材生産の様子、つまり木の伐採、搬出、貯木、といった林業の現場や、丸太が製材され木材となる製材所などを見学する、というもので一般ユーザーをはじめ、設計事務所や工務店など、多くの人々が天竜の山に訪れた。

いまでこそ、林業体験や山林見学などは各地で行われているが、彼がツアーを始めた１９９９年当初は、山に一般人が入るなど考えられなかった。だが、榊原の思いに賛同した人々は、全国から、それもひっきりなしに天竜の山奥に来たのである。そのなかでもとくに、木は材木屋から買うもの、大工にしか分からないもの、としか頭になかった設計者や建築家には、「与作ツアー」で見ること、聞くこと、すべてが衝撃だった。そして、日本の山林を活かした木造建築を設計するうえで、いかに川上と川下が情報を共有し連携してゆくことが重要かに気づかされるのである。

また、榊原商店をはじめとする天竜地域の素材生産者や製材所が集まり「天竜T.S.ドライシステム協同組合」を設立して、木材市場に頼らないで直接消費者に木材を提供する流通システムを構築した。そこから「森林に繋がる家づくり」として地元設計者や工務店を中心に天竜材を使った木の家づくりが広まっていく

上写真／月齢伐採の実験をした丸太の断面。右が新月期に伐採された丸太。左が満月期に伐採された丸太。満月期のものは、形成層の部分に青カビが発生している
左写真／杉の形成層にあるデンプンの抽出実験の様子。右が新月期に伐採された木の抽出液。左が満月期に伐採された木の抽出液。色の濃い方がデンプン量が多い

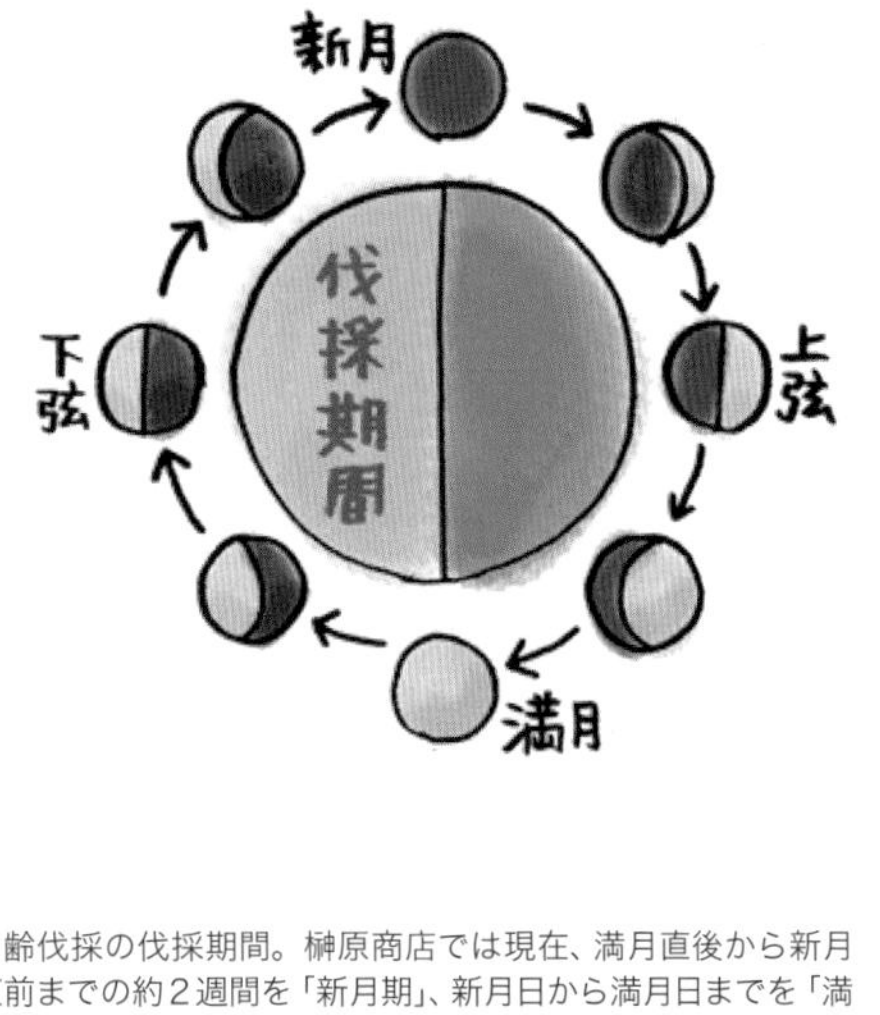

月齢伐採の伐採期間。榊原商店では現在、満月直後から新月直前までの約２週間を「新月期」、新月日から満月日までを「満月期」として、新月期にのみ限定して伐採を行っている

「榊原商店」と丸太に打たれた正（カネショウ）刻印は榊原材の証である。すべてに管理用のバーコードが貼られている

「榊原商店」の貯木場。正マークのある屋根が事務所。ここで、山から搬出した丸太の選別を行う

「天竜T.S.ドライシステム協同組合」で桟積み、乾燥された木材。製材後の材料にも丸太と同じバーコードが貼られている

「天竜T.S.ドライシステム協同組合」の製材所。製材された木材はまず外で桟積みされ、外気で乾燥する。遠州最北端の県境、浜松市天竜区水窪町の山間にある

「天竜T.S.ドライシステム協同組合」の木材熟成倉庫。外で乾燥された木材をさらに屋根付きの倉庫内でゆっくり乾燥させる。短いもので半年。長いものは3年以上経っている

ことになる。

エルヴィン トーマと月齢伐採

　そんななか、２００３年９月、ある外国人が日本を訪れる。オーストリアの営林署に携わるエルヴィン トーマである。トーマは１９９６年に出版した自書の日本語翻訳書の出版記念として日本で講演を行ったのだ。トーマの口から語られたのは「月が欠けていく時に伐った木は、虫がつきにくく、永持ちする」というものであった。これを聞き、榊原にはふと思い当たる節があった。伐採現場で同じように葉枯らしをかけた、同じ山の同じ種類の木の中でもキクイムシに食われる木と全く食われない木とがあり「おかしい」と感じていたのである。その原因は、もしかしたら「月と木の関係」にあるかもしれない……そう思った彼は、早速、トーマの教えを実行してみたのである。すると新月の前に伐採した木はキクイムシが入らずカビも無かったのに対し、満月に伐採した木にはキクイムシが入り、カビが発生したのである（どちらも葉枯らし期間５カ月）。

　ひと月の半分だけで結果が全く違うことに驚いた榊原はさらに、その結果をもっと数値的に証明したいと考え、京都大学に木の成分を分析してもらった。その結果、新月前と満月前とでは、木材内のでんぷん質の消化量に明らかな違いが見られたのである。新月前の木材はでんぷん質が無くなっているのに対し、満月前の木材にはでんぷん質が多く残っており、それが虫やカビの原因のひとつではないか、ということが分かったのである。そこから、自社で伐採する木材すべてを月暦によって伐採期間を限定する「月齢伐採」に切り替えたのである。そして「素敵な宇宙船地球号（テレビ朝日製作）」というＴＶ番組をきっかけに全国にこの伐採のことが知れ渡り、同じように取り組む人が増えた。

　しかし、トーマの著書（日本語訳）にある「燃えない、腐らない、暴れ・くるいがない」という強烈なコトバに対する効果については、残念ながらさまざまな条件や環境、もともと木がもっている固有の性質などがあり、すべてにおいて同じような結果を得られたという話にはならなかった。また情報が少ないなか、一番重要な伐採の時期や葉枯らし期間についての情報や見解が取り違えられ、トーマのモノとは違う条件の実験結果が公表されたり、ある専門誌には「ほとんど効果は期待できない」との記事が掲載されたり「デマだ、カルトだ」と揶揄されるようなことがしばらく続いた。

それでも伐り続ける……

　月齢伐採は、伐採期間が限定され、さらに葉枯らし、天然乾燥と、永い時間をかけて木材をつくっていく。だから、数日、数週間で市場に出る一般の木材に比べ、実際にお金になるまでには、大変な時間がかかる。そのため、余裕のない山主（山林の所有者）にとっては大きな負担となる。そんな山主を説得し、出せば赤字……となる山林に少しでもお金を返す……という努力を榊原は続けている。そして今日まで月齢伐採をやり続けている。何をそこまで頑なに、やり続けるのか？

　彼に問うと、こう答える。

「お客さんの為。自分が悪いと感じたものをお客さんに使ってもらう訳にはいかない」。

　もともと彼が、月齢伐採を始めたのは、現場の経験からの話である。月齢伐採に取り組む前には、葉枯らしした丸太のうち、その半分以上が虫の害にあっていた。とくにテッポウムシといわれる虫が入ると、商品としての価値がなくなってしまうほどの穴を空ける。葉枯らし、天然乾燥という、ただでさえ商品になる率が少なく、リスクが高いところに、虫が入ってしまうことで、そこまでかけた時間と手間が無駄になり、永年育ってきた木材がダメになってしまうことに悩み、榊原は試行錯誤を続けていた。そこにトーマの話を聞いたのだ。そしてその結果に驚き、共感し、納得して続けているのだ。実際、現場の職人も、「虫の入り方が、本当に少なくなった」と感じているし、永年、榊原材を

「与作ツアー」伐採した木にサインをしてもらう様子。小さな子供でも気軽に参加できる

使い続けている筆者も月齢伐採をする前から土場（貯木場）に出入りしているが、テッポウ虫の痕跡は、確実に少なくなったと感じている。

　そして実際に製品として出来上がった木材の艶、香り、経年変化を経験したうえで、榊原材を使い続けている。ただ数回の実験の結果ということではなく、天然乾燥の現場の声と感覚から、皆、続けているのである。現場で良いと思わないモノを提供する訳にはいかない。良いと思うモノを提供する……それが月齢伐採の真実である。

木暮人倶楽部と匠の会

デマだと言われた時期もあったが、現在、榊原の木材、「月齢伐採された木」を使いたい……という人は、全国に多く存在し、改めて彼の取組に共感し、普及、啓発活動を行っているグループもある。

　榊原が理事を務める「一般社団法人　木暮人倶楽部」は、木のファンを増やし、木と共に暮らす……というライフスタイルの提案を行っている。その会員は、専門家や一般人が共存し、木を好きな人なら誰でもいい。榊原が当初から考えていた、山と人を、楽しく、繋げる仲間である。

http://www.kogurebito.jp/

　そして「天竜ＴＳ匠の会」は、「天竜Ｔ．Ｓ．ドライシステム協同組合（静岡県浜松市天竜区水窪町）」を事務局とする「月齢伐採された木材」をＰＲし、積極的に使おうというグループである。関東甲信越、静岡、愛知（遠くは韓国の会員もいる）など、建築関係者を中心に、家具や木工品、自然食材の生産者も含め、約50社以上が所属している。

http://ts-takumi.com/

＊

　榊原に共感した彼等の思い。木の価値を再認識し、その価値に見合った価格で取引する。そして最後には山にお金を返したい。

　榊原という男のまわりに繋がった「月齢伐採」の輪は、これからも、月よりも丸く輝いてゆくに違いない……。

上写真／伐採後、葉枯らしの様子。杉は3カ月以上、桧は1カ月程度を目安にして、枝払いをせず、葉をつけたまま山中で乾燥させる
左写真／「与作ツアー」説明をする榊原氏。毎回、多くの人が天竜の山中に訪れる

【寄稿】

成長する木の家

やましたしんいち

板倉構法の型式認定を使うと、内壁も外壁も、すべて木材を使って建築すること（ただし30分防火の範囲のみ）ができる。内部に使う断熱材も木材繊維系断熱材を使用すれば、正に「表から裏まで、すべて木でつくる」ということになる。これが「板倉の家」の大きな特徴である。

しかし実際、外壁まですべて木で仕上げるということはなかなか難しいというのが実情だろう。だがここ数年、私の手掛ける物件のほとんどの外壁は「木」である。こちらがクライアントに押しつけているというワケではもちろんなく「できるだけ木だけでつくりたい」というようなニーズがまずあって、それが当方の提案とマッチした「形」というだけである。どうせ使うなら木をそのまま使いたい、そんな人は増えている。そして榊原材は、そのような提案に絶対不可欠なものである。

「月齢伐採」は、葉枯らしや自然乾燥期間のキクイムシやカビなどの被害を抑制するための、どちらかというと山側のニーズで選択されたものだが、榊原材を外部に使用した際の自然な風合いや経年変化は「葉枯らし」の効果だけではないのでは……と私は感じている。

波乗りを趣味としているこのクライアントも、そんな木に対する価値観と実感が一致した。そして、この「木の箱」を望んでくれたのだ。木を、木のまま、気ままに楽しみ、家とともに変化し、成長してゆく。そんな木の家が、もっと増えたらいいと思う。

事例1

i-Box 板倉の家

静岡県湖西市

設計＝こころ現代民家研究所
施工＝ヒロ建築工房
写真＝鈴木志津佳

2階、階段付近のワーキングデスク。床、壁、天井、すべて「T.S.ドライシステム協同組合」の杉板である

資料

●**建物名**―i-Box 板倉の家
所在―――静岡県湖西市
●**設計**――こころ現代民家研究所
（担当／やましたしんいち・服部香澄）
施工―――ヒロ建築工房（担当／森島正浩）
竣工―――2015年5月
構造規模―木造（板倉構法）2階建
●**面積**
敷地面積―200.98㎡
建築面積―65.75㎡
延床面積―111.47㎡
（1階／57.76㎡　2階／53.71㎡）
建蔽率――32.7%（60%）
容積率――55.4%（200%）
地域地区―市街化区域（用途地域：工業地域）
●**主な外部仕上げ**
屋根―――ガルバリウム鋼板竪ハゼ葺き
壁――――杉赤身本実加工板竪張り無塗装現わし
●**主な内部仕上げ**
天井―――1階／2階床板厚40㎜現わし
2階／杉化粧野地板厚12㎜現わし
壁――――杉厚30㎜落とし込み板現わし、一部PB下地珪藻土塗り
床――――杉厚40㎜床板張り
断熱材――屋根／フォレストボード重ね張り
外壁／柱間フォレストボード充填

床を一段低くしたくぼみリビング。奥にはキッチン、水廻りに続く廊下がある

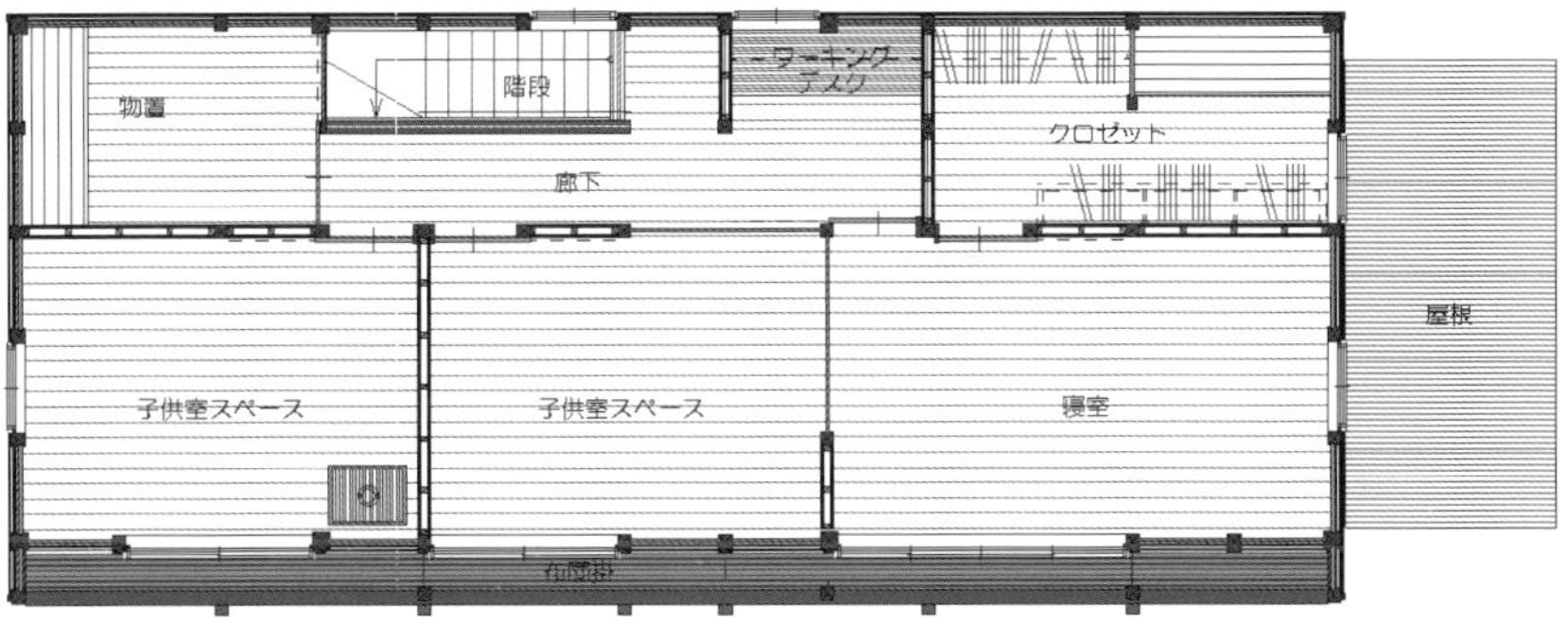
物置
階段
ワーキングデスク
クロゼット
廊下
子供室スペース
子供室スペース
寝室
屋根

2階平面図

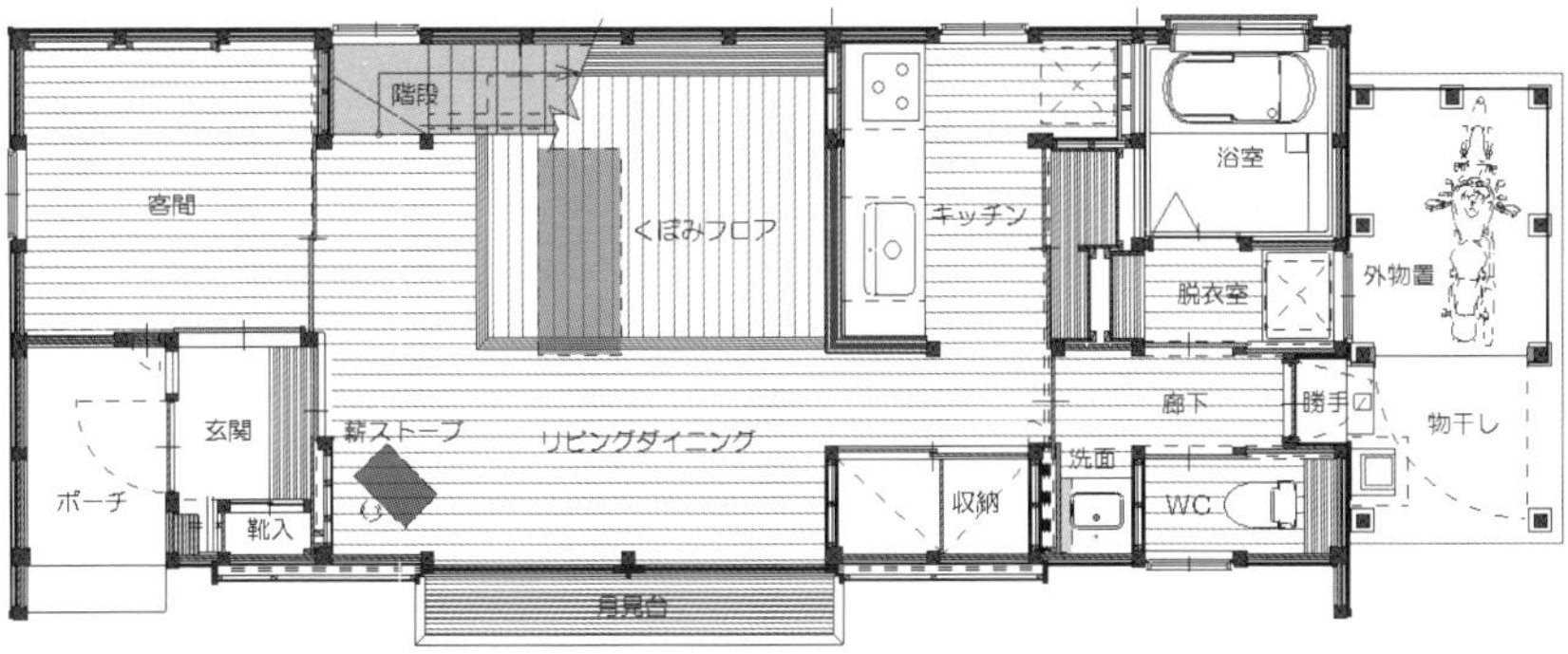
階段
客間
くぼみフロア
キッチン
浴室
脱衣室
外物置
玄関
薪ストーブ
リビングダイニング
廊下
勝手口
物干し
ポーチ
靴入
収納
洗面
WC
月見台

1階平面図 1/200

外壁には「T.S.ドライシステム協同組合」の杉の赤身板を素地のまま使用している

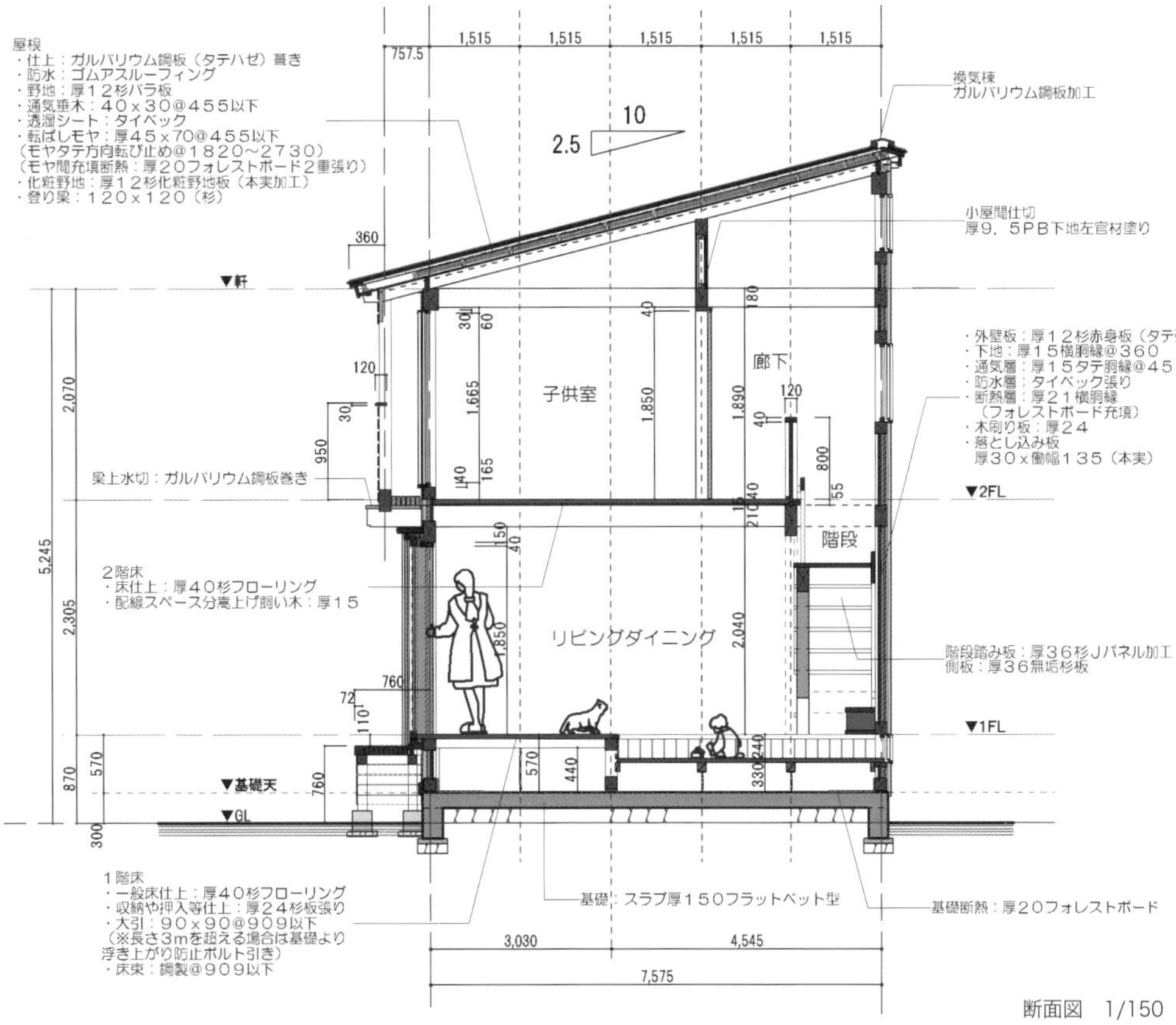
屋根
・仕上：ガルバリウム鋼板（タテハゼ）葺き
・防水：ゴムアスルーフィング
・野地：厚12杉バラ板
・通気垂木：40x30@455以下
・透湿シート：タイベック
・転ばしモヤ：厚45x70@455以下
（モヤタテ方向転び止め@1820〜2730）
（モヤ間充填断熱：厚20フォレストボード2重張り）
・化粧野地：厚12杉化粧野地板（本実加工）
・登り梁：120x120（杉）
換気棟
ガルバリウム鋼板加工
小屋間仕切
厚9.5PB下地左官材塗り
・外壁板：厚12杉赤身板（タテ張り）
・下地：厚15横胴縁@360
・通気層：厚15タテ胴縁@455
・防水層：タイベック張り
・断熱層：厚21横胴縁
（フォレストボード充填）
・水切り板：厚24
・落とし込み板
厚30x働幅135（本実）
梁上水切：ガルバリウム鋼板巻き
2階床
・床仕上：厚40杉フローリング
・配線スペース分嵩上げ飼い木：厚15
階段踏み板：厚36杉Jパネル加工
側板：厚36無垢杉板
子供室
廊下
階段
リビングダイニング
▼軒
▼2FL
▼1FL
▼基礎天
▼GL
1階床
・一般床仕上：厚40杉フローリング
・収納や押入等仕上：厚24杉板張り
・大引：90x90@909以下
（※長さ3mを超える場合は基礎より浮き上がり防止ボルト引き）
・床束：鋼製@909以下
基礎：スラブ厚150フラットベット型
基礎断熱：厚20フォレストボード
2.5
10
757.5
1,515
1,515
1,515
1,515
1,515
3,030
4,545
7,575
5,245
2,070
2,305
870
300

断面図 1/150

【寄稿】榊原さんのこと

瀬野和広

やましい!?　山師との山物語

建築家住宅の会の立ち上げ後、活動プラットホームに「杉を見に行こう」ワーキンググループを結成、いの一番にツアーを組んだのが、天竜の山。２０１０年晩秋、新月期のことでした。そして我々を待ち受けたのが天竜の山師、榊原商店主です。実は榊原さんとはこの時初対面ではなく、何年も前に都内のある会合で葉枯らし天然乾燥杉の講義を聞き、二言三言会話したのがきっかけで、ずっと気になる存在でした。そんなことから、随分と朗らかな山師との再会を楽しみにしていました。ただ本誌をはじめさまざまなメディアで、葉枯らし天然乾燥のことを知ってはいるものの、下世話ながら採算勘定的に合うはずのない事業を真に受けることはできません。恐らくは採算用と拘りを分けた、農産物生産の常識と同じだろうとの思い込みもずっと抱いていました。ツアーは正にその現場を確認するためで、ある意味、山の経済事情ここも？　を視るんだろうなとの思いで臨んだものです。当たり前ですが、どこの産地も切り倒されるまでは、天然そのものです。問題はその後の人工的処理の仕方で、せっかくの天然物の資質を、経済ベースに乗せるために妥協の産物にしてしまうことです。榊原商店も、この木こり現場までは他の山と何ら変わりません。それどころか、冬場の新月期のみの伐採制限を徹底しながら、更に十分なる葉枯らし放置期間を設けての山出しには、感動すら覚えます。ただ、それでもやましい!?　感は付きまといます。いうまでもなく、葉枯らしまでこんなに時間を費やしたのに、製材その後は乾燥機の疑いが付きまとうからです。組合を形成している製材所に赴き、目に飛び込んできたドイツブランドの乾燥機を視て、やはりと肩を下ろしたのをはっきり覚えています。その情けない私の姿を見て、笑い転げる榊原さんがまた印象的でした。その乾燥機の扉を開け、はいどうぞの手招きに従い中を覗けば、そこはただの物置です！　この山、この組合は１００％天然乾燥の真実を、ここで思い知らされます。聞けばここは以前プレカット工場。廃業後、榊原さんたち組合が譲り受けたとのこと。乾燥機はその名残りでした。改めて周辺を見渡せば、ビンテージよろしく桟積みされた露天木材乾燥市場になっています。川を挟んだ向かいの大型倉庫もすべて天然乾燥木材の山また山！　これで木を見て森を見ず的自己疑念を払拭、その後今日までの交流に繋がっています。

あれから計画中の案件まで含め20数棟オール天竜杉と檜に頼っています。天然乾燥材の特色は、乾燥後も細胞が破壊されないこと。木を使う建築の本意、実はここにありではないでしょうか。調湿機能は正にこの毛細管の有無にかかっているからです。また精油分も撥ねないため、強度耐久性はもちろんのこと、ノミ・カンナの歯触り良いことこのうえないという、大工の手先から出るような言葉が印象的です。

事例は実例15件目の「筒棟庵」。三鷹市に組上げた家づくりです。建主夫妻も、木に惚れ山に惚れ、榊原さんの人に惚れと、完成後も終わることのない、家づくり家育てを楽しみながらの暮らし向きです。

芝庭から南縁側正面を見る

協力業者

木材	天竜T.S.ドライシステム協同組合（榊原正三・森下孝司）
	小川木材（小川典洋）
断熱	信越・ビー・アイ・ビー（小林義孝）
電気	深野電機（深野聡）
水道	ＳＫＭ（田中慎吾）
内装	インテリア・小野表具店（小野沢秋典）
塗装	田島（粕田克己）
板金	エムルーフ（宮内誠）
建具	加藤木材（加藤正実）
畳	ひさごや畳店（佐藤都夫）
タイル	市川タイル（市川浩）
防水	正和産業（番留勇）
鳶・木工	門前（宮本喜浩・高橋勇二・宮本智也・高田忠宜・増田博史・仲間誠晃）
左官	漆喰九一（福田正伸）

容積を仕切る桁組架構。足元には板の間と土間が一体に広がる

資料

●建物名―筒棟庵（とうとうあん）
所在―――東京都三鷹市
●設計―――瀬野和広＋設計アトリエ（担当／瀬野和広・新井麻意子）
施工―――天音堂リフォームラボ（担当／伊東功）棟梁／伊東功＋佐野智啓
竣工―――2015年4月
構造規模―木造平屋建

●面積
敷地面積―795.36㎡
建築面積―138.80㎡
延床面積―118.41㎡
建蔽率―17.55%（40%）
容積率―14.88%（80%）
地域地区―第一種低層住居専用地域・準防火地域・第一種高度地区

●主な外部仕上げ
屋根―――アルミ亜鉛合金メッキ鋼板厚0.4㎜竪ハゼ葺き
軒先：横平葺き（幅350㎜一段、JFE鋼板：JFEカラー GL）
壁―――ラスモルタル厚20㎜下地弾性リシン吹付け

●主な内部仕上げ
天井―――J.P.B厚9.5㎜寒冷紗パテしごきのうえ、E.P.塗装（日本ペイント：エコカラット70）
壁―――P.B.厚12.5㎜下地処理のうえ、天竜すぎのこ漆喰塗り（漆喰九一）、桐板厚12㎜×150㎜実付無塗装
床―――杉無垢板フローリング厚30㎜×135㎜無塗装品（天竜T.S.ドライ：赤身特一）、OF（TNC：ロハスコート）＋WX（森木工所：匠の艶出し）仕上げ、縁なし目積本畳厚55㎜（半畳物）、天然リノリウムシート厚2.5㎜（タジマ：マーモリノリウム）、磁器質タイル厚10㎜貼り（アドヴァン：クォーツサンドブラック）

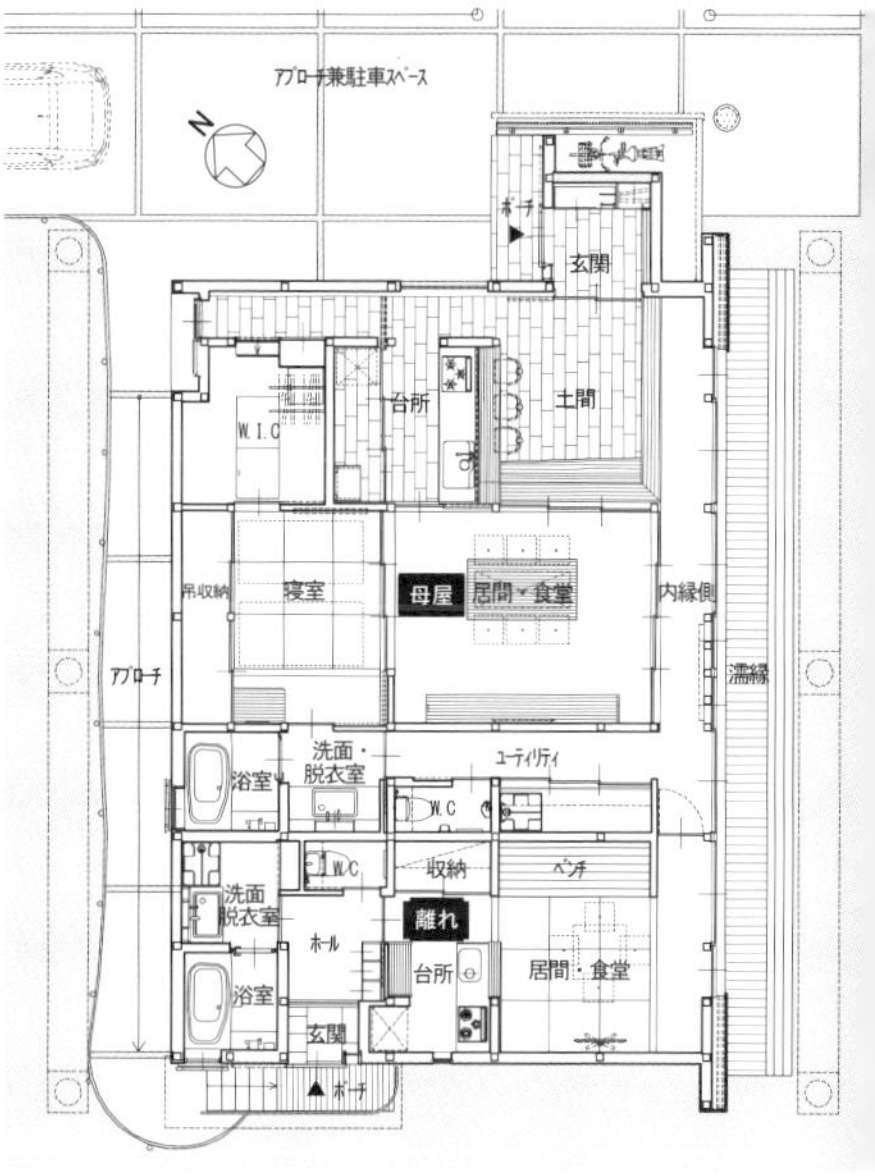

平面図 1/250

事例2
筒棟庵
東京都三鷹市
設計＝瀬野和広＋設計アトリエ
施工＝天音堂リフォームラボ
写真＝吉田誠

葉枯らし天然乾燥材
天竜T.Sドライシステム協同組合の天竜杉（檜）は2年以上の歳月をかけて自然乾燥されます。こうして生産される木材は、細胞膜が残っているため強度も高く、調湿機能にも優れています。私たちの家づくりの屋台骨です。

近年は食物の杉としても開発が進められ、天然乾燥材の特質がまた一つ暮らしにうるおいを与えるでしょう。

木は木で組む
所謂木軸在来工法ですが、私達の木組みの接合部分には金物仕様を制限しています。

木は木で組む仕掛けづくりが出来れば、構造的信頼性が高いからです。

（今回はホールダウンレスです。）

循環の間取り
いくら家が長持ちしても、ライフスタイルの変化でそれを阻んでいるケースが多く見受けられます。住む人達も成長しながら変化している訳ですから、限定された用途の間取り設計を、あまり得意としません。必要に応じ、家の中でグルグル引越しできる間取りのプログラムを考えておくべきでしょう。スクラップアンドビルド、30年周期だそうですが、我国の30年後の粗大ゴミづくりだけはしたくないですネ。

自然素材
各種建材からの有害物質を抑える為、塗料を含め自然材をベースに仕上げます。

また、下地材からのT.VOCをおさえた仕様を標準にします。

通気構法
屋根裏や壁内の熱や湿気を外部にスムーズに排出。

断熱気密
断熱層には温度によって調湿機能が変る素材と無機質の断熱材を指定して専門業者の責任施工に委ねます。

自然エネルギー優先活用の家づくり

今更健康住宅云々を解いても仕方ありません。しかし気密断熱性能向上が、国策論として「着ぐるみ」家づくりを奨励している現実には少なからず違和感を覚えます。同時に調湿や遮熱性能の数値化も計りながら、呼吸体としての評価でなければと考えるからです。

ところが、住宅ローン金利や税緩和策も敷きながら、省エネとして機械設備前提のゼロエネ健康健全を鵜呑みにして良いものでしょうか？環境共生、自然エネルギー活用パッシブハウスの本意はそういうものではないはずです。

更にその認定が、完成結果では無く設計段階での判断とあれば、何か本末転倒無責任政策としか言いようがありません。家づくりは、この場所での世代循環であり、まちを育む原点と捉えたいと考えます。

つまり本来の長期優良住宅とは、自然環境と社会環境の按配の中で育まれるものであり、気密断熱と機械装置前提の性能評価では決してありません。

間取りを四季に思い切り解放しながらも、気密断熱も無視しない、更に調湿も計りながら、環境に合理的な設えをあたりまえとした家づくりを続けたいと思います。

瀬野和広

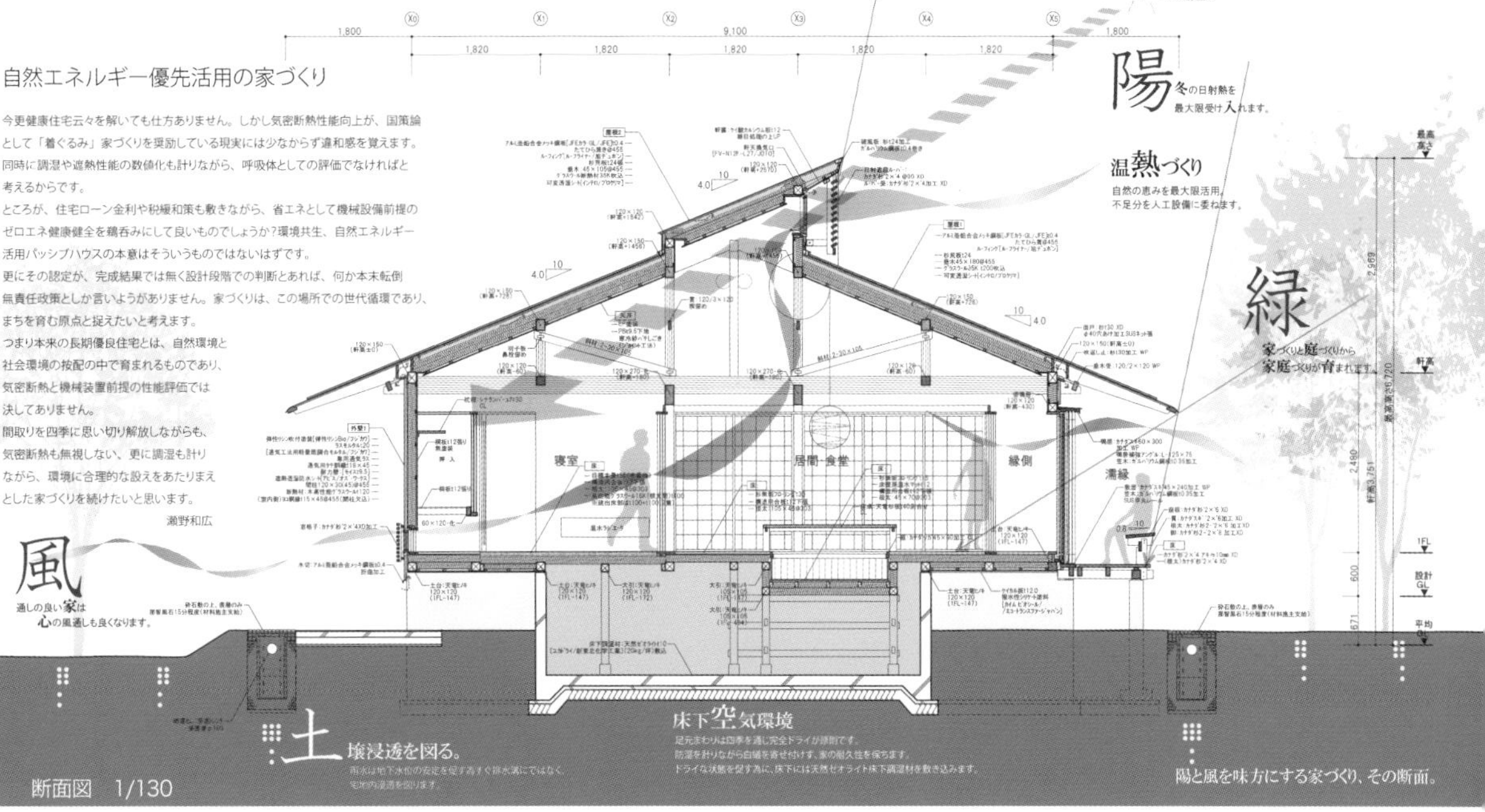

断面図 1/130

【寄稿】

ワークショップ「き」組の仲間 天竜との家づくり

松井郁夫

天竜の山は深い。幾重にも重なる山襞はすべて杉林だ。江戸時代から人工造林が進められ、明治時代に天竜の植林の父「金原明善」が治水事業として本格的な植林事業に取り組み、杉が7割、桧が3割という建築用材の産地である。

天竜では、一本一本の木がいつどこに植えられていつ出荷したのかを追跡している。履歴証明（トレーサビリティ）である。この仕組みがあれば、一本の木の育った場所と林業家が分かる。そのことによって、次の植林の計画と植林費用をだれに還すのかが明確になり、山と消費者が繋がる。いわゆる「顔の見える関係」が生まれる仕組みである。

天竜の山は大径木を扱かっている。主に梁材をつくる林業だ。枝は自然落下に任せている。天竜T.S.ドライシステム協同組合では、葉枯らし乾燥を実践し、天然乾燥の材を出荷している。節あり表面割れありの素材であるが、強度もあり色艶と香りもよい。

当事務所では、手刻みによる木組の家づくりを標榜しており、内部割れを起こす人工乾燥材は使えない。継手・仕口のホゾや竿が欠けるからだ。日本の山で天然乾燥の素材を提供してくれる山は限られている。葉枯らし材を復権させた徳島と天竜が私たちの供給源だ。

天竜T.S.ドライシステム協同組合は、山とつくり手と住まい手をつなぐワークショップ「き」組という仕組みを実践する仲間だ。材木の発注前に、住まい手と一緒に山に行き、植林や伐採を体験してもらうことで、植林費用の還る木の値段を知ってもらう。そんな関係を続けながら、11年間で20棟以上の素材を提供していただき、好評を得ている。いまや山とつくり手、住まい手の協働は欠かせない家づくりの仕組みとして一般にも波及している。

事例の「吉祥寺の家Ⅲ」は、遠州流の茶道教室に通う社中の若いご夫婦の家である。敷地を二分割する必要から、南を開けたリニアな建物となった。配置計画や開口部の位置、吹抜けの有無は、3Dスケッチアップによる夏至と冬至の日射検討をして決定した。

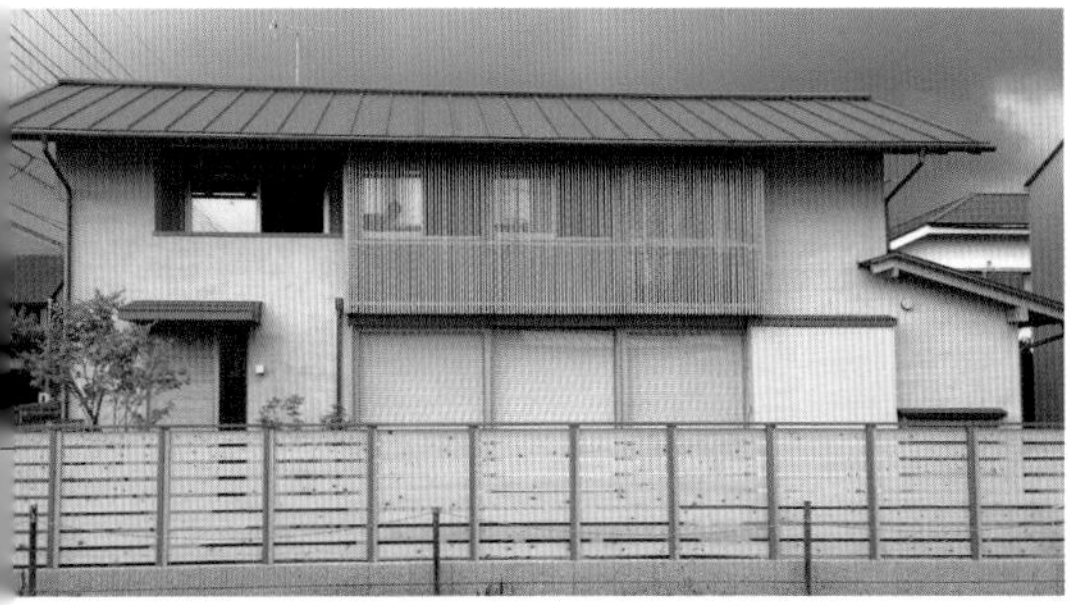

南側外観。ランダム格子の様子

資料

●建物名―吉祥寺の家Ⅲ
所在―――東京都武蔵野市
●設計――松井郁夫建築設計事務所
施工―――キューブワンハウジング（担当／小村幸冶）
　　　　　棟梁／永田五郎
山―――――天竜T.S.ドライシステム協同組合
　　　　　（担当／森下幸司、原木／榊原商店）
竣工―――2014年6月
構造規模―木造2階建
構法―――足固め貫構法、門型フレーム
●面積
敷地面積―168.57㎡　建築面積―58.65㎡
延床面積―104.36㎡（1階／58.66㎡　2階／43.78㎡）
建蔽率――34.79%（40%）　容積率――61.90%（80%）
地域地区―第1種住居専用地域（防火指定無し）
●主な外部仕上げ
屋根―――ガリバリウム鋼板、瓦棒葺き、通気工法
　　　　　断熱材：ウッドファイバー（木の繊維）厚100㎜
壁――――高性能グラスウール16K厚75㎜下地のうえカンスイ藁入りラスモルタル、通気工法
●主な内部仕上げ
天井―――野地板杉15㎜
壁――――ラスボード下地のうえ漆喰塗　茶室／ラスボード下地のうえ泥壁
床――――杉厚15㎜、床下：気密パッキン、ぺりメーター厚50㎜ウレタンフォーム
冷暖房――1階／半埋め込み床下エアコン
　　　　　寝室／補助エアコン
日射遮蔽―ランダム格子によるダブルスキン

リビング。1間の大きな木製窓

事例3

吉祥寺の家Ⅲ

東京都武蔵の市

設計＝松井郁夫建築設計事務所
施工＝キューブワンハウジング
写真＝奈良岡忠

オーナーからの「木漏れ日のある家」というご希望に沿って、ダブルスキンの格子を南面に提案した。格子は、見付や間隔をランダムにデザインし、木漏れ日が瞬くイメージとし、南側に建つ隣家からの目隠しを兼ねている。1階茶室は、玄関ホールを茶道口とした4畳半。居間・食堂はワンルーム。2階は、将来の子供室を想定して寝室以外は、ガランドウとした。

温熱の工夫は、床置きエアコンを床下に半分埋め込み、家中の暖房を図る省エネ設計である。通し柱は五寸角の桧で、二間ピッチの門型フレームとなっており、スレンダーでモダンな木組の家を目指した。

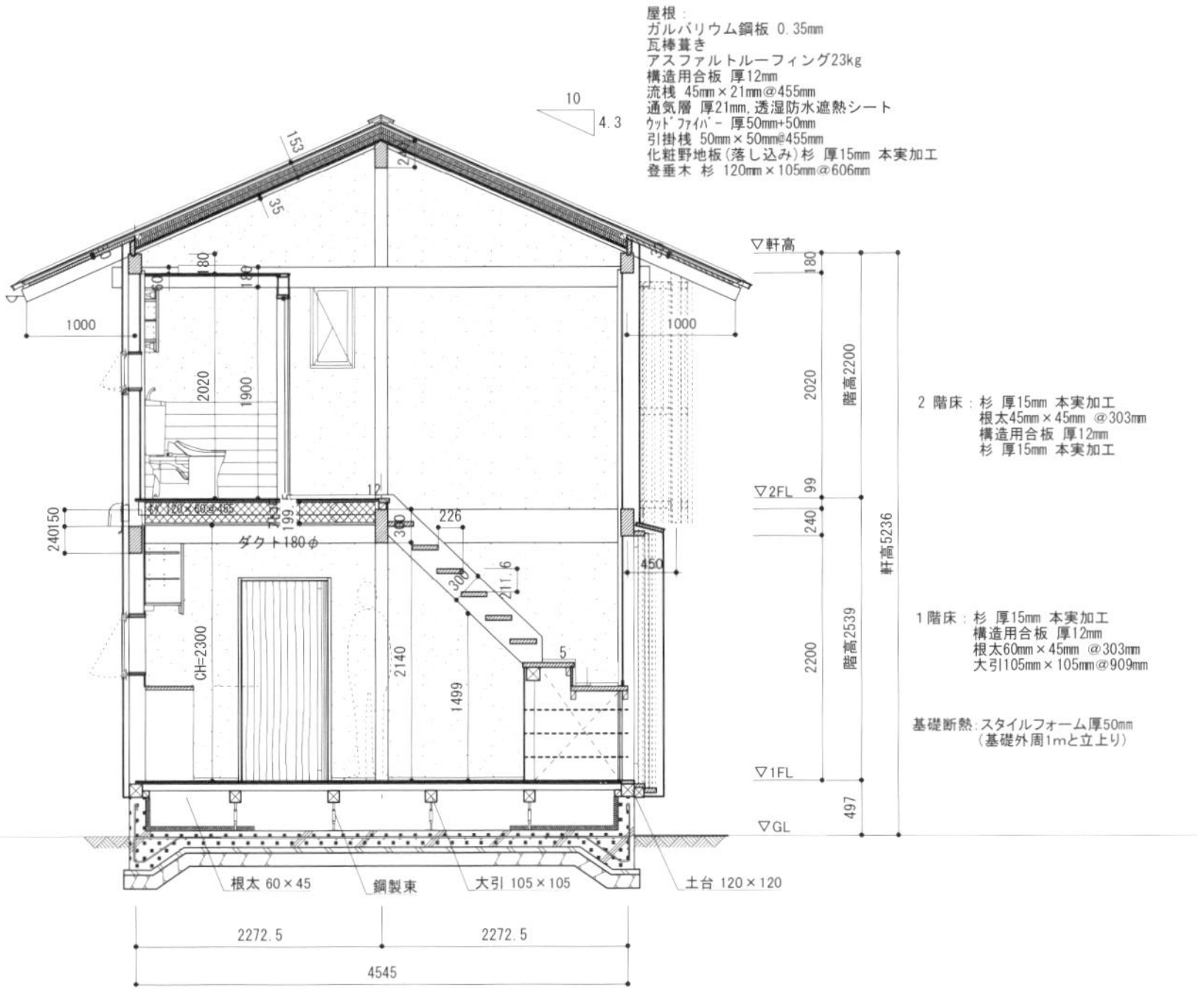

断面図　1/75

2階平面図

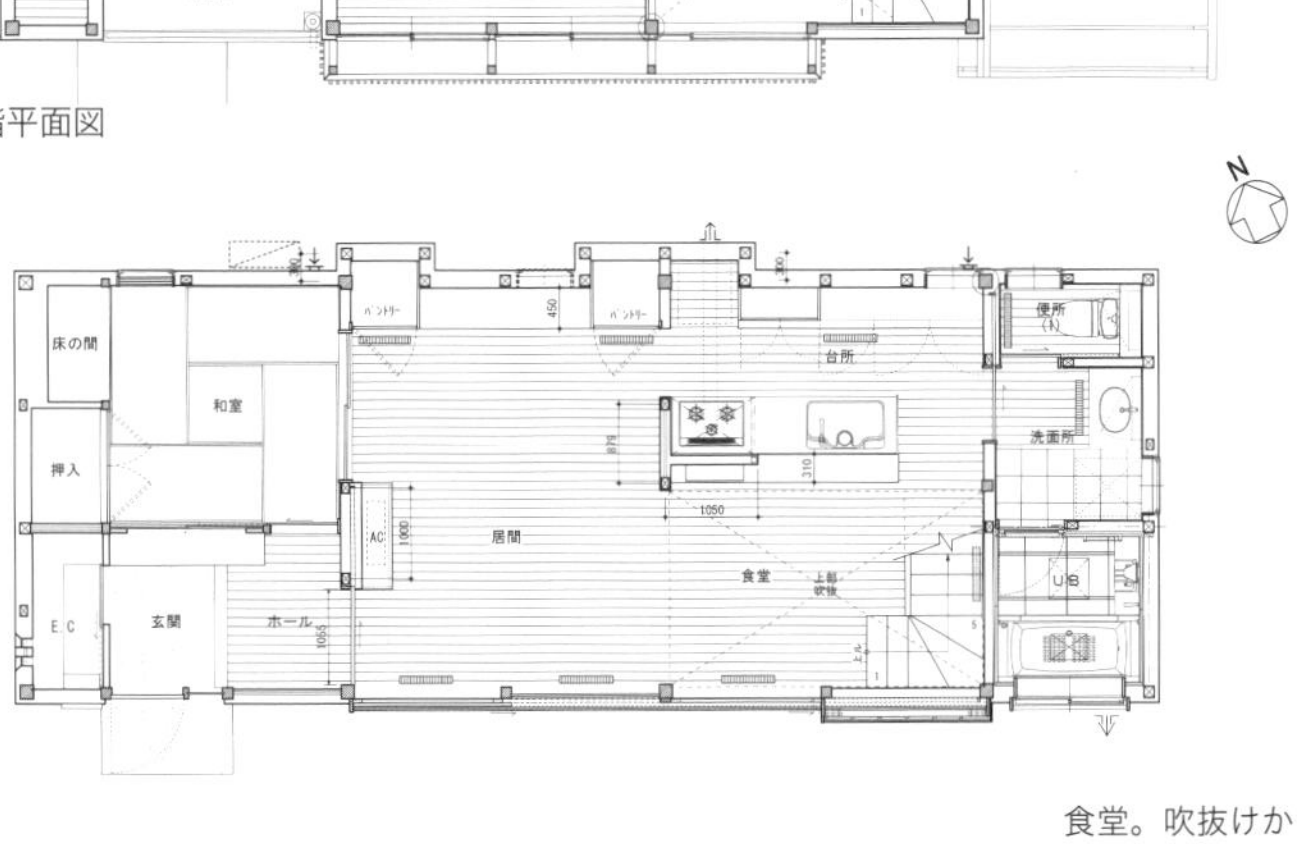

1階平面図　1/125

食堂。吹抜けからランダム格子の木漏れ日が入る

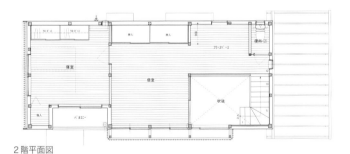

【寄稿】
心地いい木の住まいを発信する林業家との出会い

三澤康彦

もう今から30年前の話ではあるが、私が関西で木造住宅の設計を始めた時に出会ったのが、徳島の林業家の和田善行氏である。その当時は、国産材もまだ自由に利用できる径数に育っていない山地が多いなか、彼の山は、100年生の杉があった。戦争中は軍助物資として多くの山林が切られたなか、奥山であったことも幸いして残った。林業家は山林を育てることがすべてである。育て子孫に繋げてゆく、まことに黒子とでもいえる表舞台には登場してこない仕事である。林業家発信の家づくり、街にでる林業家としては、和田さんが最初に出会った人であり、そこで日本の山の事情をほとんど学ばせていただいた。Msの山側からの直接購入を可能にした師匠である。それからは関西・奈良県吉野などもお付き合いができ、山側の人々との出会いが多くなってきた。天竜の榊原正三さんも15年ほど前に出会った林業家である。最初は有志で活動していたのを10年ほど前に天竜T.S.ドライシステム協同組合を創り、主に静岡、関東に仕事を広げている。天竜は明治時代、金原明善氏が民衆のために私財を投じて天竜川の改修、1,000ha以上の植林を大規模に造林してきた。100年生近い杉、桧が無尽蔵にある。

榊原さんたちは天竜の山の木を生かす方法を考えた。ただ単に100年生近い樹を切って売るだけではいけない。品質をより磨く方法はないかと。

元々、杉材の乾燥材の供給はゆっくりと原木業者、製材、おろし、小売りと時間をかけたなかで含水率がゆっくりと抜けてゆく。しかし、いきなり原木、製材所が木材を川下の側に販売しようとすると、川上側でしっかりと含水を抜く必要がある。海外からの輸入材ではすでに乾燥が普通であったゆえ、日本の林産地も人工乾燥材に切り替える製材所も多くなってきた。D25、D30といった数値が先行する。榊原さんたちはそれとは逆行する方法を考えた。せっかくの自然素材である木材を化石燃料を投入して無理やり水分を抜く人工乾燥に疑問を抱いていた。一番大切にしなければいけないことは何か。そのための方法を一つひとつ忠実に仕事してゆく。葉枯らしをする。天然乾燥にこだわる。切旬を守る。原木一本一本の管理を徹底する（バーコードの採用）。

全国を見てもここまで杉、桧の品質をしっかりと見るところはないであろうと思う。針葉樹は単価も海外の欧州材におされて苦戦している。このなかで人手をかけ、この天竜材を少しでも手間をかけて他の産地にできない工夫をほどこす道こそ榊原さんたちが選んだ道である。

多くの林産地から天竜T.S.ドライシステム協同組合の製品管理の方法を学ぼうと見学者が日参してきたが、「私たちもこの方法を採用しました」といってきた林産地はないと思う。金原明善氏の育てた山があり、優良材の価値を高めるため先人の苦労を今、榊原さんたちがリレーしているようにも思えた。並大抵の仕事ではない。

私たちは関西で木造の学校を20年間続けている。MOKスクール大阪は、関西での地震以降、丈夫で長持ち

道路から見た玄関。ほぼ平屋建の住まいで、すべて天竜材でできている

切妻屋根の住まい。向かいは公園の風景

事例4

天竜杉の家

静岡県浜松市

設計＝Ｍｓ建築設計事務所
施工＝渋谷建築
写真＝三澤康彦

する木の住まいの勉強会で、いまも１００人ぐらいの建築の専門職を目指す人々が学んでいる。秋のフィールドツアーで、天竜の榊原さんを訪ねたのは、２００９年であった。関西の設計士が多いなか、品質の良さを数値含めて新月伐採の有効性を満月に切ったもの、新月に切ったものを土中にうめた時の腐朽菌のつきかたのサンプルなども持ち込んで、夜遅くまで熱く語ってくれた。

Ｍｓでも丁度そのときに、工務店の社長宅を浜松で手掛けることになっていたので、構造材の手配を天竜杉、Ｔ.Ｓ.ドライと決めた。その時の住宅がこれである。ほとんどの構造材が化粧で現わしとなる。天然乾燥材特有の色艶の良さが際だった住まいである。杉三層パネルも静岡・丸天星工業にも参加いただき、浜松の地域材としての良材をアピールしたかたちとなった。また静岡県下で仕事があれば、彼らと楽しく木の住まいを協同したいと思う。

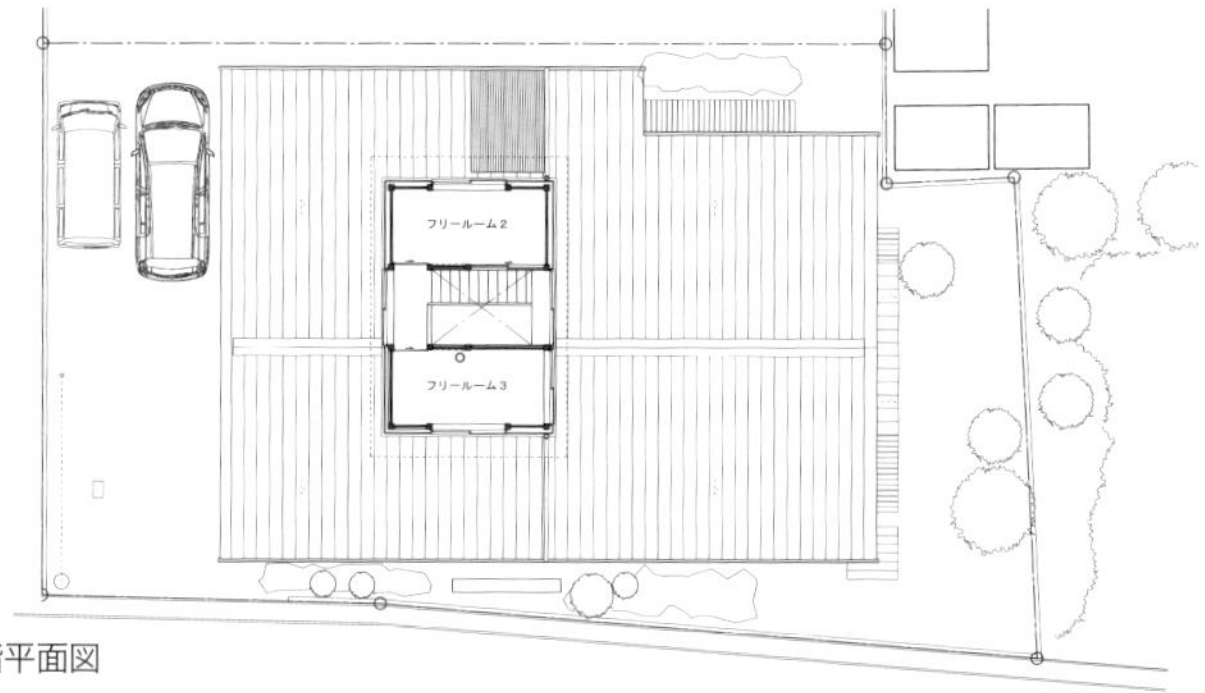

2階平面図

1階平面図　1/300

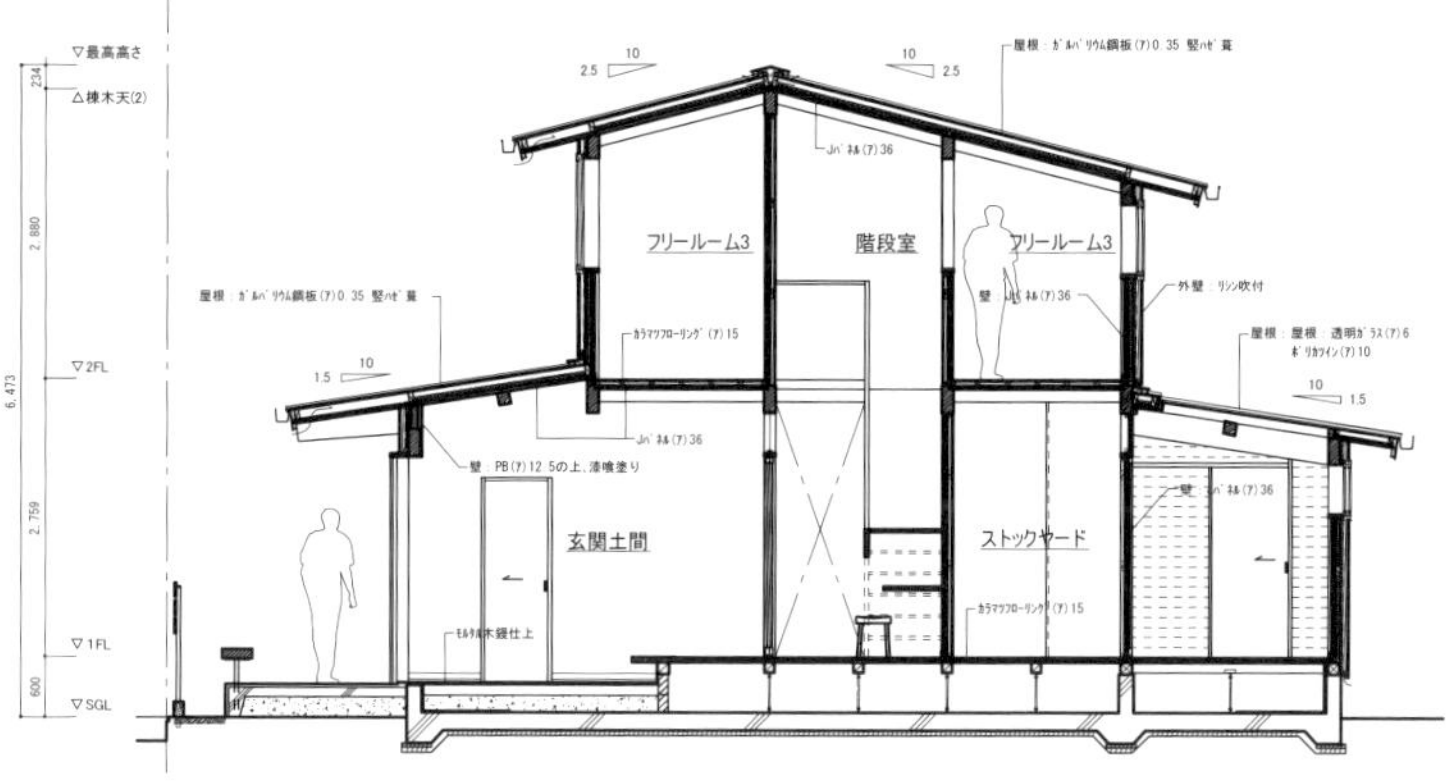

断面図　1/150

資料

●建物名—天竜杉の家
所在———静岡県浜松市東区豊町
家族構成—夫婦＋子供２人
●設計——Ｍｓ建築設計事務所
（担当／三澤康彦・中島昭之）
●施工——渋谷建築
現場監督／高山和之
大工棟梁／山崎貞良
屋根／ミソノ板金工業
左官／左官屋本多
建具／千葉建具製作所
造園／興樹園
竣工———2009年11月
構造規模—木造２階建
●面積
敷地面積—294.54㎡
建築面積—124.33㎡
延床面積—137.27㎡
（1階／119.88㎡　2階／17.39㎡）
建蔽率——42.21％（60％）
容積率——46.60％（160％）
地域地区—市街化調整区域

●主な外部仕上げ
屋根———ガルバリウム竪ハゼ葺き
壁————天竜杉厚15㎜本実板ノンロット205 Nクリア
建具———ペアガラスアルミサッシ、木製建具
●主な内部仕上げ
天井———Ｊパネル厚36㎜現わし
壁————漆喰塗り仕上げ、Ｊパネル厚36㎜現わし
床————カラマツフローリング厚15㎜
ヒノキフローリング厚15㎜
●設備
冷暖房——薪ストーブ
給湯———ガス給湯器（ノーリツ：エコジョーズ）
●主な設備機器
台所———ステンレスシンクカウンター（シゲル工業）キャビネット・シンク（CUCINA）、3口コンロ（ハーマン）
浴室・トイレ—TOTO
照明———モーガルソケットE26＋電球型蛍光灯

榊原さんと目指した「森林共生」という到達点

落合俊也

ヒトは森と共生して何百万年も生きてきた。森林との共生の歴史がヒトの遺伝子情報に刻まれているのだから、木のもっている生命のリズムがヒトの生命リズムに同調しているのは当然である。その考えを、木という素材に対する人の感性にまで広げると、この素材が人に与えるシンクロニシティー（同調感覚）の存在も理解できるだろう。

そのような同調感覚の存在を最初に気付かせてくれたのは榊原さんの導きだった。彼は私を天竜の森に連れ出し、木の伐採を初めて体験させてくれた。それは、私が森林と木のもつ一体性を強く意識し、この一体の力が人間に何かしら本質的なエネルギーを与えるということに気付いた瞬間だった。それから、私はずっと森林と木がヒトの心身に作用する力を探求しながら、それを建築化する方法を探ってきた。

ヒトは有史2000年の間にさまざまな文明を興し、環境を都市化してきた。しかし、人類の長い歴史から見ればそれはごく最近のことであり、森の民であった人間の遺伝子は森林環境に順応していたはずなのだ。

それでは、我々のつくり出してきた人工環境は元々の自然（森林）環境と何が違うのだろうか。それは周りの環境から五感へ与える刺激信号の性質の違いから説明できる。本来、森林が人の五感を通して与える刺激信号は、人が健康に生きていくために必須な栄養素であるといわれており、私はこの仮説を支持している。そして、これらの栄養素こそ、今後人類がつくり出す都市そして住環境に必要なのだと考えている（右下「森林の刺激信号を装備する」参照）。

この考えに立脚すると、環境空間を構成する材料には、森林を構成している自然の状態に近い木が最適である。巨大資本の経済優先のやり方で工業材料として扱われる木には、五感を刺激する栄養素は含まれていないのではないか。そして、そのような木でつくられた空間は、ヒトの遺伝子が求める森林の環境とは本質が違うものになるのではないだろうか。

榊原さんのこだわっていた葉枯らし天然乾燥、冬季月齢伐採というやり方は、経済優先の人工環境社会の危うさに立ち向かう最後の砦だったのだ。

＊

この記事の企画は、今年（２０１５年）の春ごろから進めていた。しかし、榊原さんはその頃、本当に多くのことをいろいろな人たちと企てていたから、なかなか編集の方針が絞り切れなかった。いたずらに時は経ち、夏ごろ、あの頑丈に見えた榊原さんが急に体調を壊して入院することになった。まあ退院してからゆっくり作業を再開しようとのんびりしていたのが悪かった。思うように回復できないままどんどん具合が悪くなった。そして、あっという間に取材すらできない状態になった。これほど自分の手際の悪さを恨めしく思ったことはない。

榊原さんはこの企画の準備途中の10月2日、東京の病院で亡くなった。まだ67歳という若さだった。まさかこの原稿のなかで榊原さんへの追悼の言葉を書くことになるとは思っていなかった。まさに青天の霹靂である。

榊原さん本人の協力が仰げなくなったので、本企画の構成を変えざるを得なくなった。そこで、榊原さんの木を使って自身の建築に一味（ひとあじ）を加えてきた何人かの建築家の方々に、その作品と榊原さんの仕事についての文章を書いていただくことにした。榊原さんの木を、すぐれた建築家たちが必要としてきたという事実は、何よりも榊原正三の一味の成果になると思われたからである。

今、榊原さんと一緒にこの企画をつくり上げたかったと改めて思う。少なくとも榊原さんに出来上がった本（『住宅建築』２０１６年２月号）を見てもらいたかった。その点が一番悔やまれてならない。

森林の刺激信号を装備する

ヒトが遺伝子を育んだ森林環境からの刺激信号は五感を通じて供給される。これらの刺激信号は人が健康に生きていく為の必須栄養素といえるものである。自然のリズム（概日リズム）と体内時計の同一性がこれを証明している。朝のブルーライト、昼間のグリーンライト、暗闇のリズムが視覚からの必須信号の主なものとされている。嗅覚からの刺激信号は自然に近い森の構成物からしか得られない。触覚刺激の主たるものは温熱環境だが、自然とヒトの生命リズムの一致を妨げないような方法で制御されねばならない。聴覚刺激において森林と現代住居内あるいは都市環境の音構成の大きな乖離は、残された深刻な問題である

「月的寓居Ⅳ」木造住宅と森林医学より

（『住宅建築』2014年4月号掲載）

上写真／「東松戸の家」 設計＝落合俊也

対峙と共生の技術 Part 1
森が支える極地建築

今井通子（医師・登山家）

コスタリカ・コルコバード国立公園で見たコンゴーインコ

ヒマラヤ　チョ・オユー峰（標高8,201m）の7,000m付近

今井通子さんといえば女性初のヨーロッパ3大北壁完登者として世界的にも有名である。登山家というだけでなく医師でもある。人の限界を超える厳しい自然の力と戦いながら、一方で医学者の道を歩んできた。だから医師としての知見と自然に対するさまざまな体験が結びついて、常人とは少し違う視点で活動しているように見える。その違いとは、自然に対する2つの姿勢をもっていることではないかと私は思う。「戦わねば克服できない厳しい自然」と「人が共生すべき優しい自然」という2つの自然。今井さんの人柄にもそういう厳しさと優しさがある。

このように自然を区別してみると、「究極の科学技術テクノロジー」と「人の手による優しい技術」の住み分けがあることに気付く。このことを建築に当てはめれば、「人を環境の厳しさから守る建築技術」と「人と自然とを調和に導く建築技術」の違いということになるのだろう。おそらくそれは車の両輪のような関係となっている。人間は自然と一体の存在でありながら、今井さんのように究極の自然に挑むことをやめない。そしてまた、自然科学技術への無限の探求心をもち続ける存在でもあるからだ。

森と人の共生のために

今井通子

森に生かされる

有史以来、〝森と人〟のつき合いは、常におんぶにだっこでした。例えば、古代エジプトでは王が、死と共に土に還り自然循環の一部としての役目を果たす動物の一員であることを忘れ、黄泉の国への乗り物として巨大な木造船をつくったのをはじめ、戦争という同類内の争いで、大規模に森林を破壊し、薪、木炭の使用や、さらに化石燃料まで掘り起こす等、動力源を欲しいままにし、有史以来、地球上の森林は半減させられました。〝森〟という親の脛が痩せ細ったことに国際社会が気付くキッカケは、1972年でしょう。北欧を中心に、人類の所業がついに人類存続の危機にまで及んだことを察知し、人間が生き延びるために、自然の回復に取り組もうと、この年の環境関連国際会議として初の「国連人間環境会議」がスウェーデンのストックホルムで開かれました。

ただし、この時はまだ、〝森〟のもつ多岐多様な機能が衰えたため、人間の生命が犯されているとまでは考えつきませんでした。大気汚染による気管支喘息その他、文明の発展の負の遺産により、人間が生存しにくくなっている。また、酸性雨により、人間だけでなく、自然環境の一部として、森林も淡水も被害を受けている程度の認識でした。この会議では「人間環境宣言」を出し、「国連環境計画」（UNEP）の設立も決定していますが、その後の動きは、例えば、海洋汚染防止条約、オゾン層保護条約等の採択や、国連水会議、砂漠化防止、環境教育、等々多くの会議も開かれましたが、まだ〝森〟に対する言及はありませんでした。

「国連人間環境会議」から20年が経過しました。この会議を記念して行われたのが、1992年ブラジルのリオデジャネイロで行われた「国連環境開発会議」（地球サミット）です。ここでは、気候変動枠組み条約、生物多様性条約の調印と共にやっと「森林原則宣言」の採択がなされました。

この20年を振り返ると、国際的に討議されてきた各種の内容は、その多くが自然界の事象、現象に対する対応策です。割れ鍋に綴じ蓋の作業の繰り返しだったとも言えるでしょう。

〝地球の肺〟である熱帯雨林をまもる

ただし、森林の保護、保全、森林の疲弊が地球環境問題に大きく係わっていると考えて、現場で活動していた人たちは既にいました。活動の多くは熱帯林に集中していました。地球上の総陸地面積130億1、050万9千haの中で、主にアフリカ、アジア、中南米を中心とした熱帯林は、多雨林、雨林、雲霧林等を合わせると、約20％に達します。地球サミットがリオで開かれたこともあり、熱帯林は〝地球の肺〟というキャッチフレーズでアピールされました。ところが、こんなエピソードもありました。ブラジル大統領から「経済活動に役立たない熱帯林の保護・保全をすることは地元民の死活問題であり、森林を伐採し、木材と土地を売れば、現在ブラジルがかかえている世銀の借金を返すことができる」発言があり、それを受けてなされたのが、熱帯林とそこに生息する動植物の鑑賞、また、熱帯林が育む膨大な淡水を利用した川遊び等々、熱帯林を保全することにより、地元の経済活動に寄与できる〝エコツーリズム〟の提唱でした。

その後、森林のもつ機能については数々のことが分かってきました。例えば、大きな葉と細い木の多い熱帯林では、呼吸のため樹木が吸収する酸素（O_2）の量も多いことや、地球温暖化の原因の一つとして考えられている温室効果ガスの一つである二酸化炭素（CO_2）の吸収による温暖化防止については、樹木は光合成のためにCO_2を吸収しますが、吸収されたCO_2のうち一部は自身の呼吸と、樹木（植物の葉や根、皮、果実、種、すなわちすべて）を食べた動物の呼吸でただちに、CO_2のまま大気中に戻ること。また、落葉や枯死樹木、植物は一定期間土壌中に蓄積された後、腐生生物により分解され、CO_2として大気中に戻る等で、寿命の短い草類や樹木より寿命が長く、しかも成長量が大きい（高く太くなる木）の方が、CO_2の固定期間が長いため、有効であることなどです。とはいっても熱帯林の地球上に占める割合は大きく、酸素と淡水を供給する地球が地球であるための基本ですから、この保全は大切です。

近年は国際的に熱帯林の保護、保全と共に、温、寒帯林のもつ機能の重要性も認知されてきています。例えば、葉が日射を浴び、暖まり、地中から吸い上げた水分を蒸発させ大気中に放散する際、気化熱を奪うので、周辺の気温を下げます。さらに落葉樹の場合は冬

上写真／コスタリカ・ラデルコロラド自然保護区。マングローブ散策カヌーイングルート
下写真／ブルネイ・ウルテンブロン国立公園。キャノピーウォークから見下ろすジャングル

には葉が落ち木が丸坊主になるので、日射は地表まで届き、地面を暖めます。夕暮れから夜間になると、地面の暖熱は、地表から昇り、周辺の大気を暖めるため、夏冬の寒暖差を縮めるので、温暖化も寒冷化も緩和します（これを気候緩和機能と言う）。夏は涼しく冬は暖かい快適な自然環境をつくれる森は、自然の空調システムと言っても過言ではないでしょう。

また、この一連の作業中、森は、水とのコラボで葉や地表から水蒸気を大気中に放ち、霧や雲の素である水分で大気を湿潤にします。自然の加湿器です。霧や雲が発達すると雨や雪となって水分は地表、地中に戻ります（これは淡水循環機能）。

地中では木の根が水分を保持し、余剰水分は地中に染み、小カナールをつくり、地中に木ダムをつくり、地下水や湧き水として河川の形成に発展します。この際木は自らの生命維持のため、水分を吸い上げますが、その量はごく一部で、その他大勢の生命体にも欠かすことのできない水分を分け与えますので、淡水精製機能ももっています。すなわち、砂漠化防止にも貢献しています。一方、雲霧の形成には、エアロゾルが必要ですが、現代社会では多過ぎる工場や車の排気ガス等が大気を汚染し、疾病を増やしています。森は、葉のもつ光合成機能で自らを成長させる際、CO_2のみならず、硫黄酸化物（SO_x）や窒素酸化物（NO_x）も利用することができるため、大気の清浄化にも寄与しています。雨粒の核としての必要量であるエアロゾル以上の大気汚染物質を濾し取るフィルターの役目や、葉や幹に吸着した汚染物質は雨水の力を借りて洗い流し、地表に落とすなど、空気清浄器や掃除機の役目も果たしているといえるでしょう（これは大気循環）。

１９７２年のストックホルム会議からすでに44年も経過していましたが、相変わらず、砂漠化、淡水不足、ＰＭ２・５と名前を変えた大気汚染、気候変動、温暖化は続いています。自然界は元来お互いの循環のなかで自助作用を繰り返しながらゆっくり変化してきています。人間はその範囲内で生かされた動物ですから、自然循環の疲弊に気付いた時、割れ鍋に綴じ蓋的行動ではなく、自然界が何をしているかを分析し、自然の循環と自助能力に敬意を払い、人間も自然循環のなかに組み込めるような生活体系を見出すべきだったでしょう。やみくもに事象、現象を押さえにかかるのではなく、自然界との共生、共栄に必要なことが何かをもっと早く見つけるべきでした。現在は、水も気象も大気汚染も砂漠化も森の自助能力に助けられていることには気付いていますが……。まだ基本的にどうすべきかのアイデアは不足しています。筆者は、人間が自然界から逸脱した生活をしている現在、それを認めたうえで、人間が人間のやり方で自然界の循環と自助能力とを一部でも取り入れ、共生、共栄できる形での、自然界の利用や搾取を模索すべきと考えます。

木材利用により森の循環に寄与する

本書のテーマにこれを当てはめると、例えば人間にとっての有効樹木があります。伐採して使用したら当然植林しますよね。しかし、植林した苗は成長するまで、樹木のもつ多様な機能は失います。ただし、木材建築物はCO_2を炭素として固定したまま30～60年、大気中のCO_2量を増やさずに済むことになります。すなわち、植林、伐採、建材、家具等での利用は森に対し、たったひとつですが、自然界の循環に人の行為が組み込める形になるのです。さらに建築物の周囲の塀を生垣にし、庭木を植える等があると建築物も含め、砂漠化防止や水循環、気候緩和、大気の清浄化等に少々役立つはずです。欧州を始め、都市の緑化は既に始まっていますが、石、レンガ等で家屋を建設する国々に比し、古来から木造建築と日本庭園を主とした日本では、現在でも多くの丸太や製材を諸外国から輸入しています。輸出国は丸太が、米国、ロシア、カナダの三国で約

ブルネイ・ウルテンブロン国立公園　トンブロン川ラフティング中の風景

75%を占め、製材の80%は、カナダ、欧州、ロシアからで、樹種は多様な機能をもつ温、寒帯木です。

日本は、世界に羨まれる程、豊かな森に恵まれ木造建築の伝統が続いてきている国です。日本こそが、〝森〟という生物の循環、大気の循環、淡水の循環、食物連鎖という循環等、自然に行っている自然を維持するための自然界の循環というシステムを学び、さらに多様な木材使用方法を構築し、国際的なイニシアティブをとることが必要でしょう。循環の一部を担う方法こそが今後、人類が生き延びるための基本方針だと考えます。

ところで、近年は先進国のみならず中進国でも建材としての木材離れが進行しています。実家が1940年前後の建売住宅だった筆者は、床柱、屋根裏の梁、筋交い、その他、丸太や製材に囲まれて育ち、伝統的な日本家屋に落ち着きを感じますが、高所登山や極地ではその〝憩い〟を身近にすることは不可能です。そんな中でも、より快適な生活環境を求めた発想として次の2例を挙げてみました。

例Ⅰ．三層ダンボール食堂棟

ご承知のようにヒマラヤの8、000m峰登山では、低酸素、低温、強風にさらされますので、体力、気力、登攀《とうはん》技術および知識、知恵、なかでも臨機応変な対処対応が必要です。ヒマラヤ7、000m峰初登頂、7、000m三山縦走（世界初）そして中国側エベレストのチョモランマ峰の二度にわたる冬季北壁登攀を経験した私たちの隊は、チョモランマ峰の寒さ（マイナス60℃）と強風（石が飛んでくる）に遮られ登頂できず等々のなかで、いろいろ学びました。その一つが〝憩い〟

正面にそびえるチョ・オユー峰（標高8,201m）とベースキャンプ

帰る際に、焼却する

荷降ろしをして、早々に建て始める

チョ・オユー峰登山口に建てられた三層ダンボール食堂棟

完成した三層ダンボール食事棟

建築から焼却まで自分たちで行う

三層ダンボール食堂棟内部（収納ケースの使い方を説明中）

木枠の間にダンボールを留める。１列ずつ向きを変えて、内と外から使える収納ケースに

トライウォール　強さの秘密　AAA 構造とロングファイバー・ライナー

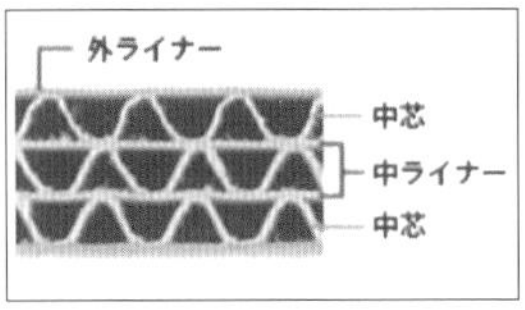

トライウォールジャパン
株式会社 HPより

構造

表面の耐水性ロングファイバー・ライナーに加え、その内側には最強の構造体である AAA 構造を採用。トライウォールのすぐれた特徴を生み出している。

表面

外観は普通の段ボールに見えるが、紙にもかかわらず、水に極めて強い特殊加工された耐水性ロングファイバー・ライナーを使用。独自の生産工程と厳格な品質管理で、圧縮への強さ、耐湿性など、さまざまな性能において高い信頼を得ている。FDA(U.S. Food and Drug Administration/ 米国食品医薬品局）が「食品が触れても問題ない」と食品パッケージとしての安全性を認証した「ハイドロクラフトライナー®」を使用。

また、使用されている紙は、持続的生産が可能な森林にのみ与えられる SFI（Sustainable Forestry Initiative: 持続可能な林業のイニシアティブ）の杜から生産されたバージンパルプを使用している。森林認証を得た紙だけを使っていることで地球環境に貢献すると同時に、高品質のバージンパルプを使用することでトライウォールの強靭さを生み出している。

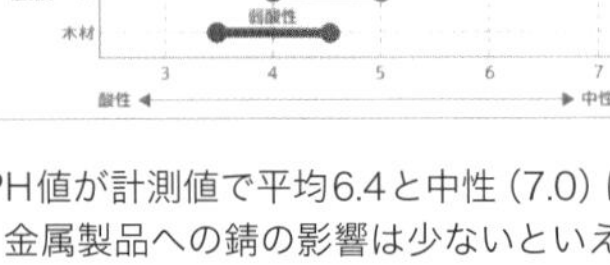

PH値が計測値で平均6.4と中性（7.0）に近く、金属製品への錆の影響は少ないといえる。油が付着しても、強度の低下はない。

＊一般段ボールではPH値4.0 ～ 5.0で弱酸性
＊木箱梱包に用いられている木材はPH値3.5 ～ 4.5で弱酸性

の場づくりです。１９８７年、ヒマラヤの8、０００m峰のひとつであるチョ・オユー峰（8、２０１m）登山に出かける時、寒さと強風回避を目指してつくったのが、登山口に設営した三層ダンボールの食堂棟でした。

食料、登山用装備、山中での生活用品等々日本から運んだ荷物は約1トンでしたが、この梱包用の一部として使用したのが三層ダンボールの箱を木枠で囲んだ物で、輸送時は、高重量物や、精密機械等、衝撃に弱い物、型崩れを嫌う物を入れて運びました。現地で荷分けした後の空箱を壁として使用し、家型に組み、現地では箱の内部を、食料、食器、精密機器、事務用品等の収納ケースにしました。便利かつ断熱、防風、安定感のある居住性に富んだ優れ物になりました。この家の設計は、屋根も含め現・トライウォールジャパン株式会社にお任せしました。ちなみに、帰りは現地で焼却しましたが、木と紙で出来たこの家は、カーボンフリーなので地球環境にも負荷が少なく、清浄過ぎる大気にエアロゾルを送り出せ、雨粒の核としても寄与したと考えます。他国の登山家に「我々には考えられない木の文化の国の発想と工法だ」と称賛されました。キルト地のテント内で暖房をしていてもマイナス20℃前後だったチョモランマの体験があってこそのアイデアでしたが、木の家を建てられないならば紙を使う発想は、木からくるインスピレーションで、日本ならではかもしれません。チョ・オユー峰では、金属性の物置的プレハブを中国側が建てましたが、木や紙と異なり、夜寒く、昼暑く、結露し、風で揺れ、音がうるさく、結局、彼らは獲物の倉庫にしていましたので、住居としての快適性差の実験例ともいえるでしょう。

南極・昭和基地のある東オングル島（ヘリコプターからの俯瞰写真）

213頁俯瞰写真の中央に見える白いドームを備えた気象棟

砕氷艦 しらせ

昭和基地メインゲート

213頁俯瞰写真写真の左に並ぶ青い建物の中央にある観測棟

第一次隊時から越冬隊11名も食堂棟として使用した由緒ある棟

例II．南極探検隊基地

２００７年は、日本の南極観測50周年でした。記念行事に先立ち、立松和平、毛利衛両氏と共に昭和基地入りさせていただいた筆者は、ペンギンの描かれたボードと、第一次越冬隊がこの中で過ごした有名な「パネル式越冬小屋」に迎えられました。

この朱色のコンテナのような建物は、未知で過酷な極地の自然条件の中で、人が生活できることは元より、派遣された隊員たちが極寒の中でも自力で素早く建設できる建造物として、当時としては、日本建築学会が、実験を重ね、パネルを組みコネクターで留めるという新方式でつくられた物でした。後にこの小屋は、木質プレハブ住宅の第一号とされたそうです。

この木質プレハブの中は常に暖かく、しかも外壁が50年間の風雪にも、負けていませんでした。現在、南極昭和基地には、同じ手法で建てられた各種の棟が35棟あるそうです。いずれも隊長以下、各種の研究や生活サポートのために派遣された建築は素人の隊員たちが専門家（1名）の指導の下で組み立てた棟だそうで、数回派遣されている隊員の組み立て時の思い出話に花が咲いたりしていました。南極としては夏の時期に訪れた筆者にとって、戸外でもさほど寒さは感じませんでしたが、常に20℃前後の室温で心地いい木質パネル構造の建物の中から、氷の海と氷山、岩山、その他、白と青と灰色の世界を眺めながら、木の家が建てられないならと、工業技術を駆使して50年も前に木質プレハブを構築した日本は、木の文化の国。森と人と建築の究極のコラボがここにあった気がします。

南極のミサワホーム

1962年、画期的な「木質パネル工法」を開発。68年度からスタートした南極昭和基地建設に採用される。最低気温-45℃、風速60mといった厳しい環境の極地で鍛えられた先端技術は、30年以上も改良を続け、日本の住まいづくりにも活かされている

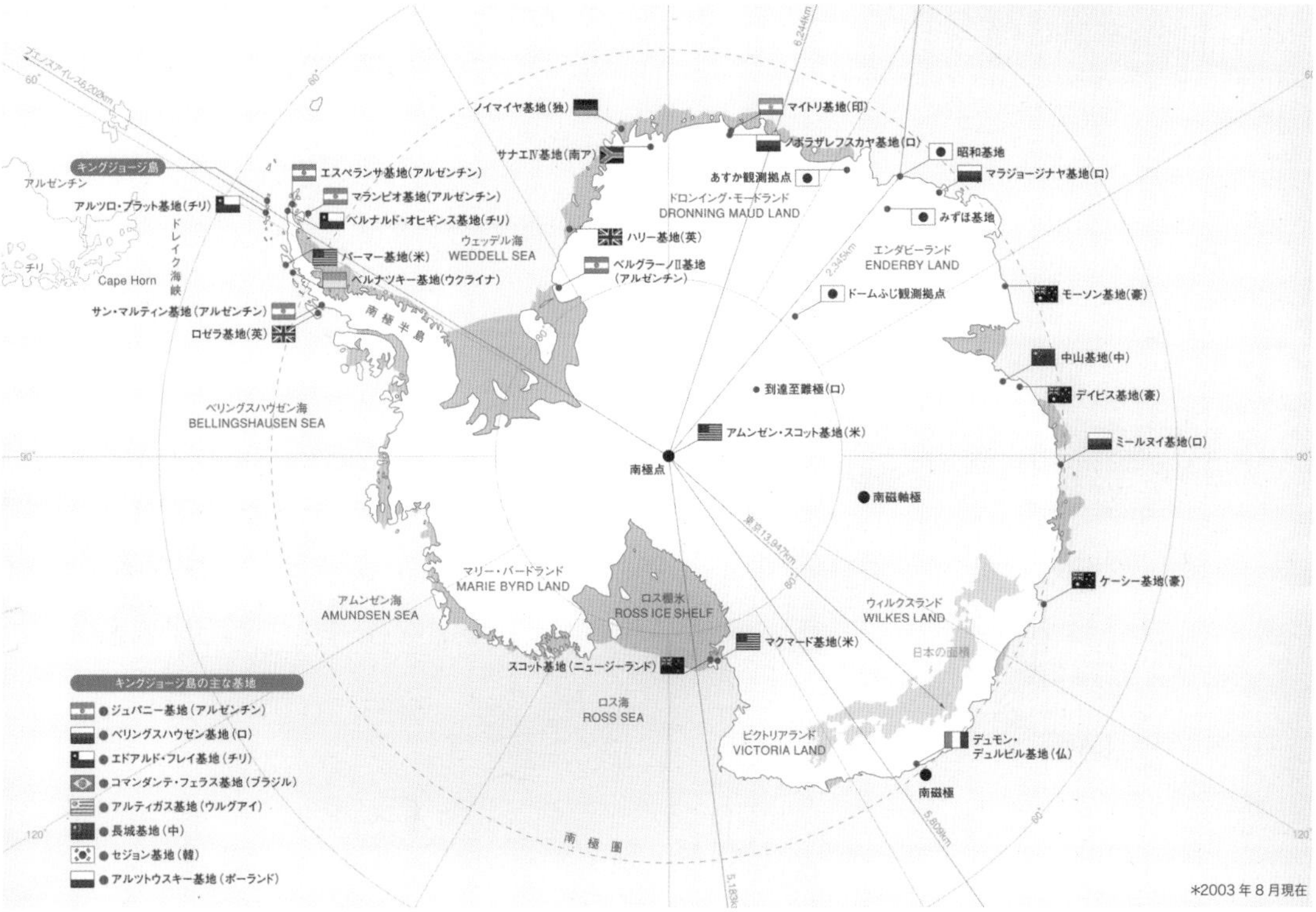

パンフレット「南極のミサワホーム」より図1点・「MISAWA TECHNOLOGY」より写真5点転載

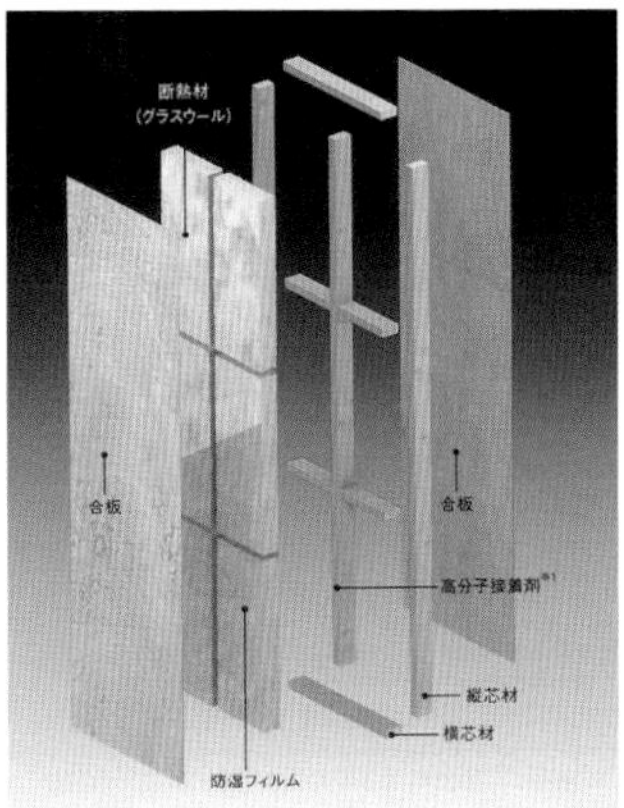

パネル芯材には、人工乾燥で含水率を15%以下とし、反り・ひび割れなどの発生を極力抑えた高品質な木材を使用

1968年に建設された南極昭和基地
第10居住棟の木質パネル
木質プレファブ構法　床式平屋
床・外壁：厚み100㎜
断熱材：壁床ともにスタイロフォーム88㎜
芯材：ヒノキ
床仕上げ材：サクラ集成材

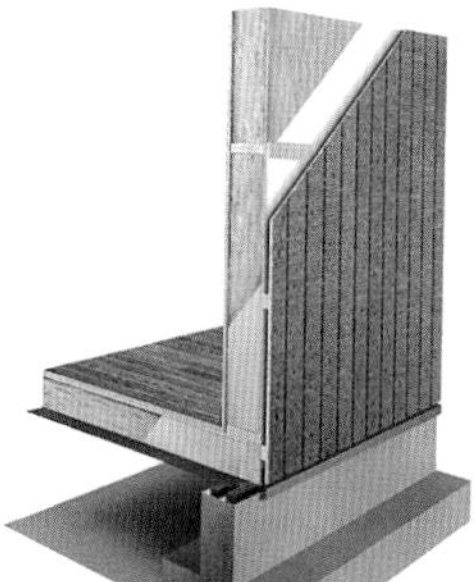

日本の住まいに使用されている木質パネル

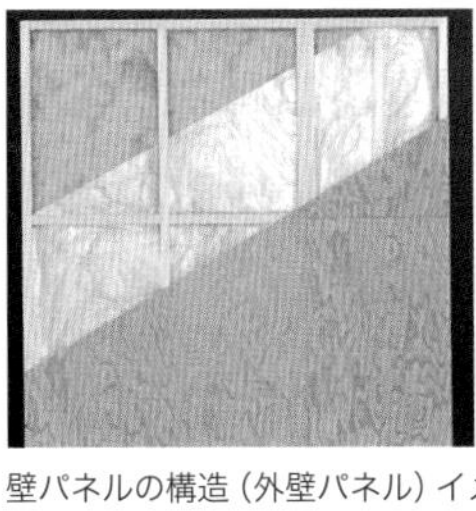

芯材で仕切られ、断熱材を隙間なく充填した外壁パネル
この内部構造が、強度だけでなく、耐久性や防耐火性、さらにはすぐれた断熱性を実現するポイントとなる

壁パネルの構造（外壁パネル）イメージ

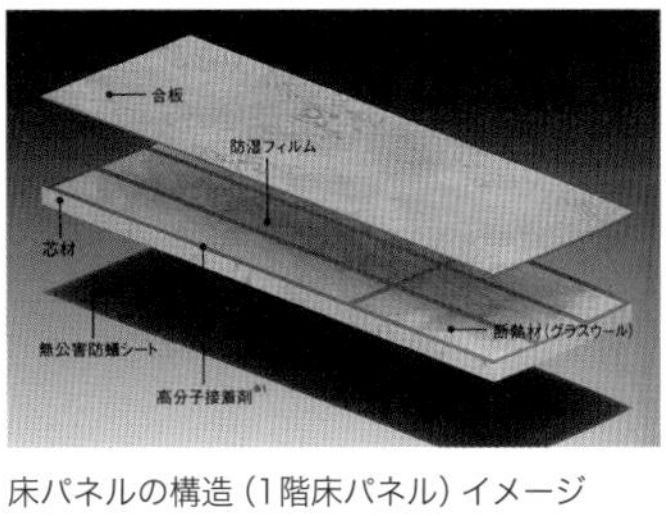

床パネルの構造（1階床パネル）イメージ

対峙と共生の技術 Part 2
森林共生の住まい

北アルプスを遠く望む安曇野に建つヘリテイジ社屋（右手の建物）、高橋さんの住まい（左手の建物）、移築した古民家（中央の建物）を見る東側全景

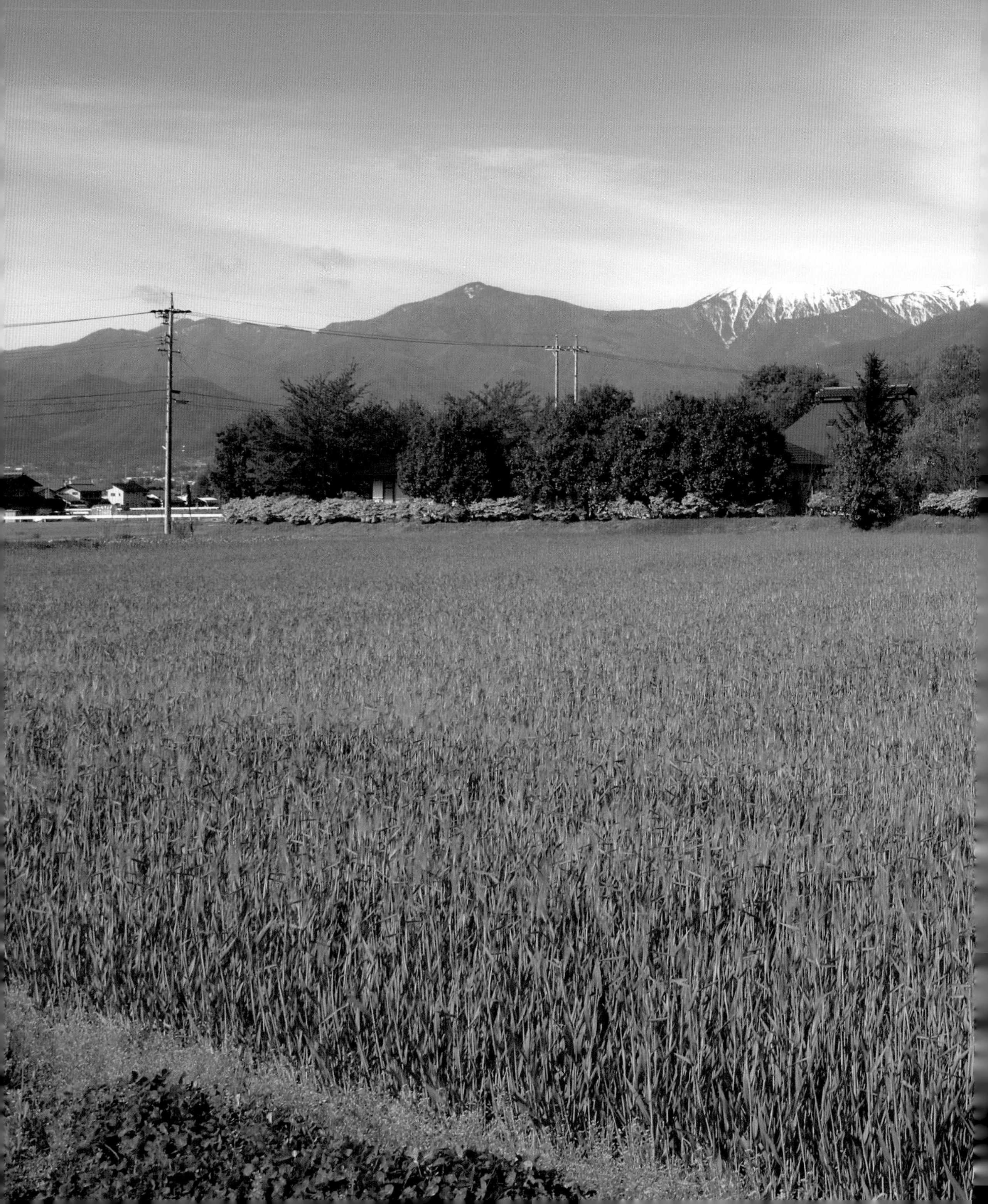

【座談】
森の環境を住まいに取り込む

高橋和之（カモシカスポーツ　代表取締役）
今井通子（医師・登山家）
進行／**落合俊也**

安曇野の自然の下で

落合　木の家に住み、木が気持ちいいという人はたくさんいます。実はその先にもっと素晴らしい森林という世界があります。我々は材料としての木までは意識するけれど、その先の森までは意識がいかない。完全な断絶があります。私は今井先生たちが興した森林医学の考えに基づき、森の素晴らしい環境を建築に写し取ることを考えています。木造住宅の先に森の意識に繋がったら、住んでいる人はいろいろな意味でもっと幸せになれると思います。去年、安曇野に移築されたこの民家を見せていただいた時、森林医学と民家をテーマにお話を伺えないかと思いました。この民家の持主はご主人の高橋さんだとお聞きしましたので、今回はご夫婦一緒にお話を伺いたいと思います。
　まず初めに東京からここへ移ってきた理由を教えてください。

高橋　信州に来た以上は、木を植えて、ゆったりしたなかでデザインを起こす会社をつくりたいと思いました。ポルシェデザインの会社の環境をみて、すごく良いなと思っていました。僕の会社は東京にあるカモシカスポーツという小さな会社です。パテントをとったり、テントをつくったりしながら卸しをやっていました。どんどん大きくなって、開発が追い付かなくなりました。それで別会社「ヘリテイジ」を興して、こちらへ移動しました。敷地内には自分で木を植えて、外を見ると木があって、花が咲いていて、新緑があれば、私も社員もアウトドアの商品を開発している山好きだから、発想や安らぎが得られる。こちらに来て20年ちょっとですが、会社は31年程の歴史です。
　植えた木が枯れると悲しいですね。社員たちには、ここに住むようになってから、僕がずいぶん優しくなったと言われます。木が成長するのは楽しいし、ダメになった木が蘇ってくれると凄くうれしい。木を生き物として接するようになりました。敷地内の木を薪にして、植林したり、この敷地内の木だけで賄っています。循環するということは東京ではなかなか実感としてなかったのですが。
　僕は東京で生まれたのですが、こちらに来て子供の頃の東京に戻ったような気がします。早稲田に住んでいましたが、江戸川公園に湧水があったし、神田川で釣りをしたのを覚えています。学習院女子短大の敷地が広くて、カブトムシをよく採っていた。東京のど真ん中にも森はありました。今の東京も素晴らしいと思いますけれど、自然というものはどうしても必要だと感じます。社員達の環境を良くするにはどうしたら良いか、朝この景色を見てコーヒーを飲みながら、バロックを聴いていると、どんどん発想が出てきます。

落合　登山の世界は、本来もっと厳しいものですよね。

高橋　そうですね。

落合　結局、森に戻ってくるというのは？

高橋　南極の山にも登っていますが、南極の山以外はどんなに厳しい山でも下は森です。その中を必ずアプローチで歩いていきます。ヘリでベースキャンプに飛んで行く方もいますが。エベレスト・トレッキングの方はルクラまで飛行機でしょ。僕たちは10日間かけてキャラバンします。集落というのは必ず沢筋にあるので、上がっては下がり、４、０００メートルの峠を越えて、また次の集落まで降りて、ルクラまで来るとほっとします。

落合　飛行機がまだ飛んでいなかった時代の話ですか？

高橋　いいえ。エベレストに登るときに、一番良い状態にするために。荷物も何トンですし、１５０人から２００人のポーターです。道路もないところを旅していきます。今は装備も良くなったので、飛行機やヘリコプターで荷物を運んでしまいますが、一昔前までは歩いて向かいました。大きな鹿が出てきたり。アフリカでも、キリマンジャロの密林の中をずっと歩いてロッジに泊まって。南極以外は全部密林の中を旅しま

糸魚川から移築した民家の囲炉裏端でのインタビューの様子。左から高橋和之さん、今井通子さん、筆者

す。
今井　もともと森とは親しかったということです。
高橋　森にはそのときから触れていましたから、身体に染み付いていたんですかね。

自然への挑戦から森林医学へ

落合　今井先生は厳しい自然に挑戦を続けてこられて、その結果を森林医学に結実させていこうとされていますが。
高橋　最近、女房の講演を聞いて感心したのは、我々は感覚的には、上高地など森に入るとほっとしたり、リラックスしていることは分かります。ところが、彼女はスライドやグラフを見せたり、文献を引用したり、非常に科学的に実証するんです。僕たちが感覚でしか知らなかったことを、彼女は勉強して、みんなを理論的に納得させていました。彼女の講演を聴いて僕も勉強になりました。
今井　私はもともと生まれた家が日本家屋でした。１９４０年代の建売住宅。１００坪の土地に60坪くらいの家が建っていました。離れや居間やお手伝いさんの部屋を含めて、家族がいる部屋は8畳と6畳くらいで台所とお風呂があって、コの字に廊下があった（２３０頁平面図参照）。
高橋　そんなに広かったの。
今井　そう。だから、廊下を走れたし、庭があって柿の木で木登りができたし、生まれたときから自然が自然そのものとしてあった。家の中でも樹木のような木材が柱や天井裏の梁や桁などとして、当たり前に身近にあったので、森に遊びに行って山に登って、また森を通過して帰って来ても何の違和感もありませんでした。家と自然の中に行った時のリラックス度はそんなに変わっていなかったかもしれません。
　中学・高校がコンクリート造の校舎でしたから、そ

右写真／移築した民家の東側全景。堂々とした印象を与える屋根のプロポーションは茅葺きのまま、トタン屋根としている。家の脇には敷地内の木を切った薪が積まれている。薪は母屋のストーブで使用する
上写真／アプローチから見る民家の外観。奥に以前に店舗として使っていた店舗棟が見えている

の頃からコンクリートの建物で生活するようになりました。大人になってマンションに住んだり、病院で仕事をするようになったときに、これは人間のいる場所かなとは考えていました。森に行かないとブラッシュアップできなくなった。土曜日の午後になると仕事効率がすごく落ちて、考えがまとまらない。土曜日には仕事量としては3時間くらいかかると思っていたものが、週末にどこか山に行って月曜日の朝になると、なんだこうだったのかと30分くらいで終われるような、それくらい違いがあるのを感じていました。森を通って山まで自然の中に行くのは、ストレス解消というよりは、ブラッシュアップのために必要だと思っていました。ですから、1970年代、医者になってすぐのころから、森へ行こうとか、人間にとっての森の大切さを訴えてきました。そのときに集めた文献のなかに、食事を家の中で食べる、戸外で食べる、森へ行って食べる、海に行って食べると、唾液の分泌量が家の中より戸外、戸外より海、海より森の中の方が多く出るという順だったというデータがありました。

古民家への憧れ

高橋　僕は子どもの頃、コンクリートにずいぶん憧れた時代がありました。でもだんだん歳をとって、コンクリートよりも木の方が腐らないと分かった。子どもの頃は、木は腐るもので、コンクリートは永遠だと思っていたんですが、コンクリートの脆さ、古民家の木の強さを知りました。木の家のなかにこそ安らぎがあるだろうと思って、この古民家を見つけてもらいました。最初に写真を見たときは、屋根には穴が開いて朽ち果てているように見えましたが、柱は腐っていなくて、そのまま使えると言われ、10数年前に糸魚川の山のなかから移築しました。釘は殆ど使っていなくて、築160年くらいでしたが見事に蘇りました。木ってすごいなと思いました。

実は大黒柱だけは入れ替えたんです。元の柱も使えたんですが、僕が昔から漆を塗ったケヤキの通し柱の大黒柱に憧れていた。もとの大黒柱は高く買ってくれる人がいて、それでこの柱に買い換えました。ケヤキは暴れるそうなので、なかなか通し柱にはならないのですけれど。

落合　解体するのが大変だったでしょうね。

高橋　10トンクレーンを2台用意して、ベニヤに番付してから軸組を外していきます。大工さんは何軒も解体しているので慣れたものでしたが、引っ張る方向が限られているので、ホゾを折らないように抜き出すのが大変そうでした。

落合　間取りは変えましたか。

高橋　ほとんど変えていません。床は新しい材料に変えて、お勝手とお風呂は新しく付けました。階段は後から付けたので、どうなっていたのかは分かりません。もしかしたら、2階をつくって、天井は後から付けたので、茅葺きの屋根が見えていたのかもしれません。

落合　そうでしょうね。越屋根から空気が抜ける構造になっていますから。

高橋　屋根は茅葺きにしようか迷ったんです。まだ職人が日本海の方にいるので。

落合　茅葺きのプロポーションだけをそのままにしたんですね。

上写真／庭に影を落とすシラカシの大樹
左頁写真／民家の玄関から囲炉裏のある部屋を見る。右手には高橋さんがこだわった漆塗りのケヤキの大黒柱が見えている

高橋　トタンでそのままのイメージで再現しました。大工さんが持主のおばあちゃんに図面資料を全部いただいていたので。
落合　ここで組み立てるのにどのくらいの時間がかかったんですか。
高橋　半年弱ですね。壁土には藁苆を入れて、下塗りをしてから何カ月も乾くのを待たないといけないので、ずいぶん時間をかけていましたね。建具は全部そのままです。
今井　屋根が朽ち果てていても、構造はしっかりしていたんだ。
落合　母屋を最初につくられて住んでから、会社の建物をつくったんですか。
高橋　会社と母屋は同時です。それから、店舗を建てて、松本店の許可が下りるまで、営業していました。5年くらいですかね。いまは宴会場です。たまに東京に帰ると、早くこっちに帰りたいと思いますよ。
落合　〝普請道楽〟という言葉がありますが、ここはまさにそれですね。車が趣味とおしゃっていましたけれど、それと建物がつくれれば幸せですね。
高橋　社屋も柱は全部木にして、壁は漆喰にしました。母屋も木造です。いま女房が使っている部屋（母屋の2階居室）が前の僕の部屋です。西向きです。敢えて西日を浴びても開口部を広くして、朝カーテンを開けたらアルプスが見えるようにしました。この民家が建つ前はアルプスが見えていました。昨年増築した部分だけは木造ではなく、基礎はコンクリートで鉄骨造です。なぜかというと、南と北の開口部分を広くしたいけれど、どんな地震がきても大丈夫なようにしてくれと言ったら、木造では筋違いを入れないともたないと言われ、開口部は絶対に妥協したくなかったので。老後のことも考えて車椅子の入れる廊下にし、玄関も広くして、トイレも車椅子が入れるようにしました。
落合　今井先生の理想の住まいは？
高橋　この人はこだわらないんじゃない（笑）。僕に無関心なだけではなくて（笑）。
落合　それはまた、別の問題ですね。
今井　私にとって家は寝るための場所ですね。木とコンクリートは何が違うかというと、遮蔽度が違うと思う。音に関してだけでなくて。
高橋　無音というのは人間に良くないんだってね。
今井　音波だけじゃなくて、いろんな波長のものが全部シャットアウトされた状態になってしまう。だから木の家、自然のものでつくって、通過できるようにしておくことは必要だと思います。
高橋　マンションは寝ていても、完璧に脳が休まらないそうですね。いわゆる風の音や鳥のさえずりなど、いい意味での雑音がないとダメだそうですよ。
今井　嵐の森が発するヒューッという風の音は大好きです。私にとっては子守歌。
高橋　ここでは、小鳥のさえずりで目が覚める。

世界に誇るべき日本の木造文化

落合　会社の経営以外ではここで、どういうことをされているのですか。
高橋　大企業ではないのにこういうことができるんだということをアピールして、お花見をしたり、スキー合宿をしたり、山登りをするときにここに一泊したり

「ヘリテイジ」社屋の事務室も木にこだわってつくられている

店舗棟内部

増築した部屋の前から「ヘリテイジ」社屋を見る。左手の大木は吉永小百合さんからプレゼントされた桜の木

移築した民家の西側外観

社屋前から敷地を見わたす。右手に店舗棟、民家、左手に増築した高橋さんのプライベートルームが見えている

「ヘリテイジ」社屋の作業場。大きな丸太を現わしとしている。自然に囲まれた環境から生まれるアイデアが、ここで新しい商品へとかたちを変えていく

していいます。出会った皆さんに山に興味をもってもらおうとしています。20代から30代の比較的若い人と交流をもつようにしています。意外と女性が興味をもちますね。地元の人は山に行かない人が多いですね。東京で飲んでいて、隣の人と仲良くなると、お花見に誘ったりしています。先週は栂池でスノーシューをしたり。ゴンドラで上がって、雪のなかを歩くだけで山に興味をもってくれます。

落合　ボランティアですか。

高橋　そうですね。でも、自分も楽しんでいます。こういう家を建てても、自慢するわけではなくて、皆がここで寛いでいると自分も楽しくなります。知り合ったらどんどん山の良さを洗脳する。昔、女房に言われたんですが「あなたは宗教だ」って。自然教。

この民家は梁や柱が曲がっているけれど、それを活かしている。フランス人をここに泊めてあげると、興奮して一晩中寝なかった。ワインを飲んで。世界に誇って良いものですよ。よく考えたら、これだけ木がたくさんあって、木の文化がある国を思いつかない。中国の奥地まで行ったけれど、あまり木がなくて泥とか干し煉瓦で家をつくっている。日本はすごいなと思いました。

落合　ほんとうにそうですよね。

今井　「対峙と共生の技術　Part1」の原稿に日本がリーダーシップをとるべきだって書いておいたよ。

落合　先ほど社屋のほうも見せていただきましたが、すべて手作業で仕事をしているんですね。

高橋　彼らは優秀で、僕たちがアイデアを出すとそれを形にしてくれるんです。大量生産するよりも、特徴のあるものをつくりたい。売り上げはほどほどで良いんです。小売りも一緒で3店舗しかありません。

今井　大量生産のためにロボットにやらせるには、データを打ち込む方がお金がかかってしまうくらい。大量生産というのは、一つの形をたくさんつくるわけですが、そうではなくていろいろなアイデアを出すところなんだよね。

高橋　そうね。

今井　だから手でないとできない。人間の脳でなければできない部分をやっているんです。

高橋　だからいろんな人が訪ねてきますよ。

今井　30年経ったら人間の仕事はほとんどなくなると言いますけど、ああいう仕事はなくならないよね。

高橋　救助で警察犬をヘリで吊り上げるときに、ヨーロッパのハーネスではどうも犬が苦しがっているからどうにかしてくれとか。現場の警察官がここに来て、いろいろ試してパテントをとったり。ある程度までいったら、その後は下請けの工場に出します。それまでは1個か2個の試作を繰り返します。つくっては改良する。小売りも、どこに行っても同じものがあるのではなく、より良いものをこだわって提供したいと思っています。そのためには、この安曇野の環境が必要だったのでしょうね。

冬の北アルプスを望む

【対談】

森林医学の立場から住まいを考える

今井通子（登山家・医師）×落合俊也

森林浴から森林医学へ

落合　森林環境がもつ医学的効果が住居環境のなかにあればベストだと思いますが。

今井　そうですね、でも森林環境がもつ医学的効果そのものが実はまだ森林内でのフィールド実験でも解明途上段階です。しかも森林の医学的データを最も多く保持しているのが日本です。

とりあえず、森林医学の流れを説明すると１９８２年に林野庁の長官だった秋山智英氏が、１９３０年にロシアの学者トーキン氏の森林が発散する揮発性物質には殺菌力と人間をリラックスさせる力があると提唱したことから、人間が森林内でこれを浴びると癒されるとしその行為を森林浴と命名しました。ただし科学的根拠を重んじる日本としては当然のことですが、当時の厚生省は人体に癒し効果が認められた直接的な科学的データが無いため森林浴は憩いくつろぎなどの精神的な効果としました。

一方、１９３６年野副鉄男氏は、当時日本の領土だった台湾の大学赴任中に台湾桧からヒノキチオールという化学物質を抽出し、化学的に分析、殺菌力があることを実証し、トーキンの提唱を科学的に証明しました。木が行っている枝が折れた時にはヤニを出し補強する、虫に食われないよう殺菌力や抗炎症能力を発揮するなどの事象の解明や、桧の葉には人の気分を高揚させる成分が、材には人の気持ちを落ち着かせる成分があるなど、一種類の木でも部位によって全く逆の効果を示す成分のあるなどの成分の分析は森林浴の提唱後20年間でかなり進みました。日本では古来経験的に殺菌力や酸化防止、腐敗遅延効果については寿司屋の寿司下駄に桧の板を使用し椹の葉を敷くなどして生魚の鮮度を重視するだけではなく周囲の空気や触れるものの清浄化を計り、人の気分についてはかなり贅沢ですがゆったり落ち着くために湯に浸かることに加え湯船を桧風呂にするなどしてきています。森や木材の様々な効力が実証されるなかで私たちは森林走遊学大会と名付けた森林マラソン（走）、炭焼きや木工その他（遊）、森林観察歩行（学ぶ）の総合大会を東京、北海道、九州で開催し今年で20年になります。また有史以来、半減したとされる森林を少しでも増やそうと桧の幼苗を植え、下草を刈り、下枝を払い20年間育てました。当時は森で何かをすれば森林浴になると誰もが思っていました。

２０００年以降林野庁、農水省が人間が浴びる森林の科学的効能を学者、研究者の実験に委ね、現在は人が都市部にいる時より森林内にいる時の方がストレスが低減し、ＮＫ細胞や抗癌タンパク質が増量・活性化し血圧が正常化し活気が増すなどで癌やうつ状態の予防・改善を含む、生活習慣病になりにくい体づくりや脳の沈静化、リラックスができる、その他健康維持・増進に役立つ事がかなり解明されてきています。この森林医学を活用し、人々を森に誘導しようと２００７年には森林基地構想で、１９８３年に森林浴という言葉ができた記念に長野県上松町にある赤沢自然休養林で森林浴大会が開かれ、森林浴発祥の地となった赤沢を含めて10カ所の基地が作られ、現在は全国に62カ所あります。

落合　基地というのは、登山家の今井先生らしい命名ですね。

今井　基地という名称は、当時の林野庁で担当されていた平野氏の発案です。彼の依頼で基地認定をする森林セラピーソサエティーの理事長を引き受けました。

木の良さを三次元的に取り込む技術を探る

落合　経堂にあった子供の頃の家の話を聞かせてください。近代住宅にも自然を取り込む発想はあったのでしょうか？

今井　１９３０年代後半から、40年代の建売住宅で同じ形の平屋6軒の一つでした。父が自慢していた記憶では、玄関の上がり框、床柱、違い棚下の床は赤松、コの字の廊下は山桜、台所の板場は欅、玄関脇の洋間の床はマホガニーでした。床板は皆厚くツルピカでした。8畳間には桐箪笥とエンジ色で両開き戸の全面が絹の刺繍だった箪笥が一棹ずつ、外には門に見越しの松、洋間の前がヒマラヤ杉、庭木戸を開けると榊、柿の木、夏目、その他多数の木。障子の桟、鴨居、欄間、濡れ縁など含め、今考えると家の内外は木沢山と定期的に変える畳表の匂いなど、住まいが森林草原の感ありでしたが、子供の頃は箱根や蓼科の山の家から東京に戻ると、瓦屋根の照り返しが無機質に感じられ嫌いでした。3日後には慣れましたが。

最近、宮崎良文先生が室内に観葉植物を一つではなく3個置くとストレスが緩和されるというデータを出され、現在都会ではそこまで木と木製品が枯渇した生活を強いられているのかと思う一方、2007年文部科学省が木の学校作り手引書を出し研究者の分析などからストレス緩和、授業での集中力増、インフルエンザの蔓延抑制傾向等々をあげ、林野庁農林水産省とコラボし、2010年には木材利用促進法の元、木の校舎を推進しています。1980年代、シックスクール症候群が起こり、その後授業ができないほど教室で子どもたちが暴れた学級崩壊が起こった頃、内装に桧の板を張ると子どもたちが落ち着くというデータを見ましたが、それらのデータの蓄積が効を奏したのかも。公共の建物の木製化は朗報でしょう。

中学時代に武家屋敷見学に行き、庭で山水が完結しているのに感動しました。築山に滝、流れの先には池、周囲を囲む松や楓。武士の場合、戦闘に備え松科の植物から高揚感を得る、裏庭の厠近くの手水鉢周囲にある南天、万年青の制菌作用を活用していたことは科学的にも正解です。

落合　経験的に分かって使っていたんですね。

今井　そうですね。北大の阿岸先生の実験では、滝や波などの暴れ水はマイナスイオンを大量に発散し2m以内に居ると血圧の正常化をうながせる事を示唆されており、他方で樹木が発散する揮発性物質の多くを占めるテルペン類は部分酸化する際に現われるマイナスイオン物質の作用で、森林生態系への自浄作用効果として害虫忌避、有害菌の不活性化、消臭効果などを発揮し、森林内の清涼感を保っています。近年明らかになってきた精神安定効果などもこの森の仕組みの寄与でしょう。ただし、現代社会では武家屋敷のように住環境に森を取り込める人は一握でしょう。中学生の時は武家屋敷に住みたいと思いましたが、大人になって人は動物（動くもの）、森林に通えばいい。その方が能動的で動物の機能を失わずに済む。武士が武家屋敷に住むことは間違いではないだろうか。人は動くべきものなのにと思いました。

しかし、森林浴の場合、行先での行動は山に登るなどの森林環境を背景とした自分自身の身体強化を目指すのではなく、森林にあるすべてを浴びるまさに森林浴、何かをしに行くのではなく、されに行くという発想で。落合さんが仰るように、都会の住宅に、森を取り込むのは大賛成。でも伝統的な方法で建築物をつくることで実践的に森を取り込まれている落合さんは、すでに目標を達成されていると思いますが、現代は私の実家や武家屋敷があった時代とは物理的な周囲の環境や、政治、経済、産業、その他、人為的環境も違うので、これらと折り合いながら建築物および周囲の環境を変化させなければと思います。大気汚染、建材の化学物質汚染、温暖化、オゾンホールによる紫外線の強度増、エネルギーの変化等々を考えるとまずは直接草木使用での気候緩和、気温の平準化なども考えて森林に近づけては。実家の塀は、当初竹垣でした。親は堅固にするため石塀にしましたが、私の提案は生垣。住居がコンクリートビルの場合、ゴーヤやハヤトウリなどの緑のカーテンもありでしょう。

人間の取り組みはまだまだ未熟で、樹木が行っている気候緩和（自然の空調や保湿器）、エアロゾルの吸収吸着（空気清浄機）、防塵暴風土壌の固定、その他諸々には到底敵いません。人工的には一機種一機能が精一杯でも、人工的につくられたCO_2を吸収する造花、造樹木の活用や、この原理を利用した自動車の塗装手法やビルの壁面材など、科学的に技術を進めることで、人工的に木のもつ機能に近づけることは可能だと思います。

落合　人工環境から受ける科学的刺激と森林環境から受ける自然の刺激とは基本的に違うので、そこを押さえることが必要ですよね。森林のなかには人が健康に生きるために必要な光、たとえば、ストレスフリーのグリーンの光とかがあります。また、体内時計をリセットするブルーの光とか、必須の音もあるといわれています。とくに音に関しては森林医学のほうからもっと検証する必要があると思う。

今井　そうですね。樹木の自助作用がそのおこぼれで、人間を癒せるのと同等ぐらい人工物利用で木質材料に近づけるのは、まだまだ先だと思います。なかでも音

囲炉裏のある部屋を見る。右手に３部屋、左手に１部屋、右手板戸の向こうは玄関土間につづく。
囲炉裏上部の天井は移築の際に張って、２階に部屋を増やしている

については樹木が発する音域は膨大で、被害にあった木が低周波で危機を1キロ先の樹木にまで知らせ、防御体制をとらせているとの研究や、一方で超高周波の音を人間が浴びると皮膚が捉え、脳幹・視床・視床下部が活性化し、ストレスが低減して免疫力が上がるとされていますが、まだ森林内での定量的な研究には至っていません。そもそも自然界は低周波、可聴波、高周波などの区別はしておらず、すべて繋がっているうえ、音として受け止めているのか、あるいは振動として伝わるのかも今後の研究に期待しなければなりません。

落合　例えば、木の精油成分が良いといったら、それだけを抽出してあとは捨ててしまう。木に対する畏敬の念をなくして、良い所だけを使うという姿勢はどうかと思いますが。

今井　精油部分を抜いた後は捨てるという発想が良くないでしょう。例えば、コスタリカでは、コーヒー豆の外皮は肥料に、中の薄皮は飼料に、豆はコーヒーにし、日本茶は、摘んだ葉を高級茶葉の他にも、粉茶、煎茶、番茶、茎茶等、9種類くらいに分別後、適材適所で使います。無駄にしない伝統文化ですね。今は、ゴミゼロ運動や、規制が必要ですが。とくに自然から貰ってきたものは、初めからすべて使い切る計画を立てれば、新しい事業の創立にも繋がると思います。

落合　ですが、精油成分を取り出すためにエネルギーを使っていますよね。熱エネルギーを使って精油成分を取り出すよりは、そのまま使ってあげた方が良いように思います。

今井　それは取り出し方の問題でしょう。炭の場合は、使うエネルギー以上のエネルギーを生み出す上に、木酢液も取っているので製法を進化させればと。一本の木を丸太のまま使う場合の皮や、角材や集成材を取った後の端材はペレットや、チップとしての活用を。但し、ある地方で、森林セラピーロードにチップを撒こうとしたら、環境省から、一度外部に持ち出したものは、生態系に悪影響を与える可能性があるから、持ち込み禁止と言われたとの話を聞きました。正確な調べではないので、うわさに過ぎませんが。従って、法の見直しも含め、すべてを使う昔の人の知恵を生かし、現代の諸事情にあった規律、規則、そして伝統から先端すべての技術を駆使し、100%使用の手法を確立すべきですね。

今、日本は、国内材の〝木使い運動〟中ですよね。例えば、断熱性、耐震性、寸法安定性が確立できるCLT工法*1を進め、木質ビル増を目指しているようですが、まだ条件を変化させられる時期でしょうから、全部使う、長期間炭素固定ができる（その間に植林木の成長を待てる）等の環境面や、木の学校に見られるコンクリートビルより、健康にも良い等の利点を生かした手法やルールづくりができると良いと思います。

落合　高温乾燥する段階で本来木がもつべき精油成分が出てしまうと思いますが。

今井　教室で杉材を腰板に使うとテルペン類が3年間は有効量を示すとのデータを見ました。昔から桧づくりの家には3年蚊が入らないとも言われています。精油成分は、いずれ補充する必要があると思いますし、精油を取って製品に出来れば、新たな経済活動にも繋がると思います。勿論、落合さんが進められている伝

【今井さんが子どもの頃に住んだ家の間取り】

1940年初頭にかけて今の小田急線経堂駅周辺にポツポツ家が建ち始めた。100坪ほどの区画に60坪くらいの同じ形の平家が並んで建っていた。今でいう建売住宅のはしりのようなものだが、ずいぶん立派で木がふんだんに使われていた。コの字型に廊下が配置されたプランは当時の典型的な日本家屋の間取りであろう。多くの建具と林立する柱は、外の雑木林の延長のように幼い私には思われた。家の中にも森の中と同じようなリラックス感があった。

（今井通子・談）

縮尺1/200 作図＝李姿潔

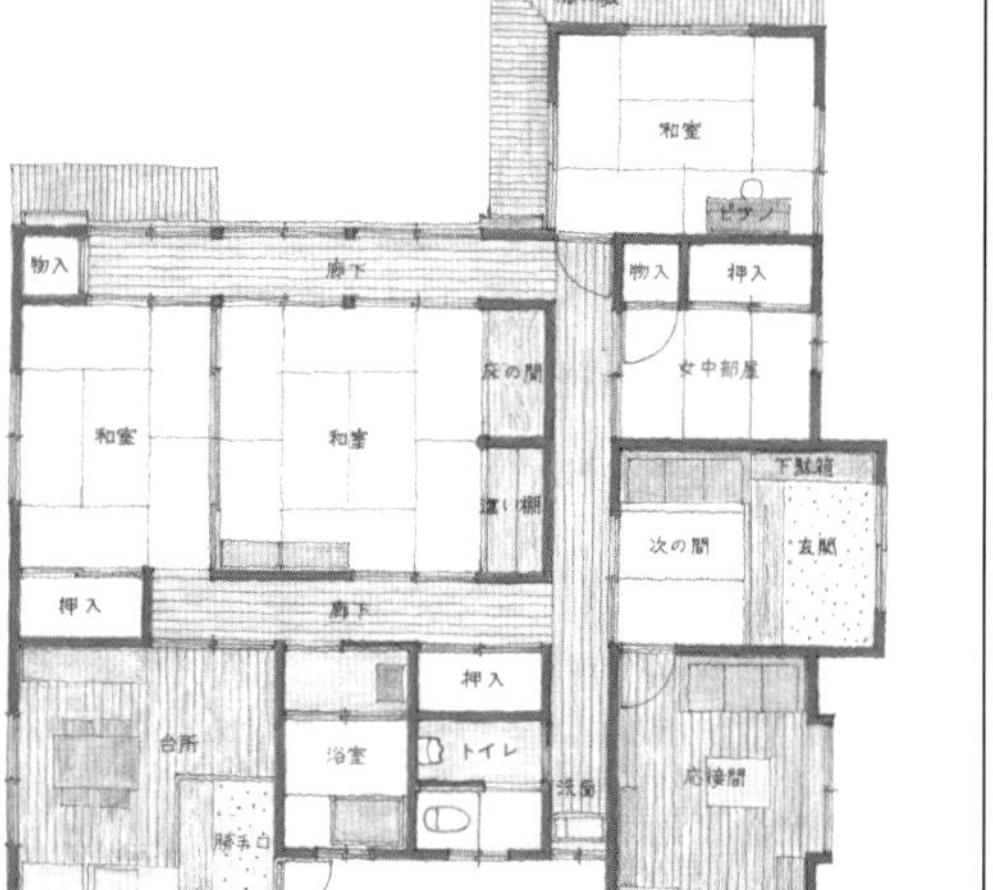

統的な木造住宅が一番良いとは思いますが、時代的な変化のなかで、各種のバリエーションは有りなのでは。要は、今の地球が、人間の所業を除く、すべてのものたちの循環でバランスを取って地球環境を維持しているなかで、多岐多様な面で循環を担っている森林をこれ以上疲弊させないことと、しかし、より快適に生きるために森林を必要とする人間が、折り合いをつけるのには、人間側が少しでも森林の循環を壊さない形で、自分達も循環のなかに取り込まれるようにすることが大切なのではと思います。そのためには、木を切って使ってしまう人間が植えて、切って、使って、また植えての繰り返しをするなかで、とくに使う時は森林のもつ人間に与えるメリットを、人間だけがもっている経済活動面も含め最大限活かし、森林に対してのデメリットを最小限に止めることで良いのではないでしょうか。

日本のリーダーシップを

落合　最後に今井先生が会長を務める国際自然・森林医学会＊2（ＩＮＦＯＭ）の将来像は?

今井　森林医学と、解明された内容に則った、健康維持・増進や病の緩和方法を全世界に広めたいですね。

現在、森林地帯は、登山やハイキング、ジョギング等、健康面では、筋力、心肺機能の強化などの目的で使用されますが、汗をかく程の活動では、脳の海馬（アンモン角）の神経細胞脱落や、視床下部がストレスを感じる場合があります。森林浴は活動的な野外派だけの物ではなく、老若男女を問わず、森林で憩うと、都会とは異なる森の香りや音、景色、皮膚の感触等の五感が自然に駆使され、ストレス低減、血圧、血糖値の正常化傾向その他、神経系、内分泌系、免疫系の保全がなされます。動くものとしては、両者を程よく組み合わせることが賢明ですが、森林浴は、その科学的解明も含め、予防医学的効果がまだ世界的には知られていません。日本での研究成果を元に、寒帯から亜熱帯までの森林を有する日本は、柔軟性に最も長けた国なので、アジア等その他の国々と欧米との文化の違いを念頭に置き、各地域と共にその地に合った研究や基地づくり等を共働で成すことが、今後の発展に必要と考えます。尚、多くの国々の都会人が健康観光で森林地域を来訪すれば、森林地域には、経済活性と資本となる森林環境の保持が維持され、地球の自然環境にも寄与できると思います。尚、森林環境の医学的効果を住居に取り込むための方策は、今後の課題としてやはり日本発で進むのがといいと思います。

＊1　CLT工法／Cross Laminated Timber の略。欧州で開発された工法。CLTは板の層を各層で互いに直交するように積層接着した厚型パネル。一般的によく知られている集成材は、張り合わせる板の繊維方向が平行方向に張り合わせるのに対して、CLTは、繊維方向が直交するように交互に張り合わせているため、高い寸法安定性、断熱性、耐震性を確保できる

＊2　国際自然・森林医学会（International Society of Nature and Forest Medicine）は、近年の自然・生命科学や医療機器等の発達により、推進してきたNature and Forest Medicine に関する研究をさらに進めるとともに、自然界全域の医学研究水準も向上させ、保健や統合医療に役立てる。また、上記を国際的に共有し、世界的に反映させることを目的とする学会である

北側の床の間のある部屋から三間続きの部屋を見る

【インタビューを終えて】

森林ESDの視点から

落合俊也

私が、初めて『住宅建築』に森林医学について寄稿したのは2014年4月号の「木造住宅と森林医学」だった。森林医学が明らかにする医学的効果を、住居環境設計に適用するという考えを紹介した。あれから、森林医学という学問がどの程度普及したかは分からないが、少なくとも森林に対する世間の興味はどんどん深みと広がりを見せている。

森林の経済資源性を、今までのように林業にのみ求めるならば、その自律的経営が持続しないことは明らかだ。現代の経済社会は、安価で容易に入手できる化石燃料を無制限に利用することで成り立っている。それに対して、森林資源は時間的制約を受ける太陽エネルギーによる光合成リズムを基に成り立っており、経済効率が悪いように見えるかもしれない。しかし、森林の役割を深く多面的に理解すると、その経済的価値は驚くほど大きいことが分かる。林業以外の森林価値として最も期待されているのが、環境エンジンとしての空気浄化や滝水機能に代表される国土保全機能である。しかし、これらは内部経済化が難しく、経済資源として試算することは困難である。そこで注目されるのが医療や教育、あるいはレジャー資源としての可能性で、これらのような新たな資源性のアイデアを他の産業とカップリングさせれば、森林は多方面に展開できる究極の資源となり得る。その一例として、森林と建築産業とは、素材や空間の付加価値を拡大するベストパートナーだといえるだろう。

上記のように、森林環境の価値を尊重しつつ、森林資源を効果的に利用する考えをサポートし、育てるためのスローガンとして、「森林ＥＳＤ」が注目されてきている。ＥＳＤとはEducation for Sustainable Development の略で、その意味は「持続可能な社会づくりの担い手を育む活動や教育」のことである。なぜここでＥＳＤという言葉をもち出したのかというと、高橋さんの企業理念の話や今の活動そのものが、その先の夢の社会を想像させる教育効果をもっていると思われたからである。そのくらい羨ましい話だった。高橋さんの「人の創造的活動も、今居るこの場所のような自然との関わりのなかで発揮される」という言葉にＥＳＤの目的が表われている。創造的な労働がしにくく、労働の目的が金銭を得ることに向かう傾向がある現状は、持続不可能に陥る不安を生み出すだろう。そんななかで、「森林ＥＳＤ」の実践は、私たちに真の安息と充実感をもたらすための手段のひとつとなる。

私たちは自然の一部でありながら自然を犠牲にし、利用しながら生きている。人類の小さな勝手のために大きな自然を失うことが多々あるのが大資本主義の構造的問題であり、我々は自然に対する謙虚な姿勢を保つ必要があるのだが、これがなかなか難しい。人と同じ生態系のいわば同朋である自然を利用する場合、無駄な利用でなく徹底的に利用する方法をデザインし、持続可能な計画的使い方をしていくことが必要だと今井さんは言った。これは今井さんが前号で紹介した極地での体験行動から得られた哲学であろうが、このことは建設業界だけでなく人間社会のあらゆる活動に対して肝に銘じる必要がある。

最後にＥＳＤと森林医学の関係を示しておこう。「森林ＥＳＤ」に教科書があるとすれば、その第一頁目にふさわしいのが森林医学ではないかと私は思っている。なぜなら、森林医学は人類の起源の遺伝情報にまで言及しながら、人類と環境の結びつきに気付かせてくれるからだ。人と環境の密接な関係を歴史的にも生物学的にも明らかにすれば、光合成リズムからの脱却が人と自然環境との関係を疎遠にしてきたこと、そしてそれが大きな問題を引き起こしてきたことに気付くはずである。ここに森林環境がＥＳＤの場として最適であり、同時に共に生きる環境（共生環境）としても最適である理由がある。生命の進化方向と現代産業の成り行きを森林環境という鏡を通して俯瞰することが森林ＥＳＤの意義なのである。

安曇野の美しい自然、創造的な手仕事、伝統技術と森林が生み出した空間のなかでの高橋、今井ご夫妻の話を伺っていてそんなことが腑に落ちた。

夕暮時に囲炉裏を囲んで会話に花を咲かせる

住まいに家具の森を

箱根ホテル小涌園・食堂の椅子　　設計＝吉村順三
小田原さんが吉村さん、奥村まことさんと試作を重ねて制作。小田原さんの事務所の吉村障子をバックに。後面からは人が座っていても見られるのでバックシャンを意識してつくる
背景は速水林業のもつＦＳＣ認定を受けた、手入れの行き届いた尾鷲桧の美しい山林。ここから優れたデザインの家具たちが生まれる

【インタビュー】

デザインの力で森を甦らせる

——小田原健の実践

小田原健（デザイナー・一般社団法人ARTISAN日本主宰）

職人か、デザイナーか

——小田原さんは職人から始めて、現在はデザイナーとしてご活躍されていますが、小田原さんの中で両者の違いはなんでしょうか。

子供のころ、親が木のおもちゃを買ってくれなくて、そんなに欲しいなら自分でつくれと言われ、ナイフで竹を割ったり、割った竹で籠をつくったり、みかん箱やりんご箱の板を割って、船をつくったりしていました。親が見かねて、ものをつくるときには設計図を、縦横三面図を描くものだと教えられました。父は機械の設計図を描いていたので、小さい頃から父の描いた図面をトレースしたりしていました。母はスケッチブックに野草を描いてくれました。そこに少し季節の色を載せて。それでデッサンが好きになりました。

——道具はどんなものを使いましたか。

切り出しナイフが一番いいですね。鋸や鉋ではなく、可能な限り簡単な道具が。野球をやりたかったら、木を削ってバットをつくり、球は里芋のスポンジ状の茎を乾かして、中に小石を入れて丈夫なキャンバス地で包んで縫ってつくりました。グローブとミット、ユニフォームも手づくりです。田んぼの真ん中で、裸足で野球をしていました。そういうところからものづくりを覚えました。たまたま12、13歳のときに『口紅から機関車まで』というレーモンド ローウィというアメリカの工業デザイナーの本を読みました。これがたまらなく面白かった。夢のある本でした。ある経済新聞にタバコのピースのパッケージの金の鳩が麦を咥えているローウィのデザインに、専売公社が１５０万円のデザイン料を払ったと書いてあった。あの時代に理解できない金額でした。デザイナーになるにはどうしたらいいかと叔父に聞いたら、まずものづくりの基礎を勉強しろと言われました。

——デザイナーになるための下地づくりですね。

そうです。叔父に紹介してもらったのが、三輪磯松という昭和の左甚五郎といわれた木工の名人でした。面接を受けると、先ず手を見せろと言われました。触って良さそうだから明日から来いと、16歳のときに弟子入りしました。しなやかな手がいいようです。1年間は、ものづくりは教えてもらえず、掃除をしたり、片付けをしたり、とにかくよく見ていろと。1年目にこの図面をみて机をつくってみろと。下手でしたね。それでもへこたれずに続けていくと、3年目には親方が俺よりうまくなったなと言ってくれました。親から設計製図を教えてもらっていましたから、親方のところに来た設計者の図面が読めました。親方からは木の納まりを教わっていたので、設計者にもこれはダメだと言えました。有名な設計事務所が多く、設計者は建主を連れて来ることが多く、錚々たるお客さんですから丁寧に接客することも覚えました。親方からは、建主と設計者とつくり手の関係を大事にしろと言われました。このときに剣持勇、宮内順次、吉村順三、吉田五十八、日建設計、久米設計など、「草鞋脱処良ければ全て良し」という言葉のとおり、錚々たる人と交流することができました。

——学校に行こうとは考えませんでしたか。

全然考えませんでした。学校は大嫌いでしたが、ものづくりだけは誰にも負けませんでした。20歳のときにデザイナーになることを志し、道具を全部人にあげてしまった。道具を持っていたら、また職人に戻ってしまうと思ったので。でも、職人もデザイン感覚をもたなければいけないと思います。いまはデザイナーと職人に分けられていますが、もともとは職人がデザインもしていたのです。

——もののつくり方を知っているから、良いデザイナーになれた。つまり、一流のデザイナーは職人でなければいけないということですね。

素材を知らないとデザインはできない、ということは身にしみて感じています。ハンス ウェグナーにお会いしたときに、我々はデザインの勉強をするけれども、職人の工房にも行かないとデザイナーの事務所には入れないと言っていました。僕のやってきたことと同じでした。それにあれだけ世界的な良いデザインをしていながら、自分も親方から教わったデザインに自分の

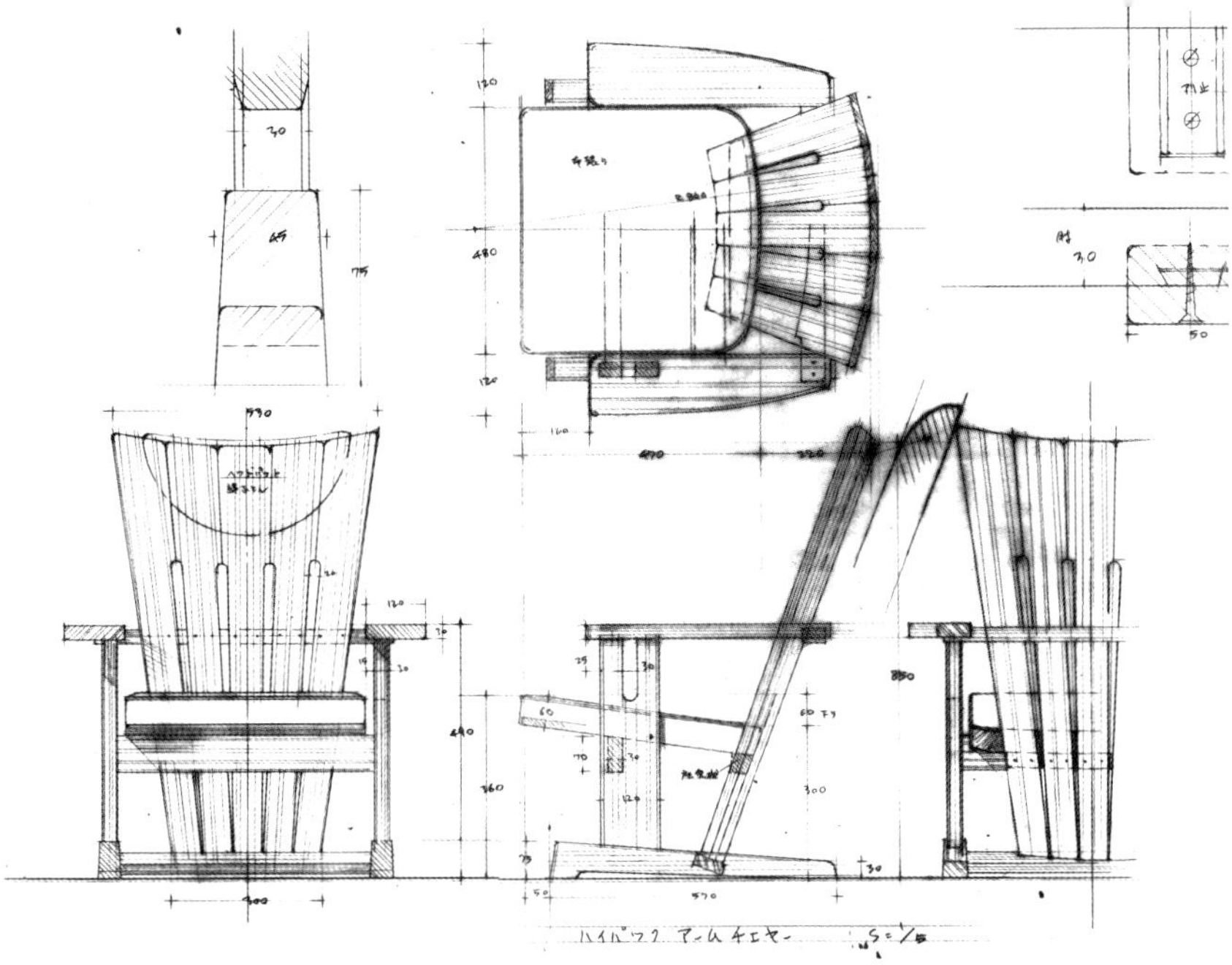

ハイバックアームチェア
デザイン＝小田原健
1/5の原図を21％縮小

感性を加えて形にしている。みんなに教えてもらったことだから、良かったら真似していただいていいと。非常に気持ちの良いデザイナーです。尊敬しています。だけど、あまりにもレベルが高いので真似ができない。三輪親方の「素材を知れ」という言葉がありますが、実にウェグナーは素材の使い方にも無駄がない。見事だと思う。見事なところに穴を開け、見事なところにホゾを入れて、どれもこれもが完璧です。良い職人に恵まれなかったら、建築家もデザイナーも良いものをつくれません。おそらくその部分が吉村先生と僕が共感していたところです。だから、吉村先生のような大先生が小僧の僕の意見を聞いてくれました。吉村順三ももとをただせば職人だったということです。

――小田原さんの周りには東京藝術大学の方が大勢集まっているように思いますが、すべて出発点は吉村先生ですか?

吉村先生とは23歳の時に出会いました。吉村先生のおかげで、28歳で藝大の講師となり、生徒との交流が始まりました。そのとき卒業したばかりの奥村昭雄さんが吉村順三設計事務所にスタッフとして入ってきました。その後藝大の助教授になった奥村さんは、大学退職後、木曽三岳木工所をつくりますが、大学、家具づくり、OMソーラーの仕事と長い付き合いになりました。僕は大学では家具のデザインを教えていましたが、新入生は椅子の課題を1年間で仕上げるのです。吉村先生が一番重要視していたのが椅子の制作で「椅子からの創造」がテーマでした。ひとつの空間をつくるときに、椅子が一脚入ると自分の空間が生まれます。なぜ椅子なのかというと、デザインだけではなく、あらゆる要素が凝縮されているからです。構造であり、機能であり、感性であり、デザインのなかで最も難しいテーマを1年生にいきなり教えるので、生徒は良くなります。アイデア・スケッチから始まって、三面図の1／5図や原寸図を描いたり、模型をつくったり、木場に行って自分の好きな素材を選んで、大学内の木工所で現物をつくります。それが2年生にあがるための試験です。

――印象に残っている人や作品はありますか。

22年間指導していたので、たくさんあります。良い教育がどういうものかを教えてくれたのは、教授だった天野太郎さんです。どうしようもなくてもいいから、最後には褒めてあげてくれと。いいところを伸ばせと言うのが教育だよと。本当ですね。素晴らしい人だったと今でも尊敬しています。教育ほど重要な仕事はないと思っています。一方で吉村先生には哲学があって、僕はそれを教えられました。一言ポツンと「こうだよな」と。それが今なによりも有難い言葉です。そこで教えられた設計と物づくりの哲学を生かし、私なりの作品をつくってきました。吉村先生はトイレでも階段でも、真剣に考え完成してみろと常に言ってました。こういった仕事への態度こそ商品開発の原点と考えています。かつて吉村先生の生み出した作品を市場に出そうと相談したことがあります。吉村先生の答えはノーでした。そのココロは私の住空間は、すべて私の類似細胞なんだよということでした。いかに自分の純粋性を表現しているのかと感銘しました。

一方で、私は作品の一人歩きこそ作品といえるのではないかとも思えるのです。たとえば、デンマークの

ハンス ウェグナーの作品は彼の没後も世界の人気商品として多くの人に愛されています。彼の作品のように、私の作品もわが子と思い、育て、世界に一人歩きさせたいと思う。ウェグナーとお会いしたとき彼は私に「自分の作品はすべて先代からの教えを受けている。自分が心を込めた作品ですから、次の世代の多くの人たちに伝え、役立てればうれしい」と言っていました。これまた吉村先生とは別のデザイナー哲学の一言として私の中に残っています。

吉村順三との仕事

吉村先生の事務所の仕事で「箱根ホテル小涌園」の家具を担当しましたが、モノづくりには自信があったので、これはつくれませんとはほとんど言わなかった。先生の考え方に対して、可能な限り技術で解決しようと試みました。先生のデザインを肯定しつつ、つくる立場としても、デザイナーの立場も含めて挑戦してきました。吉村先生は、日本の純粋な建築を大切にしていました。それがたまらなく好きでした。日本には素晴らしいデザインと技術があるので、それを使えばいいのです。日本の住空間のなかに椅子を置く空間をつくったのが吉村順三です。

――椅子はもともと日本建築にはなかったものですから、住空間をモダンにしたという功績は大きいですね。

そうです。洋式的な暮らしを日本建築の中に溶け込ませたのが吉村順三です。レーモンドとの出会いが、アメリカ人の純粋な受け止め方を知るきっかけになりました。アメリカ人はブランドで判断せずに、良いものは良いと言う。アメリカで仕事を始めてそういうところが気に入って、アメリカが大好きになったようです。アメリカ人に評価されたし、外国人のお客さんが多いですね。でも、レーモンドも吉村先生にはいろいろ教えられたんじゃないのかな。すごく吉村先生を評価していますね。

――吉村先生の軽井沢の別荘に黒川（哲郎）先生に連れて行ってもらったことがあります。森林に共生した素晴らしいお住まいでした。吉村先生は当時、森林や環境に対する視点をおもちでしたか？

それはなかったと思います。その頃、新建材はなかったので、環境のことは考えずに木材資源を使っていました。戦後20年くらい経ってから新建材が急に増えました。世の中の人が仕事に忙しく、家に寝るだけに帰るようになると、住まいに対する感性がなくなり、つまらない建売住宅がどんどん増えていったように思います。帰っても自分の居場所がないような家。これからは家族それぞれが自分の居場所を持てるような暮らしをしないと日本の文化としては良くない。湿度の高い日本では住まいをどうつくるか。気候風土によって、キノコのように成長するものが建築だよと、気候風土を無視し

風が倒した木は、職人が建てていく。

台風は300万㎥の日田杉を風倒木にした。

平成3年の夏から秋にかけて、いくつもの台風が日本を襲い、無数の傷跡を残したことを覚えていますか。中でも九州を吹き抜けた台風19号の被害は大きく、なんと大分県日田地方の300万㎥の杉の木をなぎ倒しました。そして、この風倒木は、昨年6月の豪雨で流され、根株付きの丸太が次々とダムに流入。この写真は、引き上げられ、山積みにされた約30万本の風倒流木です。下に小さく写っている人間の大きさと比較すれば、そのすごさに圧倒されることでしょう。しかし、これはほんの一握り。全国の野ざらしにされたままの風倒木の数は計り知れません。「この風倒木の使い道はないか」「焼却処分には約5億円必要」こんなニュースに反応したのは、職人たちでした。燃やしてたまるか。見捨ててたまるか。写真から木の叫び声が聞こえた職人たちでした。

九州の職人と「職人の村協同組合」が立ち上がった。

この風倒木は、数十年の年月を経て成長した杉の木。祖父母の代に植えられ、長年、枝打ちされながら大事に育てられた木です。風で倒れたとはいえ、その瞬間に生命を失ったわけではありません。建てたり、作ったりすれば、人に活きる木。風雨にさらされ続ければ、やがて朽ちていくしかない木も、生き続ける木となるのです。「杉の木で角ログハウスを建てよう。」大分県日田郡の「中津江村野田木材加工協同組合」と、埼玉県川口市の、心と技で本物の家づくりをめざす総合技術者集団「職人の村協同組合」が手を組んで、この構想は始まりました。

300万㎥の風倒木で、10万棟以上の家が建つ。

杉は昔から、日本人の生活と深い関わりを持つ木材です。木目の美しさから、柱や板材などあらゆる部分の建築材として使われ、暮らしの中でも、下駄、割り箸、経木など、さまざまな場面で活きています。

建てれば、生きる木。
風倒木
平成3年、台風19号が大分県300万㎥の日田杉をなぎ倒し、無数の風倒木にした。
この貴重な資源を見捨ててたまるか。
風が倒した木は、職人が建てていく。
職人たちの熱い思いが、まず、一棟の角ログハウスとなった。夢を育てる風倒木の命、見て、触って、感じてください。
「風倒木への仕事」
大分・日田杉を生き返らせる職人の技と心意気
'94年3月16日(水)－3月27日(日)
会場：スパイラル1Fスパイラルガーデン
主催：職人の村協同組合
中津江村野田木材加工協同組合

風倒木展ポスター／表面（右）と裏面（上・部分）。ダムに埋まった風倒木を拾い出し山積みに。焼却処分が決まった木を助けたいと展覧会を開催するも、国内からは反応がなかった

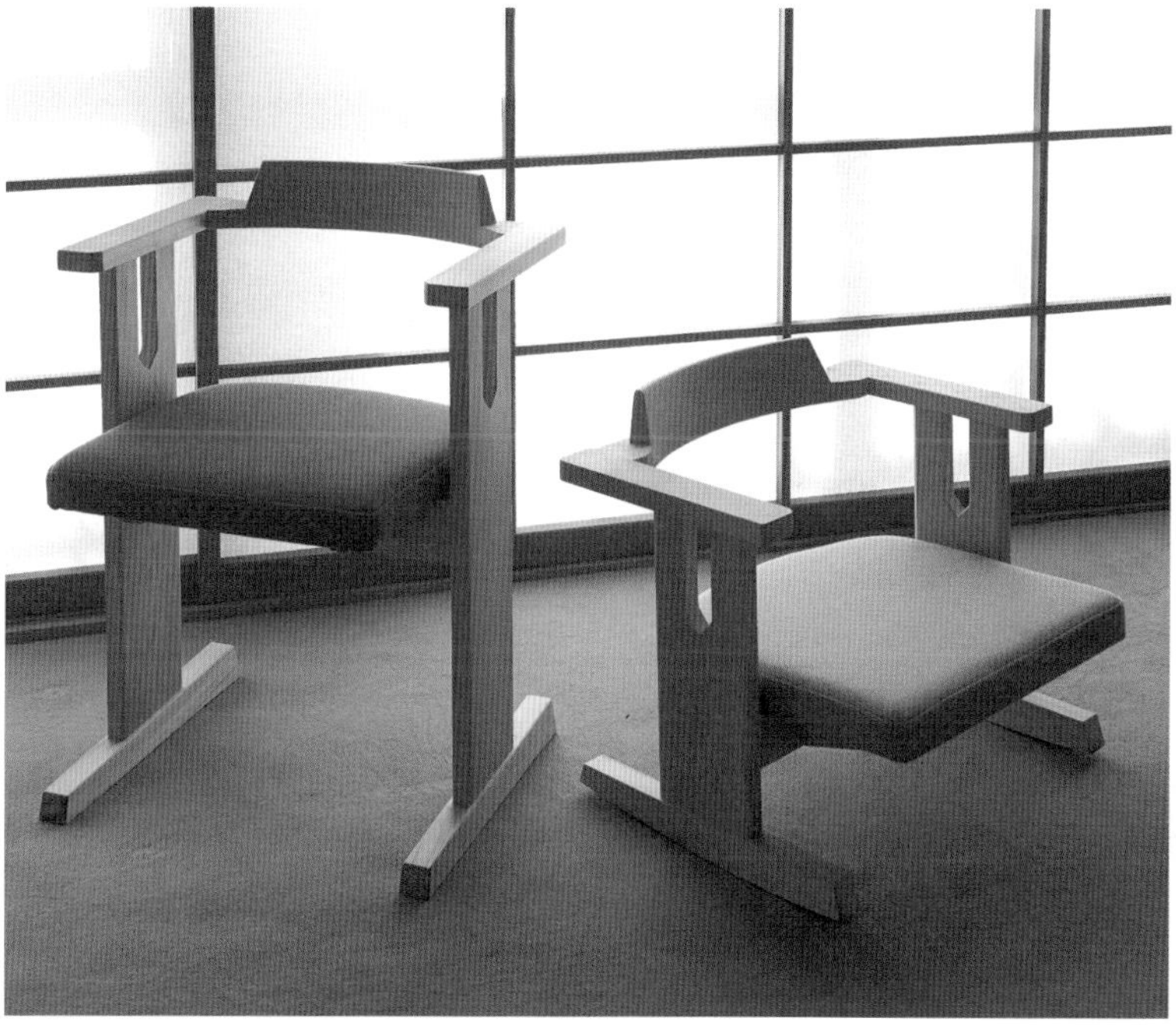

速水林業のＦＳＣ材（尾鷲桧）を使用した椅子。低い座椅子は足がわるくなり、正座のできなくなったお年寄りに重宝される。2015年ウッドデザイン賞受賞
デザイン＝小田原健　　制作＝ウッドメイクキタムラ（三重）

新潟の間伐材を使用した椅子。農林大臣賞受賞
デザイン＝小田原健　　制作＝協同組合ウッドワーク（新

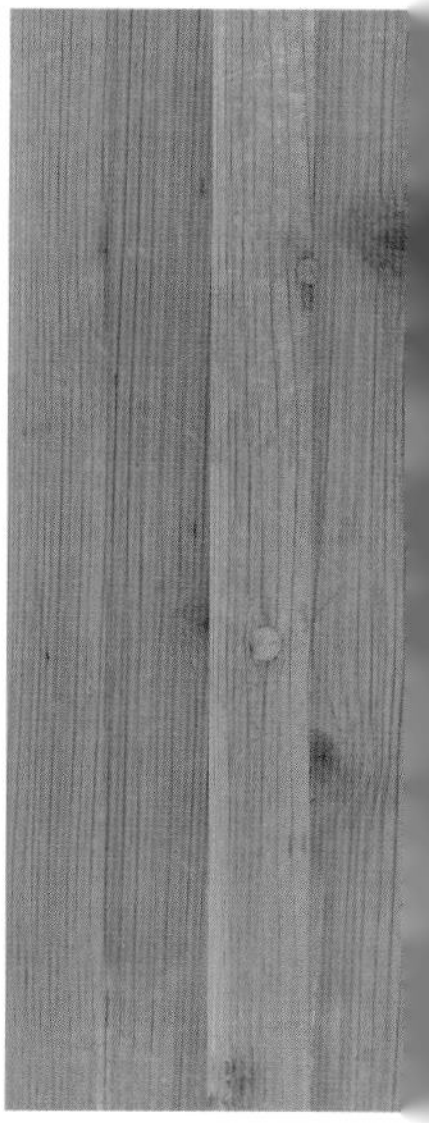

ダイニングセット。間伐材を活かしたテーブルは死節に丁寧に埋木をして使用している（右写真）。
事務所の内装には無垢のスギ材が使われているので、都会にいながら森林浴ができる

デザイン＝小田原健
制作＝協同組合ウッドワーク
一般社団法人ＡＲＴＩＳＡＮ日本にて撮影

てあっちのもの、こっちのものを持ってきてはダメだと、吉村先生は言っていました。

――まさに自然共生の思想ですね。

そうなのです。そこの地域で生まれた技術が一番良いのです。吉村先生は地方で家を建てるときには、その地域の一番古い建物を調査して設計しなさいと言っていました。縁の下の高さがいくつ、屋根の勾配がいくつ、軒の出がいくつ、どういう素材を使っているかを見極めて設計するといい家ができるよと。プロポーションと言う言葉をよく使っていましたけど、目指すのは大地に吸い付いたようなプロポーションではないのかと。今の環境の話とは少し違いますが、それが当時の環境への認識ではないかと思います。

地球基準で考える

その後、木への思いがどんどん深くなります。１９９３年に大分県の日田地方の中津江・上津江村が巨大な台風に襲われ、木造住宅10万棟分の杉の木が倒れました。国は焼却処分を検討していましたが、木が助けてくれと言っているように思えたので、林野庁長官に直談判しました。話し合いはまとまらず、翌年、地元の人と協力して自力で風倒木展をしました。展覧会の1年後にスウェーデン大使館から、ヨーロッパ中にスウェーデン材の住宅をつくって輸出したので、もう輸出する場所がなくなって材料だけがあって困っていると。日本で使ってもらえないかということで、視察に行きました。椅子からキャビネットから十数点デザインしました。その流れで、輸入家具会社のアスプルンドとＯＭソーラーのオリジナル家具をデザインしました。そのときに初めてＦＳＣがスウェーデンで始まり、ヨーロッパでも、日本でも初めてＦＳＣ材で家具をつくりました。六本木のアクシスでの展覧会は、たいへん話題になりました。その時のデンマーク大使の来場挨拶は、職人（アルチザン）の交流こそが文化的交流なのだという内容だったと記憶しています。そして、のちにＦＳＣ認証第一号となる速水林業との連携でＷＷＦジャパンや山笑会設立を経てようやくＦＳＣジャパンが出来ました。

――小田原さんは「地球基準」というお話をよくされますが。ＦＳＣのコンセプトから学ばれたことですか？

そうです。スウェーデンやデンマークの人から、すべてを環境問題から考えるということを仕込まれました。あらかじめ図面を送って数週間前から検討してもらうのだけれど、僕が行くと塗料を持って来て、いきなり僕の前で舐めるのです。次の日は1日環境の話だけ。僕が図面に書いた20種、全部の木の出自を調べて、布地はどこで織られていて、燃やしても有害なガスがでないとか、塗料は舐めても大丈夫だとかそういうことを僕に説明して、明日からつくる打ち合わせをしようと。そんな打ち合わせを日本でしたことがなかったし、未だにありません。翌日は機械屋が来て、僕の図面を見ながらどういう機械をつくろうかなと考えています。機械が決まると1年間の生産台数を割り出して、機械がいくらで、毎月何本買ってくれるかを決めて、1脚の椅子の値段を決めます。その後にやっと職人が出てきて、機械でできない所が1割か1割5分あって、そこを手加工で仕上げてくれます。それで椅子の値段を決めて、契約をします。コストも安く質の高いものができました。すべてのことをこのように地球基準で決める。みんなで守るべき理念が大切なのです。

――デザインの力でこの考えを根付かせるのは大変難しい挑戦ですね。

吉村先生が古い建築を見習いなさいと言った言葉、これは実は非常に重い言葉です。良いものだから残るわけです。歴史的な裏付けがあり、日本の木材資源はその安全性が証明されているわけだから、技術的にデザイナーと職人が組んで素材をうまく使えば、もっと簡単に日本的な地球基準ができるのではないかと思います。

デザインの力で森林を甦らせる

――小田原さんが運営しているＡＲＴＩＳＡＮ日本について教えて下さい。

十数年前に同じ趣旨の活動をしているメンバーを集めて、「職人の森」というＮＰＯをつくりました。神奈川県の建具組合と2回ほど箱根彫刻の森美術館で展覧会をしました。美術館創設以来の最高の人気で館長にも大好評でしたが、全くの職人の集まりですから企画・推進力がなく、目立った活動をすることもなくいつのまにか消えてしまいました。あちこちで指導してきて、職人のネットワークを増やしていこうとしたのに、これがダメになったからといって、この活動を止めるわけにはいきません。それでもう少し考えてＡＲＴＩＳＡＮ日本という形で再出発しました。

そこでまず日本の杉を有効利用するにはどうしたら

ＮＰＯ 職人の森　マイスターの作品

小田原流・地球基準のモノづくり５箇条

一. 美しい森はすべての生命の源。木と語り、手を入れる。愛情と感謝を。
一. 材料は再生、循環するもの。すなわち命ある天の恵み。自然美の天然素材を選ぼう。
一. 材料は生まれ育ってきた年数以上、大切に使える家。家財に再び活かそう。
一. すべての生命にたいして無害であることが大切な配慮。自然・天然の材料、仕上げを選ぼう。
一. 節は個性、曲りをデザイン。木が生きてきた証。適材適所で大切に使おう。

微生物から地球、宇宙まで、生命をもつすべてのモノが笑い喜ぶためのモノサシ（基準）で、デザインして、材料を選びその材料が生きてきた年数以上に我々の生活に役立て、いくつもの世代にわたって大切に使い続けて、最後は汚さずに土に還すまでを、キチンと考えた“地球基準のモノづくり”を目指す

上写真／森世紀《しんせいき》工房（長野）制作。長野の森で育った個性的な「針葉樹」カラマツを活かすために、建具づくりのマイスター 47名が結集した工房。写真は有賀《あるが》恵一氏（有賀建具店／伊那市）による64種の地域の山の木を使った薬箪笥
右写真／東洋ピアノ製造（静岡・磐田）世界初のＦＳＣマークの入ったピアノ
速水林業の木材を75％以上使用。デザイン＝小田原健　　東洋ピアノパンフレットより
右下写真／共同組合ウッドワーク（新潟・上越）
国産間伐材を使った椅子。クリプトメリアシリーズOW-C03。デザイン＝小田原健
中下写真／同上。根曲りスギ材の個性を最大限に引き出した花入れ付テーブル。小田原健指導
左下写真／同上。雪の重みで曲がった根曲りスギ

下写真３点＊

いいか考えました。無垢材のパネル化によるシステム収納が良い。リフォームするときに、収納家具が一番多く木を使います。床壁天井ももちろんですが、平均すると半分くらいを収納家具に使います。下駄箱、システムキッチン、サイドボード、書斎、本棚など、モデュール化し、システム化して商品化しました。しかし、日本には無垢の集成材パネルをつくる工場がほとんどありません。日本は柱と梁の構造体です。そういう感覚しか住宅会社はもっていないので、集成版でものをつくる考えがないので、合板を使います。無垢の材を使うという発想はない。僕は新建材やベニヤ板は一切使いません。ですから、杉の無垢材を使ってシステム化しようと思ったんです（左頁図参照）。ご縁があって木更津の関東最大の集成版をつくる工場ＴＳＣと業務提携して、僕のシステム収納をメイン商品にしてつくってもらっています。

——日本中に無垢材のパネル工場をつくって、小田原さんがシステム化、モデュール化したものを各地の優れた職人の力で普及させようということですね？

1間、2間の日本のモジュールにぴったり入る寸法にしました。だから耐震補強になる。耐震家具になります。建物の中に置くのではなくて、壁の中に入るので、空間をより有効に使えます。収納家具を建築の一部とするインテリアデザインとしてシステム収納としました。そうすると材木を今の倍の値段で買っても十分採算が取れる。そこが大事です。流通の仕組みを改善することでそれが可能になります。だから、デザインの力で森林を甦らせますと言いきれます。新流通シ

木更津モデルハウス——無垢のＦＳＣスギ集成材パネルを使った収納家具

台所を見る

居間から玄関を見る

食堂から台所を見る

地域の間伐材有効利用計画林業から製材——生まれた私たちの木工生活

企画・設計・デザイン＝小田原健

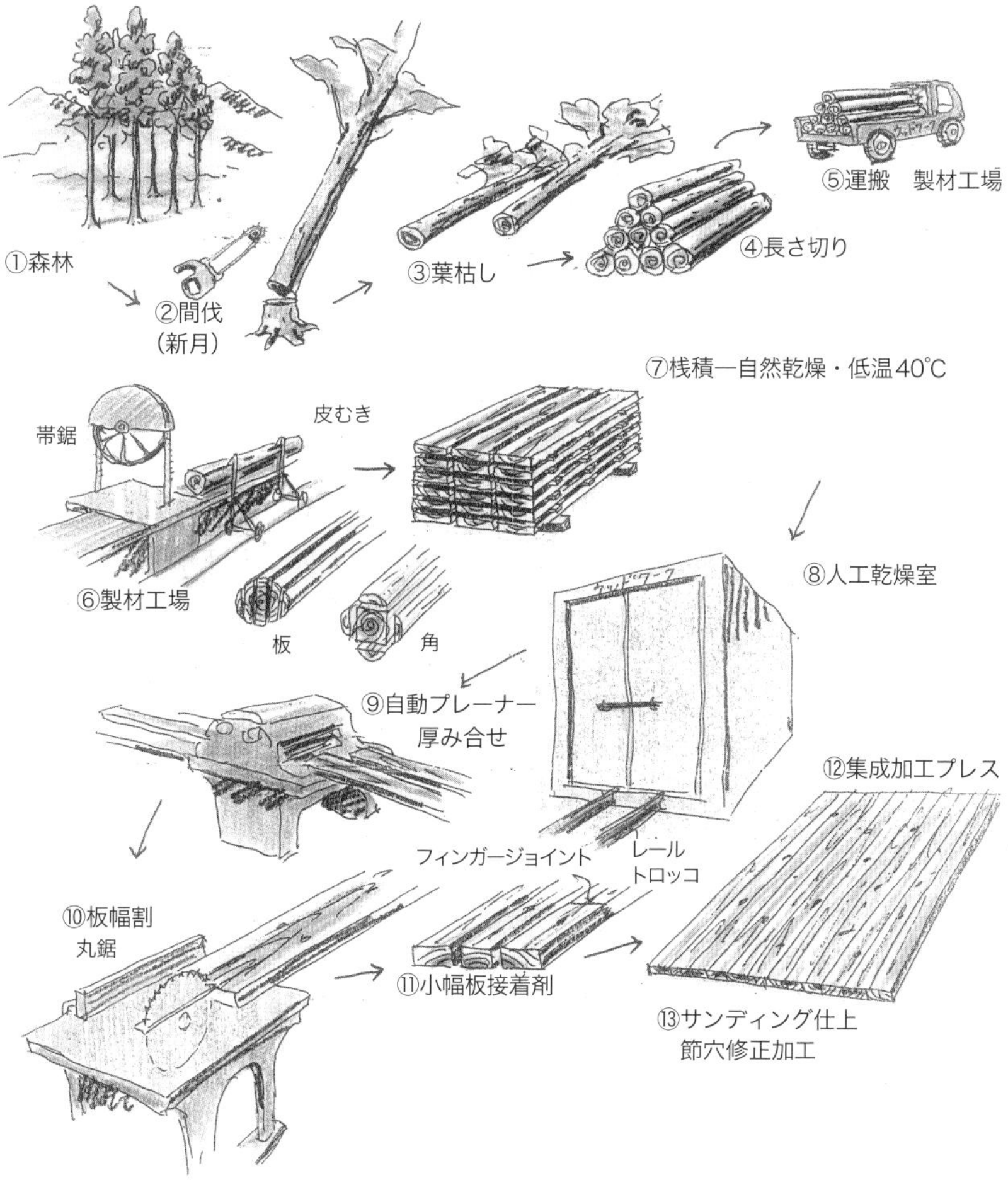

⑭間伐材を使った不燃システム建具パネル

システム腰壁

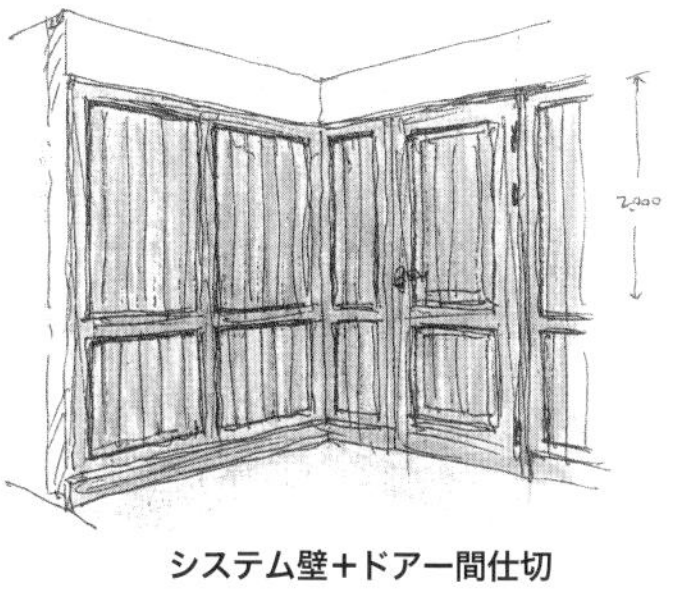

システム壁＋ドアー間仕切

⑭木工場　家具＋造作　職人作業：カット・組立

⑮仕上・完成

ステムをつくりたいがために、システム収納をメイン商品仕様にしました。材木の産地が材木のままで売ってはいけない。デザインして付加価値を高めて何倍にするかが問題です。これが僕の目指すところです。林業に若い人が入って喜んでもらえれば、地域の資源を使って地域の人たちで、地域の産業にすれば、その地域の血となり肉となります。それがこのプロジェクトの理念です。間違いなく日本中の森の付加価値はもっと高まります。そうすると地方が元気になります。それがARTISAN日本の最大の使命です。

——日本の森が生み出した素材を上手に料理するためにデザイナーと職人は車の両輪の関係ですね。

私がまず最初に日本の森林資源とデザインを結び付けたのは、親方からどんな素材にも特徴があって、使い方ですべて宝物になると教えられたからです。チーク材、マホガニーはいい、スギやラワンはこんなもんだと、区別するのはよくないと。適材適所に素材は使う、材料とはそういうものだよと教えられました。それぞれの特徴をデザインに生かすことを、職人から教えられました。

吉村先生はいつも素材には色があると言っていました。だから強いて色を付ける必要はない。私のデザインは素材の色だけで十分だと思っています。そのなかには紙の色とか織物、衣服の色があって、そのバランスが美しいので、建築には色はいらないと教えてくれました。このことと親方の素材には特徴があるという教えはまさに森林資源のデザインの方法として一致するものです。さらに、林業家がこの木がこんなかたちのものになるということを意識することも大切なことです。付加価値の高いものに生まれかわることを知っていれば、林業家からデザイナーにつまらないものをつくるなよという圧力になります。魚でも肉でも野菜でも、自分がつくった食材が食卓でこんな料理になるんだということをイメージできれば、丁寧につくるのではないですか。

——受け取るデザイナーの責任も大きくなりますね。

付加価値を高めたものにしなければいけない責任があります。付加価値はまさに森林のように無限大に広がります。

——消費者にもそういう価値観が芽生えなくてはならないですね。

消費者にとってベストの状態で、木材を分類しながら、適材適所で無駄のないようにデザインする。顔の見える職人という意味は、流通を省くということです。商社が顔を見えなくしたのです。これがものづくりに大きなひずみを生みました。関わる人すべてにお互いの立場があり、モラルが必要です。最終のお客さんに本当に満足したものがわたるのかということ。技術も資源も材料もベストなものはこうですと、自信をもって言えることをやるべきじゃないのかな。いろんな人に出会い、創意工夫していると、答えが次から次に出てきます。だから、真面目にこつこつ職人がつくった物すべてが日本の文化をつくったと言えるのではないかと思います。

聞き手／落合俊也

於／ARTISAN日本事務所　2016年10月

無垢の集成材パネルを使った収納家具部品図

設計＝小田原健

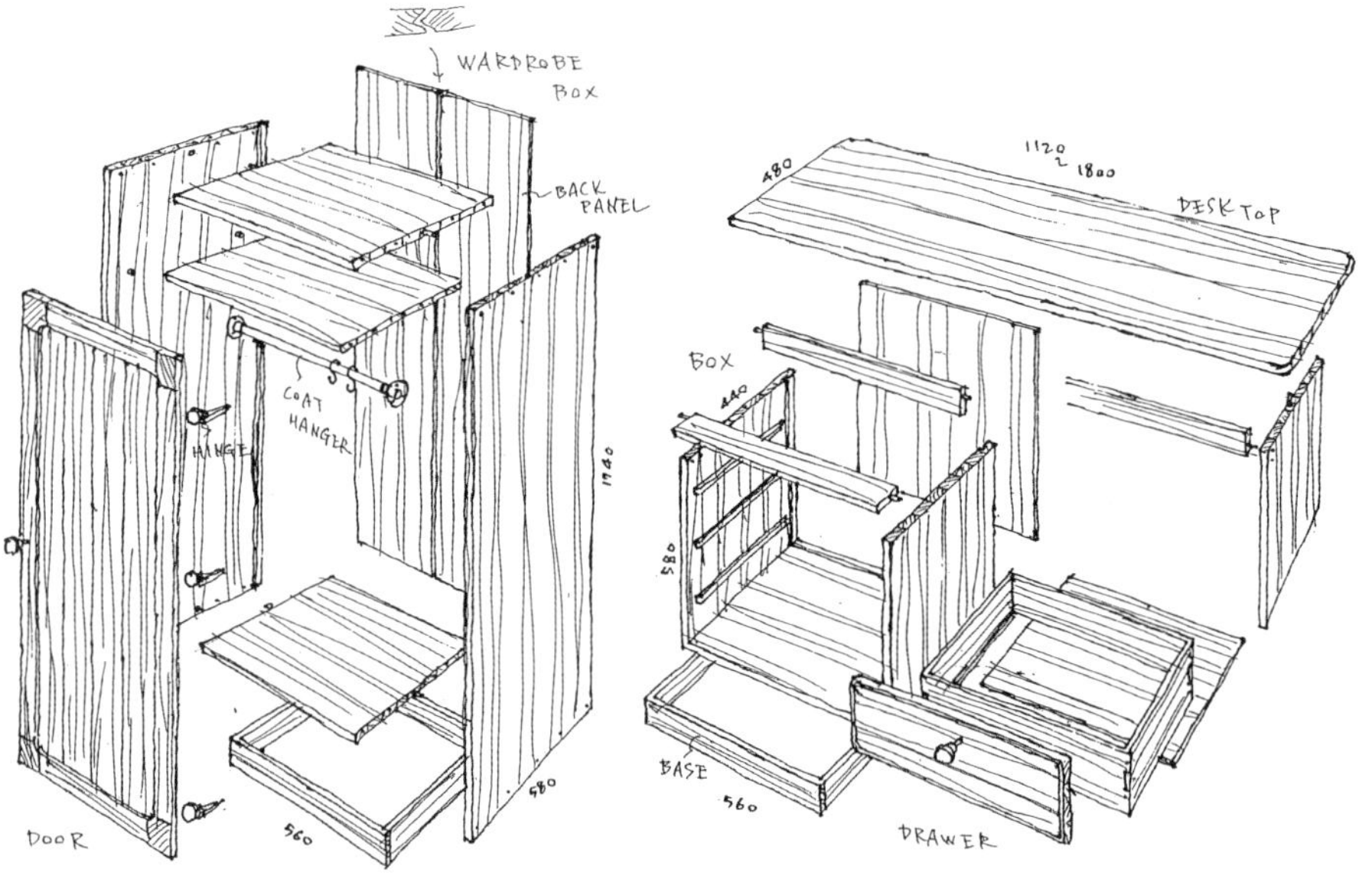

オリンピック競技場 国産材を使ったベンチ コンペ案

設計＝小田原健／一般社団法人 ＡＲＴＩＳＡＮ日本

企画＝林野庁

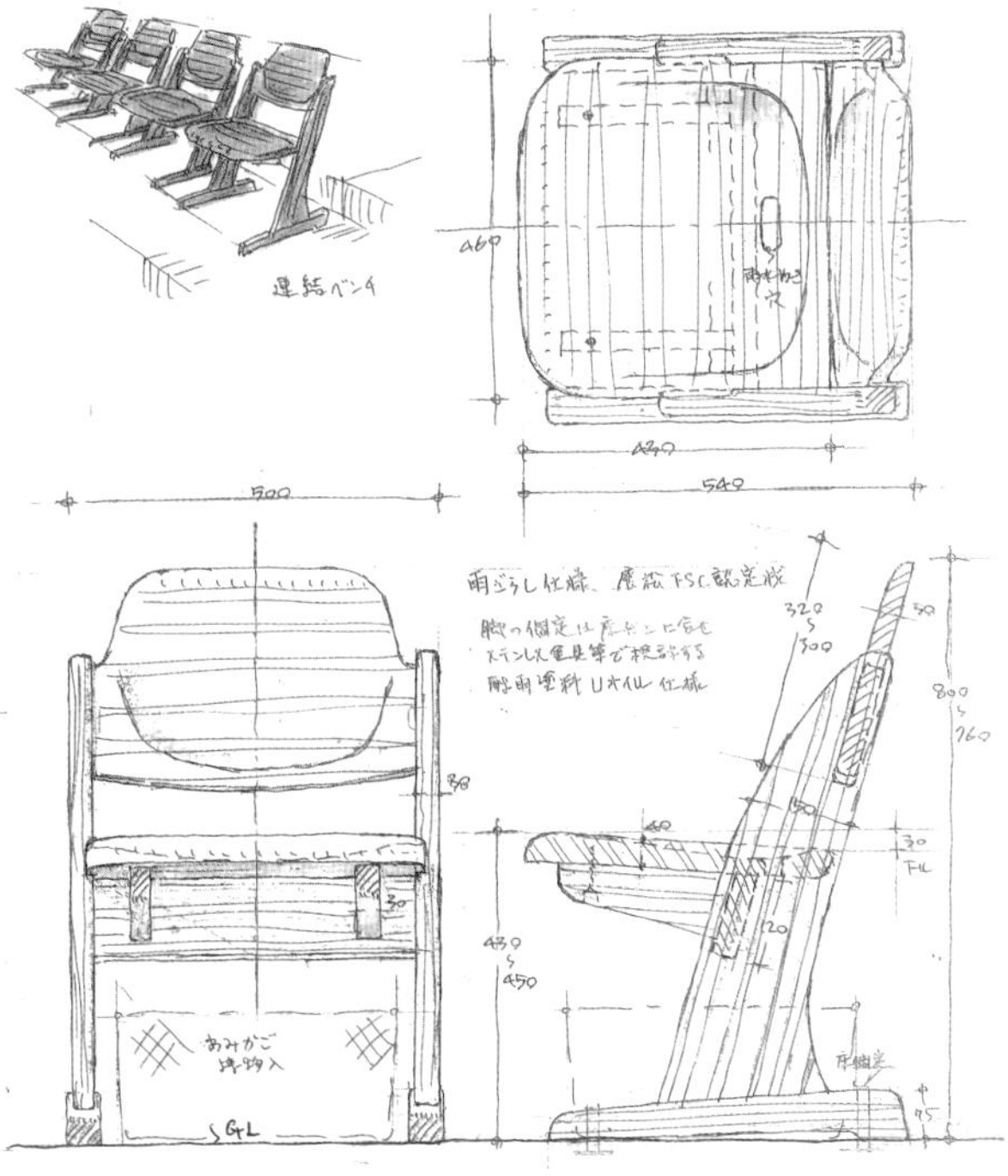

屋外施設における木製椅子に関する技術、デザイン提案
新国立競技場　一般席
連結ベンチ　雨ざらし仕様
カラマツＦＳＣ認定材
脚の固定は林に合わせ、ステンレス金具等で検討する
耐雨塗料Uオイル仕様

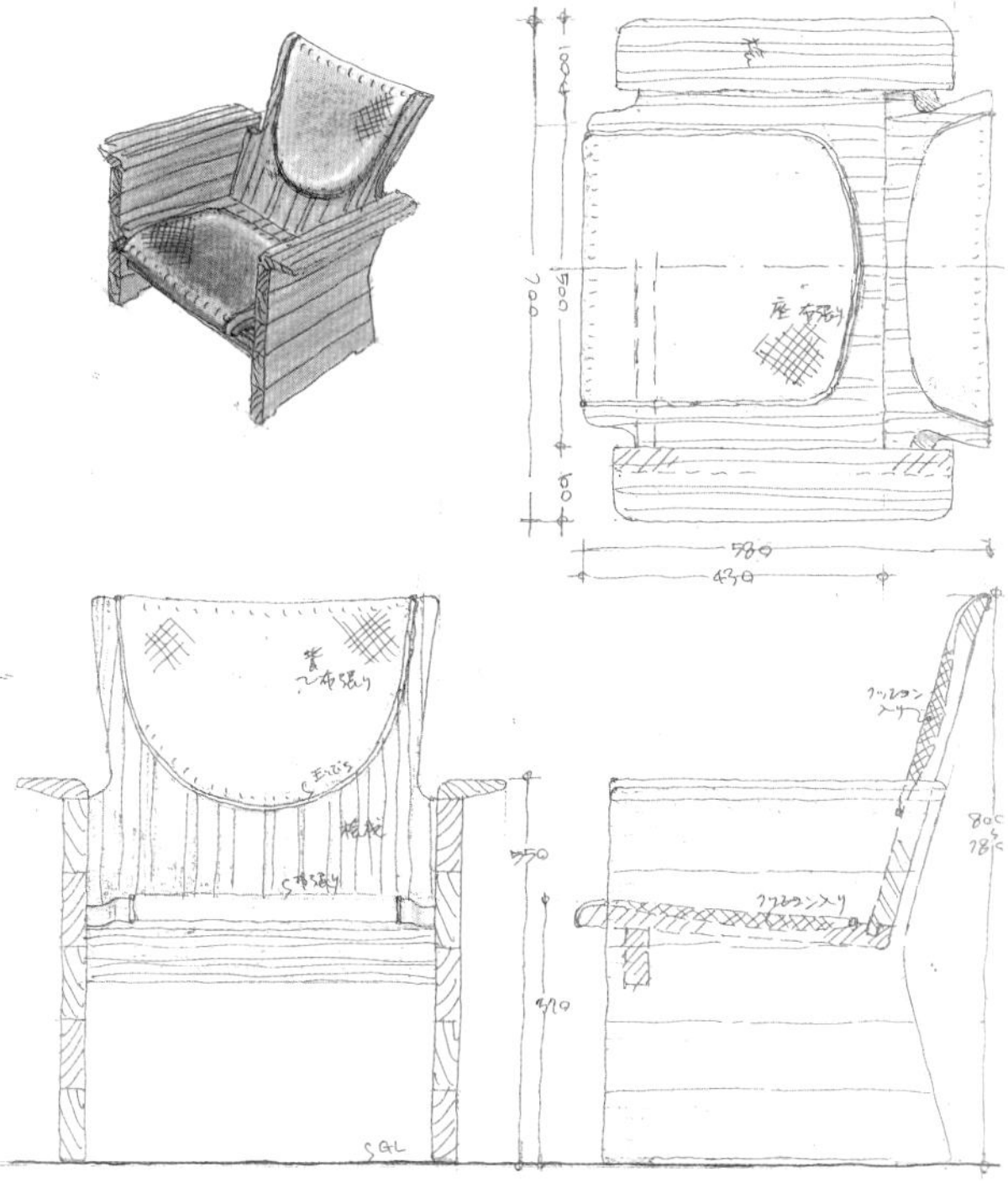

ＶＩＰ席Ａ案
尾鷲ヒノキＦＳＣ認定材

車椅子同伴者席。車椅子は別案

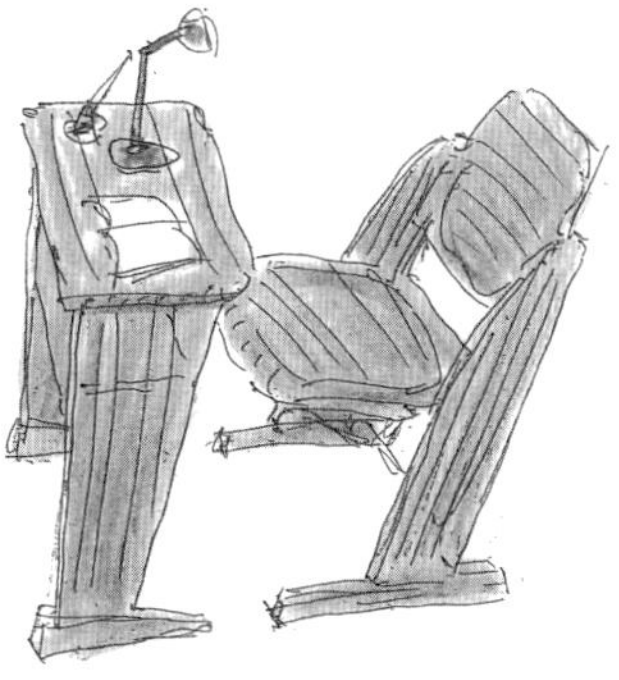

メディア席
スギ材

記者席
スギ材

針葉樹の扱いに長けた全国の建具職人がつくる木の椅子（合計6万脚）がオリンピック会場に設置されれば、日本の山と職人が全世界に木の良さを発信することになる画期的な案。音響効果も良い。その他にも選手村の内装などアイデアは無限に広がる。職人がつくる東京オリンピックとなって夢の実現なるか

榊原正三の一味 寄稿

192 頁～ 197 頁写真・図提供＝山下晋一

山下晋一（やました・しんいち）

1969年　静岡県に生まれる。
1990年　東京デザイン専門学校インテリアプランナー科卒業。2006年　こころ木造建築研究所共同設立。2007年　こころ現代民家研究所設立。2012年　天竜TS匠の会、会長に就任。2006年木の建築賞審査員特別賞受賞（共同受賞）ほか、受賞多数。

198 頁～ 199 頁写真・図提供＝瀬野和弘

瀬野和弘（せの・かずひろ）

1957年　山形県に生まれる。
1978年　東京デザイナー学院スペースデザイン科卒業後、鬼工房施設デザイン課勤務。1979年～大成建設設計本部勤務。1988年　瀬野和弘＋設計アトリエ一級建築士事務所設立。東京都市大学非常勤講師。建築環境・省エネルギー機構、CASBEE研究開発「すまい」検討小委員会委員。

200 頁～ 201 頁写真・図提供＝松井郁夫

松井郁夫（まつい・いくお）

1955年　福井県に生まれる。
1979年　東京藝術大学大学院美術研究科終了後、現代計画研究所入社。1985年　松井郁夫建築設計事務所設立、1992年　まちづくりデザイン室併設。2009年　一般社団法人ワークショップ「き」組設立、代表理事就任。NPO法人木の建築フォラム理事、一般社団法人住宅医協会理事。

202 頁～ 203 頁写真・図提供＝三澤康彦

三澤康彦（みさわ・やすひこ）

1953年　大阪府に生まれる。
1972年　大阪工業高等専門学校建築学科卒業後、一色建築設計事務所（東京）勤務を経て、1985年　妻・三澤文子とともにMs建築設計事務所設立。1996年　木構造住宅研究所開設。MOKスクール主宰。2001年　JパネルA(杉三層パネル）でグッドデザイン賞中小企業長官特別賞受賞。2017年逝去。

榊原正三の一味

190 頁 -191 頁写真＝天竜 T.S. ドライシステム協同組合
204 頁 -205 頁写真＝青野浩治

写真提供＝山下晋一

榊原正三（さかきばら・まさみ）

1947年1月3日　静岡県に生まれる。
山林の日雇い労働者だった父の手伝いをしながら、山仕事を覚えた。独立当初は、材木商として全国を渡り歩いた。
2015年10月2日　逝去。
現在は、長男榊原康久氏が後継者として活躍中

対峙と共生の技術 Part 1

文・写真＝今井通子

写真提供＝今井通子

今井通子（いまい・みちこ）

1942年　東京都に生まれる。
東京女子医科大学卒業、医学博士。東京農業大学客員教授。1967年　女性パーティの隊長として世界初ヨーロッパアルプス・マッターホルン北壁登攀に成功。1969年　アイガー北壁、1971年　グランドジュラス北壁と、女性で世界初の欧州三大北壁完登者となる。医学と登山活動等で得た知識や体験をもとにした講演・執筆活動を行っている。

対峙と共生の技術 Part 2

写真＝清水襄

写真提供＝高橋和之

高橋和之（たかはし・かずゆき）

1943年　東京都に生まれる。
登山家。登山用品専門店カモシカスポーツを開業し、現在取締役社長。1981年　カモシカスポーツより卸部門を独立させ、ヘリテイジを開業。1971年　今井通子とともにグランドジョラス北壁を登頂し、山頂にて今井通子氏と結婚式を挙げた。ダウラギリⅣ峰、ヒマラヤ・ローツェ、レーニンなど数々の登頂に成功。著書に『ダンプ＆通子の夫婦でゆったり登山術』（小学館、今井氏と共著）など多数。

住まいに家具の森を

写真＝青野清治・234 頁～ 235 頁写真＝川廷昌弘・242 頁写真＝大川文雄
241 頁左上写真＝有賀建具店　241 頁＊印写真＝共同組合ウッドワークス

写真＝落合俊也

小田原健（おだわら・たけし）

1934年　静岡県に生まれる。
1958年　吉村順三に師事し、設計協力。1968年～1989年　東京藝術大学建築学部講師。1985年　ベル研究所設立。2001年　WWFジャパン山笑会幹事就任。2005年　NPO職人の森を設立。2006年「国産材供給システム優良事例コンクール」農林水産大臣賞、経済産業省企業支援賞受賞。2016年　日本建築士会連合会表彰。現在一般社団法人　ARTSAN日本代表。

終章　神の棲む森の掟《おきて》

自然（森）への畏怖の心がなければアートも科学も発展することはなかっただろう。それなのに、今では我々の社会はすべてが経済に操られ、森の八百万《やおよろず》の神も居場所を失いつつあるように見える。これから私たちはどのように正しい環境と社会を取り戻していけばいいのか。ポストウイルス時代を健康に生き抜くためには、やはり森の力が必要なのである。

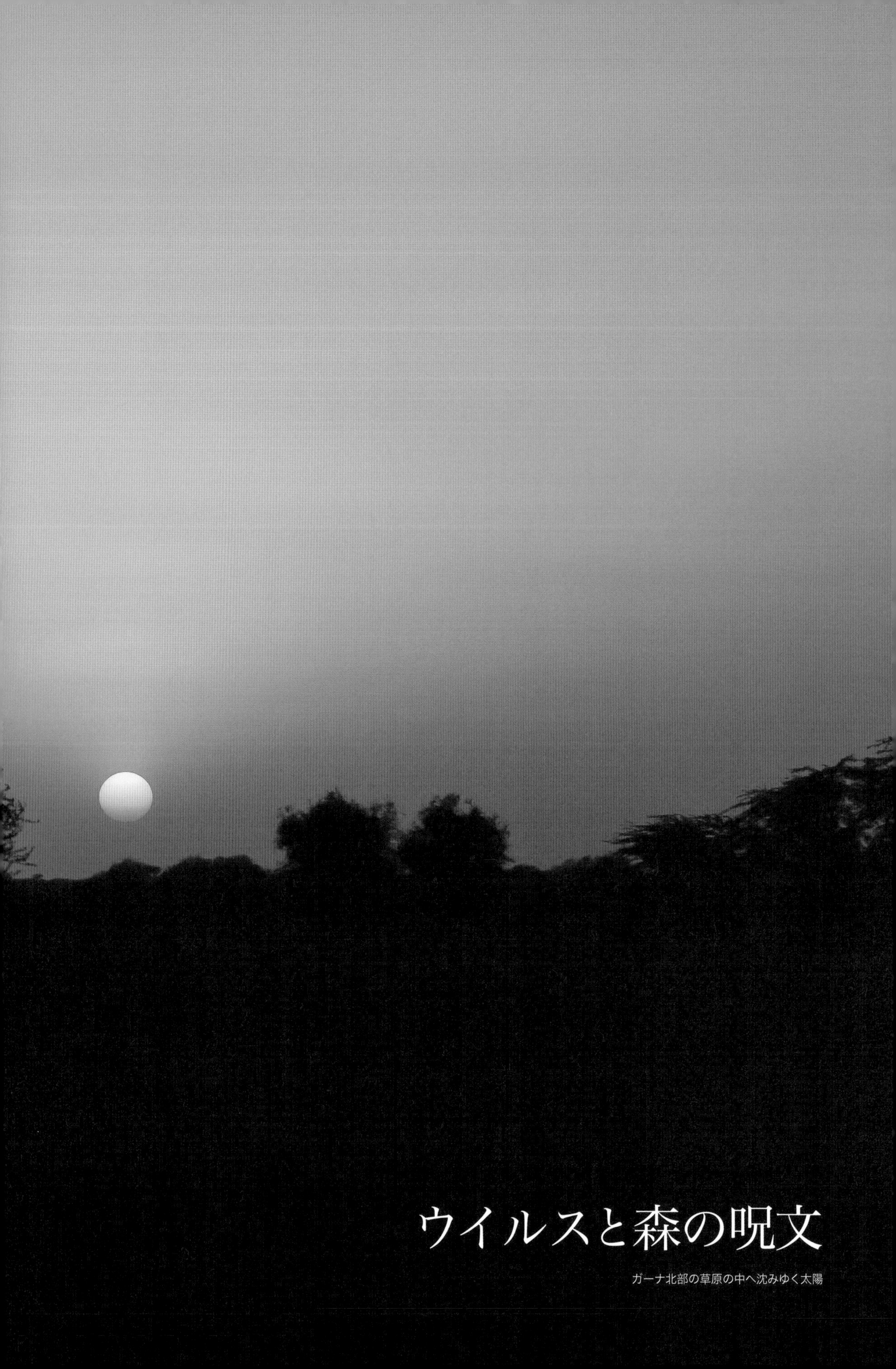

ウイルスと森の呪文

ガーナ北部の草原の中へ沈みゆく太陽

【対談】

畏敬の時代へ

杉下智彦（東京女子医科大学医学部
国際環境・熱帯医学講座 教授／講座主任）

落合俊也

かの有名なノストラダムスの大予言＊の審判の日から遅れて20年、今になって空からウイルスという恐怖の大王が降ってきた。我々人類は、これをわがまま放題に振舞ってきたことに対する警告と捉えるべきではないだろうか。私たちが今のままの行動を続けている限り、今後このようなウイルスは繰り返し現われるに違いない。人類は文明社会の発展に夢中になるあまり、人知を超えた存在である自然に対する畏怖の心をすっかり忘れてしまい、自然界の複雑な仕組みを無視して行動するようになってしまった。森（自然）を冒涜すれば、そこから追い出された神の裁きを受けるのはいつの時代でも変わらない掟なのである。

そこで今回は、医療人類学者の杉下智彦東京女子医科大学教授に、ポスト新型コロナ（COVID-19）社会に必要な新たな展望を与えていただいた。杉下さんは、これまでHIV／AIDSなど国際的な感染症問題に携わってきた専門家であり、今回のコロナウイルスの脅威に関して警鐘を鳴らしているひとりである。

今後、人類が豊かで平和な生活を続けるために為すべきことは何か？　それは人間だからこそもちうる感覚、すなわち人知を超えた存在への畏怖の心を取り戻すことだ、と杉下さんは訴える。本来、人間の知が及ばない領域に畏怖の心が生じたからこそ、科学も芸術も生まれてきたはずである。私たちが傲慢になりすぎたことによる弊害は、これら科学や芸術の価値が、経済の力に巻き込まれるようになってきたところに及んでいる。

そして、私たちが畏怖の心を取り戻すために、かつての人々が信じていた神的な力を再起させてもよいのではないか。人間本位の科学の力だけでは、生物界の多様性を失い、人類自らを危機に導く恐れがあることは容易に想像できる。たとえば、古来からのチベットの神様は、殺生を禁じることで偉大なる自然界のバランスを保っていた。つまり、神の力に頼ることも一つの救いとなる可能性があるのだ。その意味で今回の新型コロナウイルスは、神の啓示を見直す機会をもたらしたといえよう。

いよいよ、神の目線で「森と人と建築」を捉えることが必要になってきたようだ。

＊ノストラダムスの大予言／1555年にフランスの医師・占星術師・詩人であるノストラダムスが記した10巻に及ぶ「ミシェル・ノストラダムス師の予言集」に四行詩の形で納められている。
【第10巻72番】に
「年は1999年と7カ月
恐怖の大王が天より姿を現すだろう
彼はアンゴルモアの大王を蘇生させ
その前後は火星が幸せに支配する」
とある。1999年7月に世界が破滅するという予言詩

右写真／マサイ族の子どもたち（タンザニア、2001年）＊

左頁
右写真／伝統的宗教指導者（マラウイ、1996年）＊
左上写真／HIV末期の子どもを抱く若い母親（マラウイ、1995年）＊
左下写真／独特の世界観をもつティンガティンガ・アート（タンザニア）＊

アフリカで経験した現代医療を超えた医療本来の姿
―個人を治す医療VS社会を治す医療―

落合　杉下先生は長いことアフリカでの医療活動に携わられました。そこでの経験は、ある意味で現代医療のすばらしさと同時に、限界や問題点に気付く良いきっかけになったのではないかと想像します。先生の体験されてきたアフリカの医療システムや人々のもつ、我々とは違った世界観とはどのようなものでしたか？

杉下　25年前、私がアフリカ南部のマラウイで体験した伝統医の話になります。アフリカのヒーラーといわれるものにはいくつか種類があります。その中でもウィッチドクター（妖術師）の存在が我々に多くのことを示唆してくれます。英語では、ディバイン（降霊）とかオラクル（神託）といいますが、主に先祖の霊を通して、人知を超えた力で治療したり未来を占なったりします。村全体の占いをして正しい行動を示唆したり、雨を降らせたり洪水を収めたりします。また、必要とされない人間を呪いの力で淘汰したりすることもあります。つまり、警察や弁護士のいないアフリカの伝統的な村においては、「人を呪うことができる」という能力は、ある意味で一番怖い人達であり、秩序の守護神であるといえます。

落合　人の病気の診断もするのですか。

杉下　現代的な医療というよりも、薬草や儀礼などを通して人の悩みや苦しさを取り除く、一種のお祈りや神頼みのようなものです。例えば、「悲嘆」や「失恋」「孤独」のような心の痛みを、先祖の降霊を受けて巡礼の道を示

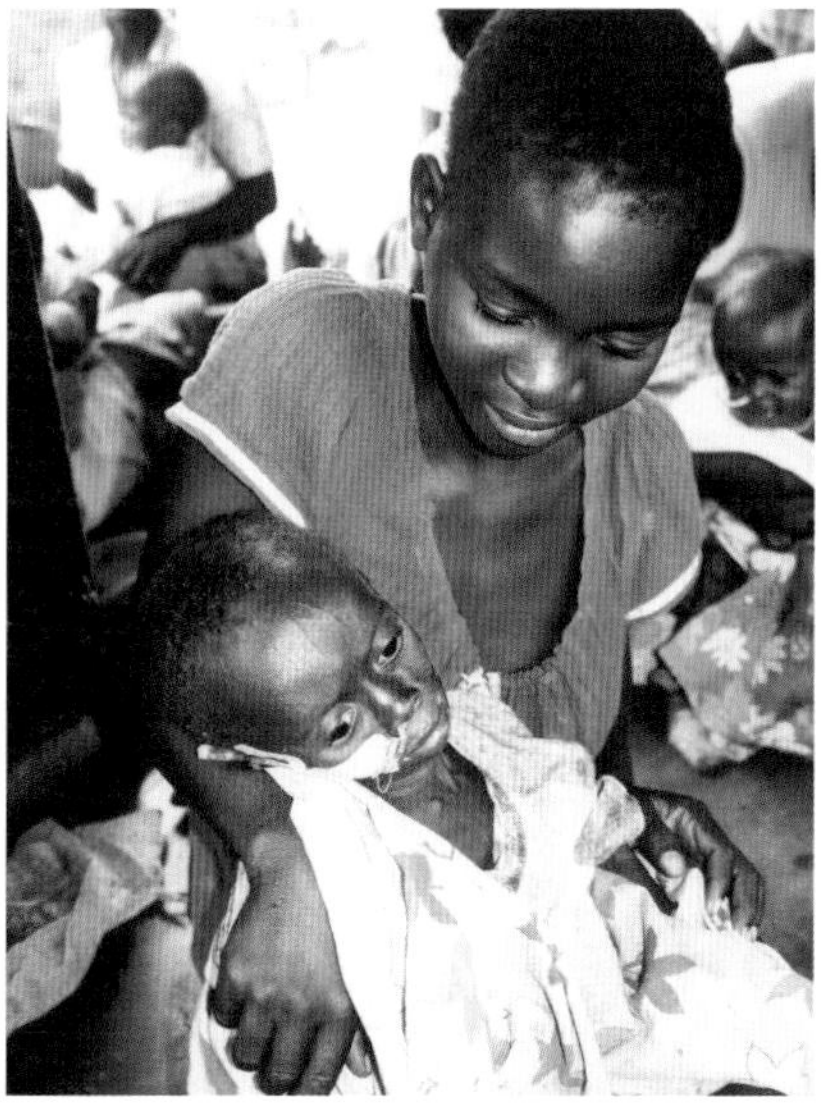

したり、度重なる災いに村が存続できない、というような緊急事態においては、呪いという名の毒で人を殺めることもあります。豊富な薬草や毒草の知識と秘密社会のネットワークを駆使して、村の秩序を司っている存在であるといえます。

落合　神がかり的な力に見せながら、実際は違うのですか？

杉下　当時、僕らの病院には社会的制裁で殺されたと思われる人が毎月のように運ばれて来ました。いろいろ話を聞くと、村人全員の暗黙の合意を得て、最終的には村長が人を殺めることを決定するような、一種の不文律が色濃く残っていることが分かってきました。

落合　それをウィッチドクターがやってくれる。

杉下　毒杯の神託（ポイズンオラクル）と言われていました。たとえば、非常に貴重なものが盗まれたり誰かが殺されたりして、このままではこの村の秩序が崩壊するという状況に追い込まれた時は、大体どの人が犯人だと分かっているものです。直接彼を捕まえると自暴自棄になり危険だし、周りへの影響が大きい。だから秘密裏に彼を殺めるということが実際に行われているようなのです。

落合　神が仕組んだ処刑ですね。どのように行われるのですか？

杉下　その死んだ犯人は病院に運ばれてきますから、それでいろいろなことが分かります。まず、犯人を含む数名の同じような人が選ばれます。彼らの前に毒入りの杯が置かれるのですが、すべてに毒を入れているらしいのです。でも、それは物凄く苦いので、無実の人はその状況に腹を立てて怒って興奮して交感神経が優位になって

右写真／村の夕暮れ（マラウイ、1996年）＊
左上写真／健康教育のための寸劇（タンザニア、2002年）＊
左下写真／診療所が出来て喜ぶ住民（シエラレオネ、2005年）＊

いるので、吐いてしまう。しかし、犯人は諦めているので飲めてしまって本当に死んでしまう。

落合　危ないけどすごく合理的な仕組み（笑）。

杉下　さらに驚くことは、「罪を憎んで人を憎まず」ということをきちんと実践している。災いは「赤い玉」のせいであり、普通は善良な彼がある日「赤い玉」を飲み込んでしまったために、今回は死ななければならなかった、彼や家族などの関係者は悪くない、とみんなが言うのです。ですから、実際におなかを開けて災いの元である「赤い玉」を確認し、成敗しなければならなくなります。

落合　でも開けても赤い玉はない。

杉下　ないです。遺族のみならず村人が何十人も来て「赤い玉」を取り出してくれと言われます。しかし、私は現代医学を学んだ外科医ですから、理由なく亡くなった人にメスを入れることはできません。ですから、同僚のコマンチーナというベテランの老医師に解剖をお願いします。そして驚くべきことに、毎回のように「赤い玉があった」と遺族に伝えます。「だけど、俺の手を離れてあの山の方に飛んでいった」と言って遺族を安心させるというわけです。もちろん人を殺めることはどんな理由であれ許されるものではありません。しかし、アフリカの田舎では、警察がいるわけでも（かえって腹黒かったりします）、公正な裁判ができるわけもありません。社会の秩序は、村の掟、つまり成文化されてない不文律という非常に厳格なルールがあって、それに則って秩序が保たれているのです。そして、その中に「赤い玉」の例のように、「人は憎まない」というルールを織り込むことによって、住民同士の遺恨を残さず、人々が未来に向かって協働できるように社会構造がデザインされています。そして、

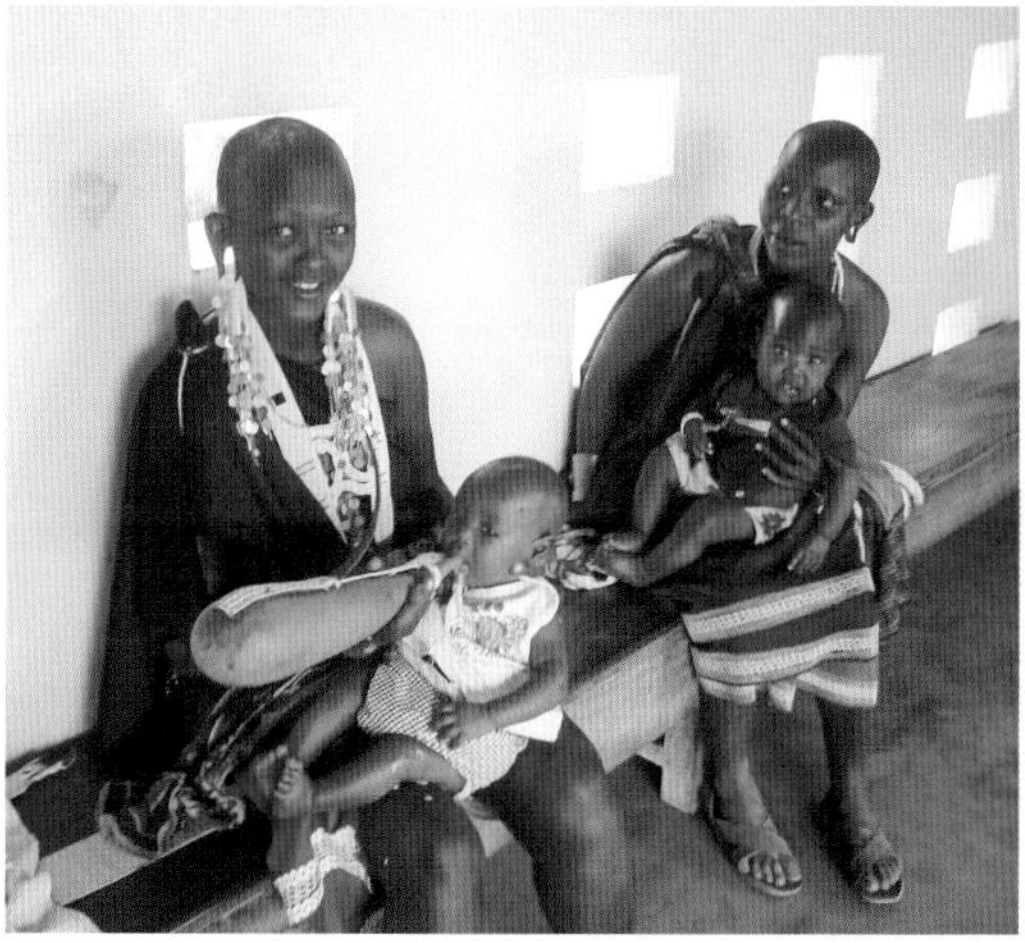

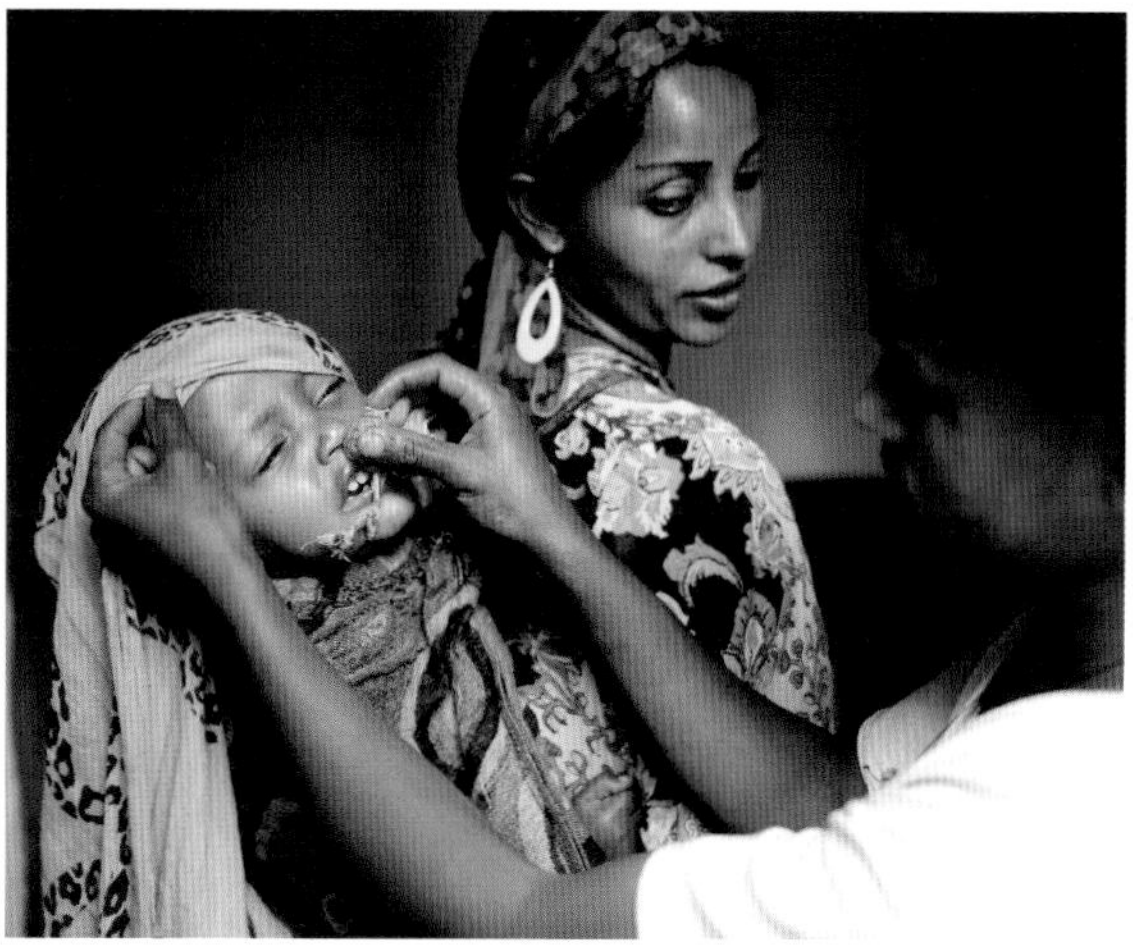

右上写真／熱を出した弟のために、家の近くでさまざまな薬草を摘み、それをつぶしたものを布に包んで弟の鼻の下につけている男の子（エチオピア）
右下写真／3人姉妹（マラウイ、1997年）＊
左上写真／予防接種を受けに来たマサイ族の女性たち（タンザニア、2003年）＊
左下写真／伝統的薬草師（マラウイ、1997年）＊

その中心には妖術師がいるということになります。

落合　そういった面では懐が深いというか、我々の世界と違いますね。

杉下　日本や欧米で罪を犯したときは、当然、通常は私たちの生活の外にある「法律」を規範にして、国家や権力者が人を処罰します。究極的には毒殺ではなく死刑になる場合もあります。その場合、罪はその人が犯したということになり、自己責任論が問われ、家族や触媒に対して行き過ぎた社会的な制裁が加えられることになります。アフリカでは、同じような罪であっても「赤い玉」のせいにして責任論を一段高い先祖の世界に持ち上げて、納得できるかたちで未来に進んでいきます。確かに、これは自律性の高い社会構造だと思いました。こういう社会の自律性は、逆に私たちが国家権力に支えられる司法制度の中で、不必要なまでのリスク管理をすることで、社会が硬直してしまっているのではないか。本当に大切な人と人との関係性を見失ってしまっているのではないか、と思うことがあります。何かが起こった時に良否を判断する尺度、パースペクティブが我々とは全く異なるアフリカ。あくまでも個人でなく社会全体の調和が優先されるような社会のデザインだと思いました。

落合　日本も昔はそういうことがあったのだろうと思います。それが今では全体調和を考えず個人がすべてを被ることになる。

杉下　例えば、マラリアの患者さんが僕の外来にたくさん来ました。お母さんが子供を連れて来てマラリアだと言います。血液検査でマラリアが陽性であると言ってもお母さんたちは納得しません。マラリアに罹っていることは知っている。だけど、なぜあそこで悪いことをしている子供がマラリアにならなくて、私の子供だけマラリアになるのか、それを治せというのです。医療人類学では「疾病の説明モデル」と言いますが、原因と結果の帰属性が違うレベルであることに最後まで戸惑いました。でもよく考えると、それはすごく理に適った疑問ですよね。病気になったことを説明されても、また病気になってしまいます。つまり、なぜ病気になったのか、ならなければならなかったのか、これを理解しなければ、納得もできず未来の行動も変えられません。その説明が、たとえ先祖からの呪いでも、タブーを犯したからでも、彼らは社会全体の因果関係の中で物事を考えているということの重要性に気づきました。現代医療は、病気の原因となるウイルスを診断したり、CTスキャンで悪性腫瘍を発見することはできますが、なぜあなたがウイルスに感染したのか、どうして癌ができたのか、については多くの場合は説明ができません。マラウイの妖術者は、神託だとか、降霊とかという特殊な能力を通して、あなたはなぜ病気にならなくなって辛い思いをしなければならなくなったのか、を説明できる。結果として患者だけでなく周りの人も納得させる

世界遺産のマラウイ湖＊（マラウイ、1995年）

ことができ、未来の行動選択が可能になるわけです。

全体調和を優先する社会と環境

落合　どこまでも個別的でなく包括的に解決しようという発想なのですね。そういった妖術師がやっていることは、因果関係の説明が難しいために、当然我々の社会では非科学的な「まやかし」として片付けられてしまいます。しかし、最近は我々の科学や社会システムの方がむしろ頼りなく、しかも怪しくなってきています。

杉下　日本において、例えばいじめにあっている子供が「毎日恐怖で眠れないので、先生どうにかしてくれ」と病院に来たとしても、それは病気ではないので、カウンセラーに相談しろ、行政に支援を求めろ、と結局誰も本気で診ることができなくなっているのではないか。その結果、子供を自殺に追い込んでしまう。つまり本来の医学の目的であるはずの、身体的にも精神的にも困っている本当に弱者の人達をサポートするシステムが、現代医療のスコープの中から抜け落ちてしまっている。たとえば高齢化や障害者、貧困家庭が抱えるさまざまな課題の解決は、診療報酬にはつながらないために診ようとしていないのです。それは２０１５年に国連サミットで策定された「持続可能な開発目標（ＳＤＧｓ）」で掲げられた「誰一人取り残さない（No one will not be left behind）」というスローガンの達成からかけ離れたものです。アフリカでは、伝統医療や妖術世界が、社会的に脆弱な人々のセーフティネットとして機能していることに注目し、私たちの現代社会を見直すチャンスになればと思います。

落合　そこまでお医者さんにさせるのは酷な気もしますが、適任なのかもしれません。

杉下　マラウイではすべてが連続して、あなたと私ではなくて、私の存在はみんなの中だし、みんなというのも、先祖の世界だったり、自然界という大きな世界だったり、すべては連続した世界の中です。暮らしもそうだし、住居も、職場も。質素な家だけれど、人間の身の丈に合って自然とマッチしていて機能的です。経済性を反映した効率性や安全性、ラグジュアリーなものを過度に追求することはありません。華美なものはなにもないけれど、自然と家と人間の暮らしがスムースに連続して、その中で人間としての則や身の丈を保って、生活に必要な経済活動や社会活動が行われている。土地はたくさんあって大きな邸宅を建てようと思えば建てられるのに、絶対にそうしない。まさに個々人のエゴを超越して、自然界の中にあって社会全体の調和を保つことが最優先課題である。僕から見れば究極にエコな社会システムのように思えます。

新型コロナウイルスからの教訓

落合　そのように広い経験と視野をおもちの杉下先生から見ると、今回の

杉下さんが暮らしたゾンバの街＊（マラウイ、1995年）

新型コロナウイルス感染症が現代社会にどんな教訓をもたらしたとお考えですか？

杉下　コロナの教訓は三つあると思います。一つ目はどんな経済的な価値よりも、健康であることがいかに大事であるかということでしょう。つまり、COVID-19パンデミックによってすべての経済活動が止まってしまうようなことを経験して、いかに健康というあたりまえのことが、貴重であり本質的に重要であるかに気づいたことです。二つ目は、人間として、身の丈に合った距離や空間を保つことの重要性です。新型コロナを始めエボラ出血熱も、ラッサ熱も、多くの新興感染症は、人間のエゴによって資源開発が異常に進み、自然界に侵入したところから突然やってきます。また、ライブハウスだったり、ジムだったり、介護施設だったり、密閉、密集、密接な場所でクラスターが発生しています。つまり、生産性や効率性を追求するがあまりに、人間として保つべき自然な社会的距離を越えた空間が当たり前になっている暮らし、そのものの在り方を見直すことも重要であるということです。最後に、前述した持続可能な開発目標における究極の目標として掲げられている

右頁上写真／祈りを捧げるエチオピア正教徒。男女共に正装は白を基調としている（エチオピア）
右頁下写真／エチオピア正教のマスカル祭の前夜には、地域の広場に人びとが集まり、最後に木の枝の束を円錐状に積み上げた「デメラ」に火をつけて燃やす（エチオピア）

上写真／治療に使う薬草を持って立つ、「サンゴマ」と呼ばれるコサ族の伝統治療師。人びとの身体的、精神的な病を薬草を使って治したり、祈祷や占いをする役割を担う（南アフリカ）
左写真／キリストの洗礼を祝うティムカット祭。十戒が刻まれた石版を納めた契約の箱「アーク」のレプリカである「タボット」が各教会にあり、年に一度だけ外に運び出される。タボットの周りで、香炉を持つ僧侶（エチオピア）
下写真／首都アディスアベバのマスカル広場に集まった人びと。十字架はアムハラ語で「マスカル」と呼ばれる。マスカル祭は、「真実のクロス / マスカルを発見した日」でもある（エチオピア）

上写真／ラリベラにある岩窟教会で祈りを捧げる女性（エチオピア）
下写真／ 12のラリベラの岩窟教会群は世界遺産にも登録されている（エチオピア）

上写真／エチオピア正教のクリスマス前夜に教会に集まった人びと（エチオピア）
下写真／コサ族の女性達の歌と踊り。全身を使ってリズムが表現される（南アフリカ）

「ウェルビーイング」を目指した社会の調和を取り戻さなければいけないということ。それは人と人との関係性、人と自然との関係性、国際間の軋轢なども含んだ、地球という全体性の調和を意識した私たちのマインドの重要性です。

落合　もう少し具体的にお願いします。

杉下　一番目の健康が大切だというのは、どんな経済対策だろうが、巨額なお金をつぎ込んでもウイルスに勝てるか分からない。それよりも皆がきちんと密集、密接、密閉を避け、免疫力を高めて健康であることが何よりもコロナ対策に一番大切だということです。ウイルスは自分で動いて感染することはありません。常に細胞に寄生して遺伝情報をやり取りしなければ増殖しません。またウイルスに感染して約2週間で体内からウイルスが検出されなくなることも分かっています。つまり、世界中の人々が、2週間全く誰にも会わず過ごすことができれば、ウイルスは消滅します。しかし現在のように人間の経済活動を完全に停止することができない状況が続くようでは、ウイルスとの戦いは長期的かつ資金も膨大になり予測困難であるといえます。

また二番目の自然界との距離の保ち方ですが、たとえば、エボラ感染症をみるとアフリカの熱帯雨林に生息するフルーツバットに起源があり、突然変異をしたものから広がったといわれています。なぜ人間が感染したかというと結局は森林の破壊からです。つまり、携帯電話に使われるタンタルなどのレアメタルが欲しいという先進国の人間の欲望が原始林を破壊した。今回のコロナも、おそらく同じようなストーリーがあるのでしょう。将来にわたって未知なウイルスの発生を抑えるためには、た

ハウサ族やプール族が多く暮らす、北部の村落。日中の気温は高いが、土で出来た家の中は涼しい（ガーナ）

とえば医療技術の開発や経済援助だけではなく、私たちが暮らす先進国のライフスタイルや経済的な需要を見直さない限り、きっと同じことを繰り返すでしょう。

落合　ウイルスによる感染症は、我々先進国の生活スタイルやエゴが生み出したと言えるわけですね。

杉下　そうですね。それは携帯電話をやめるかという問題だし、海外旅行や美食を本当にやめることができるのか、という地球の持続性への究極の問いです。海外旅行者からの感染、若者のスプレッダーが老人に感染させている。介護施設に集まった老人の間でも増えてしまった。介護施設は高齢社会のニーズとして当然必要だと思われていたけれど、その施設の在り方そのものは、私たちが生きるウェルビーイングの中で本当に正しい選択であったのか。ライブハウスやフィットネスジム、バーなどもそうですが、あたかも人間としての身の丈を越えた経済活動の行き過ぎや歪みを攻撃するようにコロナは広がっています。私たち自身のライフスタイルや先進国のエゴでできているような需要ニーズを考え直さなければ、おそらく同じようなことが繰り返されるだろうと思います。健康をいかにサステナブルに維持するかというためとに、また住居や都市の在り方や、仕事の在り方、子育てや介護に至るまで、人間としての身の丈に合ったライフスタイルを提案できるかという大きな課題です。

畏怖の念が生む正しい時間感覚

杉下　面白い結果があって、2012年、スタンフォード大学の研究チームは、「畏怖」、大きなものに対する恐れが人間の中にあると、時間の感覚が長くなるという結果を報告しました。どういうことかというと、僕らは自

プール族やトゥアレグ族が多く暮らす村落部。ロバは水や薪を運んだりと生活に欠かせない動物である（ニジェール）

然界に対する「畏怖」の感情を忘れてしまって、人間は何でもできる、すべての万能にコントロールできる、と思ってしまうと、あくなき効率性を追求するがあまり、ものごとに追われて時間が短くなってしまう。競争しなきゃという人間と人間の中で時を過ごしていると時間は異常に短く感じるらしい。だけど「畏怖」を感じて生きている人は、ものすごく悠久な時間の中に自分を位置付けているので、実は時間は沢山あると感じる。そういった時間のフローの中で生きていることを実感することは、いままさに新型コロナとともに生きる私たちにとって非常に示唆的だと思います。もしかすると、河童や座敷童子が出没する自然界に対する私たちの怖れや畏怖の感情は、実は人間がウイルスと共存するための重要な装置なのかもしれないのです。

　自然の「畏怖」を常に感じられるような生活をデザインしてゆかねばならない。そうでないと人間は本来発揮すべき能力を失ってしまい、最終的にはウイルスに征服されてしまうことになる。

落合　確かに子どもの頃は未知のものが沢山身の回りにあった。と同時に今と比べて莫大な時間があったように思います。正しい時間感覚を身に付けてこそ、人が本来の能力を発揮できるというのはとても示唆に富んでいますし、深く共感を覚えます。

杉下　昔、マラウイの農家に泊まった時のことです。そこは電気もない農地の真ん中の小さな家でした。夜、土間に座って夜空を見上げ、まさに輝く南十字星を見上げながら、怖いくらいに荘厳な星空に声を失っていました。その時、ちょうど町の高校から帰省していたその家の長男が、「僕らは銀河系の一部だ」と言ったのです。人間と

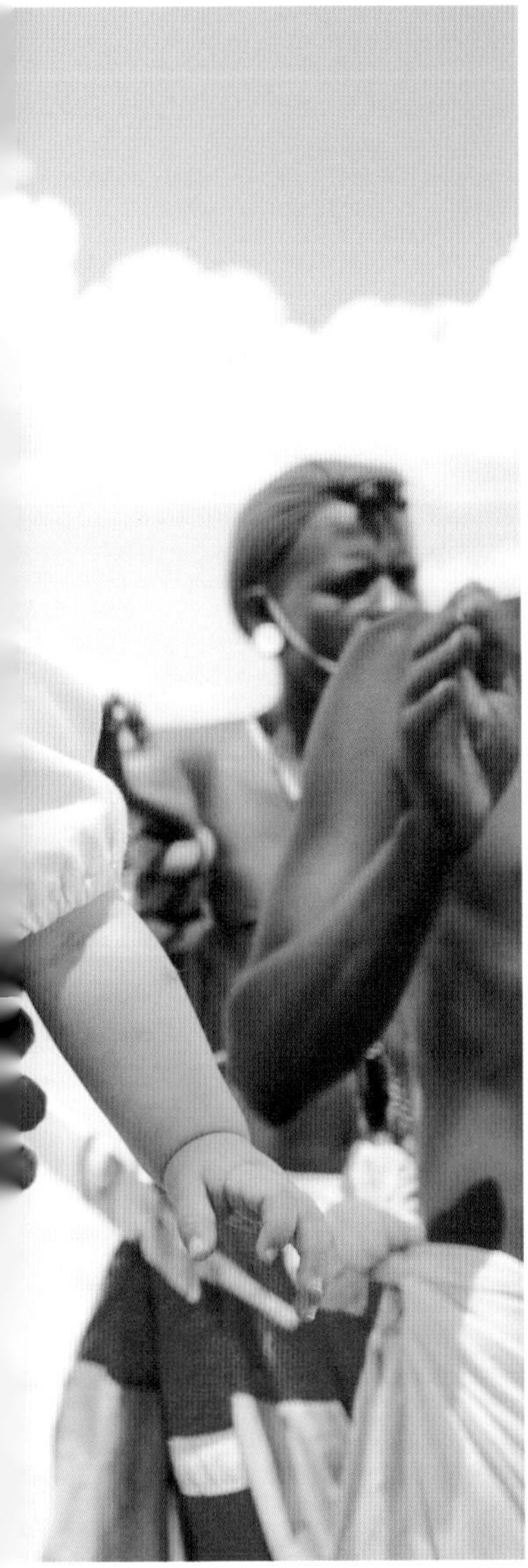

か国とか地球とかのスケールではなく、天空を埋め尽くす宇宙の中に生きている。そういう彼らの世界観、コスモロジーを知ったときに、まさに「畏怖」の中に生きている彼らの凄さを知りました。でも、そういう人達が西洋社会に出て経済活動に飲み込まれると、心を病んでしまうというのです。

落合　やはり、現代社会は人を病に駆り立てる環境なのでしょうね。人工環境下でダイナミックな自然と切り離されて育ってきた我々はそんな感覚をもてません。

妖怪が必要な社会をつくる

杉下　彼らのような生活を僕らはもうできない。自然や宇宙に対する畏怖を感じなくなったからです。畏怖を感じるためには、常に自分の中に自然の壮大さに対する恐れを感じる場所がどこかになければ。そうでないと、どんどん時間が短くなっていく。快適な空間だったり、匂いや触覚や音であったり。それこそ五感すべてを使って畏怖を感じることができなければ。そのための掛けとしての環境や教育が今求められているのかなと思います。

落合　神の力や魔力、祈りの力等も人間社会には必要だったのですね。冗談じゃないと言われそうですが、学校でそういうことも教えたり体験させたりしないとダメなのではないですか？

杉下　まさにそうですね。誰に頼むのではなくて、自分を超えたところの力だから。神頼みというけど、本当に自分を超えたものに対して常に崇拝というか、怖れを覚

右頁上写真／おじいさんと孫たち（シエラレオネ、２００５年）＊
右頁下写真／マサイ族の村人（タンザニア、２００２年）＊
下写真／サンブール族と杉下先生の娘（ケニア、２０１３年）＊

えていなければ人は人らしく生きられない。妖怪や妖術が跋扈する世界に生きている畏怖の感情がいま求められているのかもしれません。いま、「アマビエ」とか「座敷童子」とかがコロナ騒ぎで有名になっていますね。「アマビエ」というのは疫病が出たときに出てくる妖怪で、ネットの世界ではみんながアマビエを描くとお祈りになると言っている。

落合　そういったカウンターカルチャーは、全世界に起こっている現象なのでしょうか?

杉下　アマビエは日本の話ですが、何らかの神格化された畏怖の対象になるものは世界中で出てきているはずですよ。ただ日本に出てきたアマビエがツイートされ広がっているのも、一種日本の中には、まだ何処かに自然に対しての畏怖が伝統的にきちんとあるのだと思います。

医学的ウェルビーイングと持続的ウェルビーイング

杉下　新型コロナ感染症の教訓として最後に言いたいのは、今よく言われているＳＤＧｓのことです。つまり森とか自然とかの魅力というのは一見すると無政府状態で勝手にできたものだと感じるけれど、実際に中に入ってみるとたくさんの生命が息づいていて、高い秩序の中で高エネルギーが生まれている。秩序をもってすべてが完璧な状態をつくっているわけです。本当は原生の森にある真の調和を大切にしなければいけないのに、それを乱してきたがためのしっぺ返しとしてコロナをはじめとした新興ウイルスが出てきているわけです。そう考えた時、これまで私たちの暮らしの在り方が、自然と対峙して乗り越えて、利用して研究して客体化するような一種の西洋的実証主義、科学的主義で本当によかったのかという疑問が生まれます。

落合　科学や学問、そして技術に対する根本的な方向性が間違っていたかもしれない。科学技術に偏った価値観も奇妙ですね。人の幸福は科学だけで語れるものではないし、死ぬ時だって科学は助けてくれない。

杉下　これまで言われていたウェルビーイングは、そこにある成分だとか環境物質だとか、科学的に突き詰めていってその効果をみることで説明されてきました。例えば血圧が下がりますとか。フィトンチッドが人間の安らぎに効果がありますよとか。物質世界に還元されて表現されていたわけです。それは医学的ウェルビーイングといわれるのですが、それと同時に持続的ウェルビーイングというような、心身の潜在能力を高め、発揮して生きる実感を大切にして、いわば生き生きとした暮らしや人生を追求するやり方にも注目しなければなりません。多幸感といわれているようなものだと思いますが、子供でも高齢者でも障害者であっても、もっといきいきと生きることはできるわけですよね。

落合　確かにその方向に進めば幸福に直結します。身体が不自由だったり深刻な病気があったとしても、結局は心が前向きでハッピーであれば問題はない。逆に体に悪いところがなくても精神が病んでいたり、心配やストレスが多ければ不幸です。科学では説明できない多くのことをやみくもに追求するのでなく、神様のせいと納得すればそれはまんざら間違いでない。お祈りで心が落ち着けば、それはお祈りが効いたということです。

杉下　そう。医学的な健康、つまり病気がないことだけでなく、さらに僕らが求めているのは生き様や生きている実感だと思います。それをみんなで「いいね」と言ってくれるポジティブなマインドがすごく大事です。マインドフルネスなどもそうですが、ポジティブな意味のウェルビーイング、もしくは持続可能なウェルビーイング、こういうものをしっかり構築することで、仮にさらなる新興ウイルスがでてきても、人と人との信頼関係、人と自然の適切な関係によって上手に対応できると思うのです。「畏怖」を忘れた現代社会は、レジリエンス、つまり社会の復元力が低くなっていると思います。僕らはかつて自然との調和の中でしっかりレジリエンスを高めてきていたはずなのに。どんどん全体調和が分断され細分化するなかで「生きる意味」を失ってきた。もう一度自然の中で生きるダイナミズムやいきいきとした生き方をどう再現できるかについての熟考が求められます。

SDGsが目指すウェルビーイング環境とは

落合　先生の言うウェルビーイングを考えるとき、現在の都市環境や住まいの環境をどのように評価していけばいいのでしょうか?

杉下　ウェルビーイングを本当に評価しなければいけないとすると、アフリカ的には、自然も自分も他者も一体の中で、如何に皆が相互に関係性を保ちながら調和しているかということが本当のウェルビーイングとして評価されている点に注目しなければなりません。ところが現代社会においては、安全性や経済的な効率性を追求した住居というのは、確かにシェルターとして人間を自然から守って効率的な経済活動を可能にしているのかもしれないが、自然界と分断され、座敷童子はもう住めなくなってしまった。

　アフリカでは原住民の住居のあり方そのものが違う。

上写真／子どもを医療施設で産み、家に戻って来たばかりのプール族の若い母親（ガーナ）
下写真／収穫した玉ねぎなどの野菜や、ミレット（雑穀）などの貯蔵庫（ニジェール）

いかに自然と一体化するか。その意味するところは、壊れてもいいし、燃えてしまってもいいけれど、すぐに再生できるもの、つまりレジリエンスの高い住空間ということです。しかもそこには民族史に基づくコスモロジーが織り込まれていて、家の壁に世界観を書き込んだり、植物や木を植えたりしています。まさにそこは、宇宙の一部になっている。そういう住居は大きな自然の連続性のなかで調和がとれていて、人間の心を安心させることができるのではないか。こうなると我々の考える住居とはだいぶ違ってくる。住居は住居でなく、身体の一部であり、宇宙の一部である。そういった壮大な価値観の中で住居の意味を考えると僕は納得できる気がします。

落合　現在の社会環境の中で、そのような価値観を再構築するのはとても難しい。現実的でないという理由で最初から考えない。でも、それだと何も始まらない。だから理想はあくまでも追求して必要なものは再び萌芽させなければならないと思います。そのためにはイデオロギーだけでなく自然への身体感覚そのものを変える必要がありそうです。今快適と思っていることが本当に快適なのか、アフリカのような住居の在り方が地球にも人間にもよりマッチしているとしたら、本当はそちらの方が心地いいと感じる感覚をも取り戻さないといけませんね。

杉下　香港の高層マンションで新興ウイルス感染症であるSARSがクラスター発生したという報告がありました。人間としての身の丈を越えた高層マンションは、一見快適なもののように思えますが、同時に人間の欲望と経済的な効率性のために自然と分断され、最終的にはウイルスで死亡してしまう。まさにアイロニーです。そうではなく自然も含めた真のウェルビーイングの在り方を考えれば、もっと違うデザインで都市や空間や住居はデザインできると思います。

落合　新型ウイルスは今後繰り返し現われてくることを前提とすると、どのみち我々の社会システムを大きく変えなければなりません。ウイルスに合わせて都市や社会をつくり直すことで、快楽におぼれて経済活動に邁進し、本来の身体感覚の満足感を変容させてしまった人類を正しい方向に鍛えなおすきっかけになればいいですね。

杉下　これからの時代は、人間の感覚をフルに使ったウェルビーイングの在り方として、今話題になっているバーチャルリアリティやハプティクスを応用したシンギュラリティ（技術的特異点）やトランスヒューマニズム運動など、さまざまな人間性のあり方が模索されていくと思います。しかし、COVID-19の真の教訓は、そのような科学技術、経済的効率性を追求する方向性に対しても、自然に対する「畏怖」の感情をもつことが重要であることを多くの犠牲を払って伝えてくれていると思っています。

於／深沢ハウス（落合邸）
2020年3月27日

伝統的な治療村（タンザニア、2003年）＊

ウイルスと森の呪文
写真＝東海林美紀
＊印写真＝杉下智彦

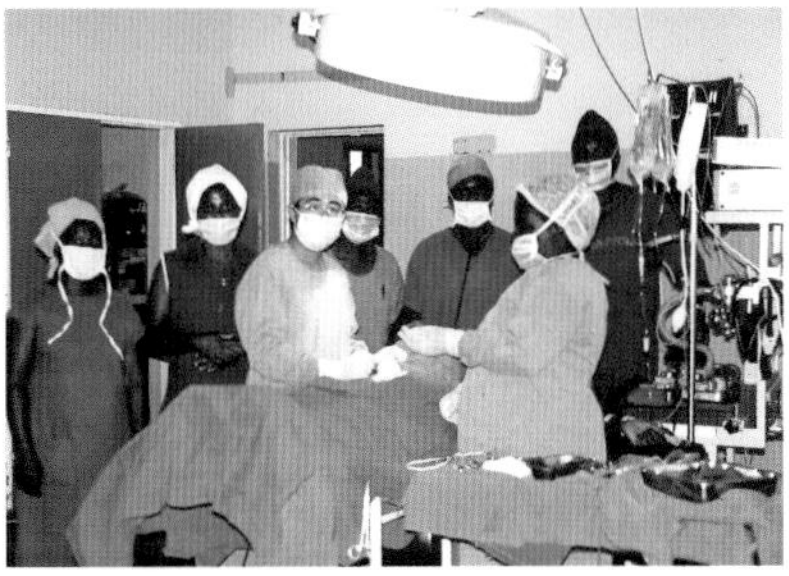

上写真／国立ゾンバ中央病院にて（マラウイ、1995年）＊
下写真／地方の助産師さんたち（南スーダン、2006年）＊

杉下智彦（すぎした・ともひこ）

東京女子医科大学国際環境・熱帯医学講座（教授／講座主任）
1990年　医学部卒業（東北大学）
2001年　公衆衛生修士（ハーバード大学院）
2002年　医療人類学修士（ロンドン大学アジアアフリカ研究大学院）
2016年　地域保健博士（グレート大学キスム校大学院）
2001年から国際協力機構（JICA）シニアアドバイザー
外科医師、公衆衛生専門家、医療人類学者として、アフリカを中心に30カ国以上で保健システム案件の立案や技術指導に携わる。また、WHOや世界銀行の技術アドバイザーとして、「持続可能な開発目標（SDGs）」などの策定を行う
2016年10月より現職。JICAグローバルヘルスアドバイザーを兼任
2014年　ソーシャル・ビジネス・グランプリ大賞受賞
2016年　医療功労賞受賞
日本国際保健医療学会理事
ジョイセフ、シェア、アフリカ日本協議会理事

おわりに

アリストテレスの時代から、人はどのように健康に生きてゆくかを模索していた。それは栄養と衛生の向上を獲得するための長い戦いの道のりに現われている。その恩恵として、人類は相当に寿命を伸ばすことができたものの、現在では行き過ぎた栄養と衛生状態のために、逆に健康を害する状況を生み出してしまった。さらに生体リズムが崩れることで、未病による不調に悩まされるようになった。今こそ私たちの体が本能を取り戻し、適切な対応を求めるようにならなければ、行き過ぎた状況を元に戻す機会を永遠に失うかもしれない。

ここに紹介した森をめぐるさまざまなドキュメントは、私たちに現代文明の過剰さを自覚させ、理想的な生き方に思いを巡らせてくれる。森はいつの時代も人類が従うべき指針そのものを与えてくれる存在なのだ。

本書は建築雑誌『住宅建築』において2015年8月から2020年6月までに掲載されたシリーズ「森と人と建築と」をまとめたものである。当初、このシリーズの企画意図は次のようなものだった。

〝日本人の住む家は、本来木と土でつくられるのが理想だ。このような志向はだんだん育ってはきているが、木の先にある森林の環境までになかなか思いが至らない。森

林環境自体の本当の偉大さと潜在能力の背景を知ったなら、木の価値はもっと高まるはずだ。それに併せて、建築そのものが見直されるようになるに違いない。〟

そこで、木と建築と森に関わるさまざまな取り組みを探索し、独創的な関係を築いてきた物語や人物を紹介することからこのシリーズは始まった。

いつの間にか15回の節目を迎え、ありがたいことに出版のチャンスをいただいた。そこで、改めてすべての原稿を振り返ってみたところ、住宅建築という枠組みを超えた別のテーマが形成されたように思えた。そのため、当初の意図とは異なる次元で内容を新たに構成し直し、若干の修正を加えることにした。

多くの読者の皆さんが、これらのドキュメンタリー物語に感化され、森林に対するさまざまなインスピレーションを育て、衣食住すべてに関わるウェルビーイングに森の恵みを投影してもらえたら嬉しく思う。結局人は自然を崇拝し、自然に寄り添って、自然の力を利用して生きていくしかない。科学は自然の下では無力である。そして、それが分かった時、人類は本当に救われる道を歩みだすに違いない。

最後に、本著を出版するにあたり、建築思潮研究所の小泉淳子さんには格別多大なご協力をいただいた。心よりお礼を申し上げたい。

2020年7月　落合俊也

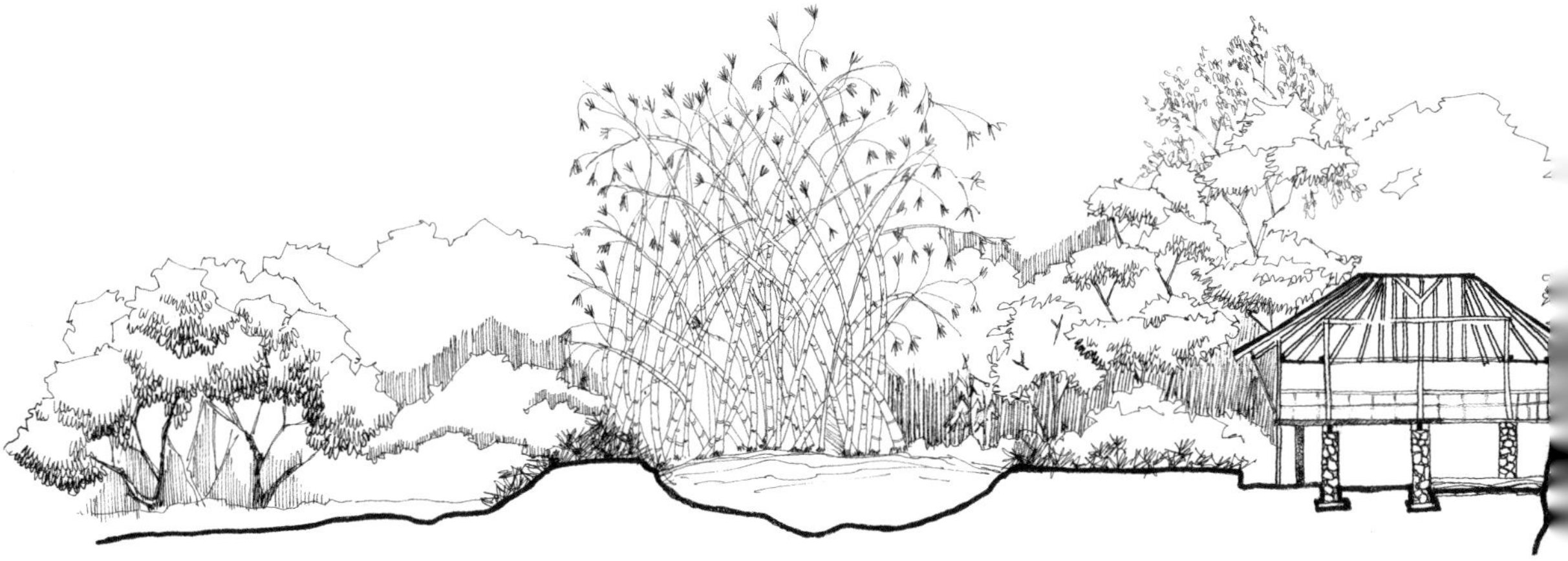

ラキさんの自邸・アトリエ　スケッチ＝ラキ セナナヤキ

写真家略歴

●青野浩治（あおの・こうじ）
1965 年生まれ
1984年 京都産業大学卒業後、前田靖弘宏氏に師事
1933年上京、スタジオフォボスを経て、斎門富士男に指示
1977年フリーに
青野浩治写真事務所
電話　090-7202-0657
Email　ka14@mte.biglobe.ne.jp

●内山文寿（うちやま・ふみひさ）
1966年 静岡県生まれ
2008年 写真展「Blue and Green」、2010年「白い追憶」、2015年「きこり」開催
写真撮影・デザイン制作の傍ら、現在、天竜の林業と自然をライフワークに取材を行っている
日本各地の林業取材を計画中
内山写真デザイン事務所
電話　050-3411-6902
Email　fukujiro@mac.com

●清水襄（しみず・じょう）
1951年 静岡県生まれ
1977年 日本大学芸術学部写真学科卒業
写真集に『葉山の別荘』（用美社）、『近代化遺産探訪（知られざる明治・大正・昭和）』（エクスナレッジ）など
清水襄写真事務所
電話　090-2301-8873
Email　shimizu@j.email.ne.jp

●東海林美紀（とうかいりん・みき）
1984年生まれ
2014年に独立し、撮影と執筆を行う
写真絵本に『世界のともだち エチオピア』(偕成社)、『世界のくらし マレーシア』(ポプラ社)など
Email　miki.tkrin@gmail.com

●畑拓（はた・たく）
1972年 東京都生まれ
1994年 東京工芸大学卒業後、atelier R入所
1997年 彰国社に入社
2017年 畑写真店設立
畑写真店
電話　090-4817-2144
Email　hataphotoshop@gmail.com

初出一覧

序章　森林と人を結ぶ数式
2015年8月号　第1回

1章　森林ウェルビーイングの先駆者たち
2019年6月号　第11回
2019年10月号　第12回
2020年2月号　第13回
2020年4月号　第14回

2章　タイムマシンを生み出す森
2019年4月号　第10回
2015年10月号　第2回

3章　熱帯雨林という環境リアリティー
2018年2月号　第7回
2018年4月号　第8回
2018年8月号　第9回

4章　木材に投影される森の力
2016年2月号　第3回
2016年8月号　第4回
2016年10月号　第5回
2017年2月号　第6回

終章　神の棲む森の掟《おきて》
2020年8月号　第15回

本書は『住宅建築』（発行＝建築資料研究社）に掲載された、シリーズ「森と人と建築と」を加筆・訂正したものです。

表紙「静岡県・天竜の森」　写真＝内山文寿

著者略歴

落合俊也（おちあい・としや）／建築家

1959年 東京都生まれ
早稲田大学理工学部建築学科卒業
早稲田大学大学院理工学研究科修了
杉坂智男に師事
2016年 株式会社 森林・環境建築研究所設立

著作：「和の家のよさ再発見！」
（『「和の家」新スタンダード 優しい日本の家発見!』2005年、
ニューハウス出版）
「杉坂建築事務所の60年」
（『住宅建築』2013年6月号特集、建築資料研究社）、など
受賞：建築環境・省エネルギー住宅賞
サスティナブル建築賞最優秀賞、など

株式会社 森林・環境建築研究所　代表取締役　アトリエ月舞台主宰
Email　ochiai@fb-studio.jp
ホームページ　www.fb-studio.jp

INFOM国際自然・森林医学会／理事
ホームページ　www.infom.org

すべては森から――住まいとウェルビーイングの新・基準

発行日――― 2020年8月10日　初版第1刷
2021年8月20日　　第2刷
編著者――― 落合俊也
定価――― 2,800円＋税
編集人――― 小泉淳子
編集所――― 有限会社 建築思潮研究所
東京都墨田区両国4-32-16 両国プラザ1004号　〒130-0026
電話03-3632-3236　FAX03-3635-0045
発行人――― 馬場栄一
発行所――― 株式会社 建築資料研究社
東京都豊島区池袋2-10-7 ビルディングK 6F　〒171-0014
電話03-3986-3239　FAX03-3987-3256

カバー・表紙・帯デザイン――齋藤知恵子
印刷・製本――シナノ印刷株式会社
ISBN978-4-86358-652-9